DROEMER ✪

Uwe Ritzer / Olaf Przybilla

DIE AFFÄRE MOLLATH

Der Mann, der zu viel wusste

Redaktionsschluss 15. April 2013

Besuchen Sie uns im Internet:
www.droemer.de

2 4 5 3 1

INHALT

EINLEITUNG

Die Affäre Mollath: Ein Blick in den Abgrund

Der Weg in eine abgeschottete, für den Normalbürger fremde und ferne Welt beginnt an der Sicherheitsschleuse. Geldbeutel, Handy und Schlüssel sind abzugeben. Danach geht es durch einen unterirdischen Gang, so niedrig, dass man sich beim Gehen unwillkürlich bückt. Durch eine zweite Schleuse steigt man eine Treppe hinauf und betritt schließlich den Besucherraum der Forensischen Psychiatrie im Bezirkskrankenhaus Bayreuth. Die Fenster sind nicht vergittert, aber aus ausbruchsicherem Spezialglas. Ringsum sind die Türen abgesperrt. Ein paar Tische; um jeden sind vier Stühle akkurat plaziert. Ein paar Topfpflanzen kämpfen vergeblich gegen die Tristesse an, an der Wand hängen Bilder aus der Maltherapie. Er kommt. »Grüß Gott«, sagt er in weichem Fränkisch und reicht die Hand, »Gustl Mollath«.

»Ist er denn nun verrückt?«, will die Kollegin eines Rundfunksenders wenige Tage später von uns wissen. »Ich meine«, präzisiert sie, »ist er zu Recht eingesperrt in der geschlossenen Psychiatrie oder nicht?« Was soll man darauf antworten? Wie gefährlich ist Gustl Mollath? Oder sollte man besser fragen: Wem ist er gefährlich und warum?

Unsere Antwort war und ist klar: Wir wissen nicht, ob Gustl Mollath an einer psychischen Erkrankung leidet. Wir sind Journalisten, keine Psychiater. Wir wissen nicht, ob er 2006 nervenkrank war, als man den vermeintlich gefährlichen Straftäter in die Forensische Psychiatrie einwies. Wir wissen nicht, ob er als Gesunder in den sieben Jahren in geschlossenen Anstalten überhaupt erst krank wurde. Oder ob er damals wie heute kerngesund war und ist.

Wovon wir aber nach monatelangen Recherchen absolut überzeugt sind: In der Affäre Gustl Mollath haben nicht nur die Organe des Rechtsstaats multipel versagt. Er ist auch das Opfer skrupelloser Machenschaften.

Wir haben es im Fall Mollath mit einem für ihn verhängnisvollen Gerichtsurteil zu tun, das getränkt ist von hanebüchenen, sachlichen Fehlern. Es kam obendrein unter Umständen zustande, die fragwürdiger und gemeiner kaum sein konnten. Mollaths Rechte wurden mit Füßen getreten.

Wir haben es überhaupt mit einer Justiz zu tun, die sich unfehlbar gebärdet und neue Fakten zugunsten des einmal abgeurteilten Mollath jahrelang nicht zur Kenntnis nehmen wollte. Die abblockte, statt aufzuklären. Die seine Schwarzgeldvorwürfe gegen Bankmitarbeiter nie überprüfte, stattdessen aber als Beleg für seinen Wahn auslegte. Eine Justiz, die stur und beleidigt darauf pochte, dass das, was rechtskräftig ist, auch richtig sein muss. Im Zweifel immer gegen den Angeklagten, schien die Devise zu sein.

Wir haben es mit psychiatrischen Gutachtern zu tun, die einen Menschen jahrelang immer wieder für verrückt und gemeingefährlich erklären, obwohl kaum einer dieser Sachverständigen ihn persönlich getroffen, geschweige denn untersucht hat. Die bloße Erzählung einer verärgerten Ehefrau und der verantwortungslose Wisch einer Nervenärztin reichten aus, um diesen fatalen Mechanismus in Gang zu setzen. Die Mechanik im Fall Mollath.

Wir haben es mit einer großen Bank zu tun, die moralisch versagt hat. Weil sie jahrelang wesentliche Informationen zurückhielt, die Mollaths Darstellungen über illegale Geldgeschäfte und damit seine Glaubwürdigkeit gestützt hätten. Die stattdessen tatenlos zusah, wie er in der geschlossenen Psychiatrie weggesperrt wurde: »Leben Sie. Wir kümmern uns um die Details.«

Wir haben es mit einer Politik zu tun, namentlich einer bayerischen Justizministerin, deren rechtsstaatliches Verständnis dem simplen Grundsatz folgt, dass in Bayern nicht sein kann, was nicht sein darf. Die neue Fakten ignorierte. Und die erst auf massiven Druck von außen von ihrer sturen Haltung abwich, als es um ihren Ministerposten ging.

Wir haben es mit dem Chef des Bayerischen Landesamtes für Steuern zu tun, der in diesem Fall im Landtag nicht die Wahrheit sagte, später herumeierte und sich auf billige Weise herausredete.

Wir haben es im Fall Mollath mit Intrigen zu tun, mit Lug und Trug, einer Ehefrau und anderen Menschen, denen es perfekt in den Kram passte, dass da ein Querkopf auf Jahre hinaus in der Anstalt verschwand, den man rechtlos, hilflos und mittellos machte.

Kurzum: Gustl Mollath ist auf eine perfide Weise unter die Räder eines Apparates gekommen, der nicht mal wissen will, dass er überhaupt ein Apparat ist.

Ein Einzelfall?

Zumindest einer, der in Abgründe blicken lässt, wie man sie in zweifelhaften Systemen vermutet, nicht aber in Deutschland. Und was das Schlimme, das Unbehagliche an dieser Affäre ist: Es drängt sich der Eindruck auf, es könnte jeden treffen, so wie den ehemaligen Oldtimerrestaurator aus Nürnberg. Er geriet in einen verhängnisvollen Sog, der irgendwann nicht mehr zu stoppen war. Der Mann konnte tun und lassen, was er wollte – es wurde immer alles gegen ihn ausgelegt.

Wie konnte es so weit kommen? Alles nur Bequemlichkeit der Beteiligten? Lediglich eine Kette handwerklicher Fehler – oder steckt doch mehr dahinter? Handelt es sich beim Fall Mollath »nur« um ein multiples Organversagen des Rechtsstaates? Ist er das Opfer eines in Routine erstarrten Zusammenspiels von Richtern und Sachverständigen, wo einer sich auf den anderen stützt und kein Raum mehr ist für selbstkritisches Nachfragen? Oder wusste der Mann schlichtweg zu viel? Kam er einigen einflussreichen Menschen bedrohlich in die Quere, und musste er deshalb ausgeschaltet und weggesperrt werden?

Psychiater und Juristen haben sich immer wieder an der Frage nach Mollaths Schuld abgearbeitet – oder, besser gesagt: Sie haben so getan, als ob sie sich daran abarbeiten. Denn wer die Akten im Fall des Gustl Mollath in chronologischer Reihenfolge liest, den beschleicht schnell das beängstigende Gefühl, einer Kette von Unterschleif zu folgen. Einer über weite Strecken sogar erschreckenden Abschreiberei von Richtern und Gutachtern, schlimmer als in der undiszipliniertesten Schulklasse, und dann zum Teil auch noch mit haarsträubenden sachlichen Fehlern. Es dominiert die Oberflächlichkeit. Gutachter, die einander anscheinend blindlings glauben und sich gegenseitig in ihrer Einschätzung bestätigen. Es gibt Urteile und andere zentrale Dokumente von enormer Tragweite, die gespickt sind mit Fehlern.

Gustl Mollath landete überhaupt erst vor Gericht, weil er seine Frau übel verprügelt haben und auf gefährliche Weise Autoreifen von Menschen aufgestochen haben soll, die er für Widersacher hielt. Ob das tatsächlich so war, dafür gibt es keinen Beweis, und es gibt auch kein Geständnis. Gesetzt den Fall, es war so – dann hätte ein als gesund eingestufter und bis dahin nicht vorbestrafter Angeklagter vermutlich eine Freiheitsstrafe auf Bewährung erhalten. Tatsächlich landete Mollath als schuldunfähig, aber krank weggesperrt in der geschlossenen Psychiatrie. Auf unbestimmte Zeit.

Dass sein Fall 2013 im Zuge eines Wiederaufnahmeverfahrens neu überprüft wird, ist nicht politischen Aktivitäten, nicht selbstkritischer Prüfung oder gar der Einsicht von Justiz und Gutachtern zu verdanken. Sondern ausschließlich der jahrelangen Hartnäckigkeit seiner Unterstützer und den Recherchen von Medien, die Stück für Stück die Abgründe dieses Falles aufdeckten und erdrückende Beweise vorlegten, die gegen die Rechtsstaatlichkeit dieses Verfahrens sprechen.

Ende Februar 2013 reicht der Hamburger Rechtsanwalt Gerhard Strate im Namen seines Mandanten Gustl Mollath bei der Strafkammer am Landgericht Regensburg ein Wiederaufnahmegesuch ein. Strate gilt nicht nur als einer der profiliertesten deutschen Strafrechtler, sondern auch als Spezialist für Wiederaufnahmeverfahren. Sein Urteil im Fall des Nürnbergers: Gustl Mollath ist das Opfer »vorsätzlicher Rechtsbeugung«. Über Jahre hinweg seien im Umgang mit ihm von Gerichten »elementare Gewährleistungen eines rechtsstaatlichen Strafverfahrens missachtet worden«. Und zwar im Fall des fatalerweise wichtigsten Richters in dieser Causa »sehenden Auges und mit Vorbedacht«. Das ist so ziemlich der schlimmste Vorwurf, den man einem Richter in einem Rechtsstaat machen kann.

Wenige Wochen nach Strate beantragte auch die Staatsanwaltschaft Regensburg beim dortigen Landgericht, den Fall Mollath vor Gericht neu aufzurollen. Es ist sehr, sehr selten, dass eine Anklagebehörde ein rechtskräftig abgeschlossenes Verfahren im Nachhinein korrigiert haben will, zugunsten des Verurteilten. Doch zu erdrückend waren die Hinweise und Belege dafür geworden, dass in der Affäre Mollath vieles nicht mit rechten Dingen zugegangen war.

Rückblick: Die erwähnte Kollegin vom Rundfunk formuliert ihre Frage nach dem Geisteszustand und der Gefährlichkeit Gustl Mollaths Anfang Dezember 2012. Zu diesem Zeitpunkt tobt seit drei Wochen ein in seiner Heftigkeit so nie erwartetes, öffentliches Beben. Am 13. November 2012 hatten das ARD-Politmagazin *Report Mainz*, die *Nürnberger Nachrichten* und wir in der *Süddeutschen Zeitung* erstmals über die Details eines Revisionsberichtes der Hypovereinsbank (HVB) berichtet. Dieser Revisionsbericht machte aus der Verschwörungstheorie Mollath die Affäre Mollath.

Denn er beweist im zentralen Punkt, dass Gustl Mollath keineswegs wirres Zeug redete. Dass er nicht von einem krankhaft-gefährlichen Wahn befallen war, als er Polizisten, Staatsanwälten, Gutachtern, Richtern und anderen Amtsträgern über Jahre hinweg immer wieder dieselbe Geschichte erzählte: wie seine Exfrau und andere Vermögensberater einer der größten Banken des Landes reichen und prominenten

Kunden dabei halfen, ihr Geld mutmaßlich am deutschen Fiskus vorbei heimlich in die Schweiz zu schaffen. Mollath will angeblich selbst als Augenzeuge einige Male dabei gewesen sein bei Geldübergaben in der Schweiz. In Dutzenden Briefen und Anzeigen beschrieb er angebliche Schwarzgeld- und andere mutmaßlich illegale Geldgeschäfte über die Drehscheibe Nürnberg mit dem eidgenössischen Steuerparadies. Nur: Es wollte keiner wissen. Geschweige denn ging jemand den Angaben auch nur ansatzweise nach. Staatsanwaltschaft, Gerichte und Politik ließen Gustl Mollath einfach ins Leere laufen. Es war wie bei den berühmten drei Affen: Nix hören, nix sehen, nix sagen.

Der Revisionsbericht ist so wichtig, weil er beweist, dass die HVB-Prüfer bereits Anfang 2003 festgestellt hatten, dass Mollath in zentralen Punkten die Wahrheit sagt. Drei Jahre bevor er vom Landgericht Nürnberg unter anderem wegen seiner angeblichen Schwarzgeldphantasien in die geschlossene Psychiatrie verfrachtet wurde. »Die Anschuldigungen des Herrn Mollath klingen in Teilbereichen zwar etwas diffus, unzweifelhaft besitzt er jedoch Insiderwissen«, notierten die HVB-Prüfer in ihrem Bericht als erstes und wichtigstes Ergebnis. »Alle nachprüfbaren Behauptungen haben sich als zutreffend herausgestellt.« Jahre später werden die Bank, die bayerische Justizministerin und die Justiz mit vielen rhetorischen Klimmzügen und großem Eifer versuchen, die Passage als angeblich missverständlich umzudeuten. Ohne Erfolg: Mollaths angeblicher Wahn war eben kein Wahn.

Immer wieder hatten Internet-Blogs und Medien über jenen Gustl Mollath berichtet, der angeblich wegen seiner Schwarzgeldenthüllungen seit Jahren unter Mördern, Vergewaltigern und anderen kranken Straftätern in der geschlossenen Psychiatrie sitzt. Diese Berichte blieben zwangsläufig im Ungefähren. Im Stadium der Behauptung. Sie versuchten, Indizienketten zu knüpfen, wenngleich der letzte Beweis fehlte. Am konkretesten war ein Beitrag von *Report Mainz* Ende 2011. Die Autoren Monika Anthes und Eric Beres, zwei der renommiertesten investigativen TV-Journalisten hierzulande, arbeiteten dabei viele Merkwürdigkeiten und Ungereimtheiten heraus und warfen die richtigen Fragen auf. Sie berichteten über angebliche Drohungen von Mollaths damaliger Ehefrau, ihn fertigzumachen und für verrückt erklären zu lassen. Sie präsentierten einen Schöffen, der sich heute dafür schämt, an jenem verhängnisvollen Landgerichtsurteil von 2006 als Laienrichter beteiligt gewesen zu sein, das Mollath die Freiheit kostete. Ein ehemaliger Steuerfahnder wunderte sich vor der Kamera, warum die Staatsanwaltschaft Nürnberg Mollaths Anzeigen illegaler Geldgeschäfte bei der HVB mit der Schweiz nicht nachgegangen war, sondern sie einfach vom Tisch gewischt hatte. Und auch Gustl Mollath selbst kam zu Wort: »Ich hatte nicht einmal Punkte in Flensburg. Und plötzlich ist man der Schwerkriminelle, Wahnsinnige. Von null auf hundert.«

Hinweise, Anzeichen, Indizien – der Beweis jedoch, das letzte, aber wichtigste Glied in der Kette fehlte. Was Wunder, hatte die HVB den brisanten Bericht 2003 doch in ihrer Registratur verschwinden lassen.

Als die Öffentlichkeit nun im November 2012 erstmals vom Inhalt des HVB-Revisionsberichtes erfuhr, trat dies eine Welle der Empörung und Anteilnahme los. Binnen kurzer Zeit erreichten allein die *Süddeutsche Zeitung* und *sueddeutsche.de* Leserzuschriften in hoher vierstelliger Zahl, per Brief, E-Mail, Postings, über soziale Netzwerke. Menschen nahmen Anteil am Schicksal Mollaths. Mitgefühl, Fassungslosigkeit, nackte Wut und Empörung mischten sich. Der Fall rührt die Menschen in einer Art und Weise, wie man es als Journalist nur sehr selten erlebt.

Diese über Monate andauernde öffentliche Anteilnahme hat zweifellos mit den kafkaesken Zügen dieses Falles zu tun. Auf viele Menschen wirkt die Affäre Mollath zutiefst bedrohlich. Dahinter steckt die diffuse Angst, dass es jeden treffen kann. Dass man sich plötzlich in einem Horrorfilm wiederfindet, der im schlimmsten Fall kein Ende hat. Dass man selbst in die Mühlen von Justiz und Psychiatrie gerät, weil einem ab irgendeinem Zeitpunkt niemand mehr glaubt. Dass man vollkommen machtlos ist, zur Marionette anderer wird. Dass auf einmal alles, was man sagt oder tut, gegen einen ausgelegt wird. Ein fataler Kreislauf, der nicht mehr durchbrochen werden kann. Man ist chancenlos. Der Fall Gustl Mollath berührt die Urängste vieler Menschen.

Jahrelang hat Gustl Mollath Briefe an Gott und die Welt geschrieben. Er hat Strafanzeige um Strafanzeige erstattet, bei der Bank und der Staatsanwaltschaft Nürnberg Aufklärung eingefordert. Er hat Kopien von Überweisungsaufträgen beigelegt, wo Geld ganz offenkundig von einem anonymen Schweizer Konto auf ein anderes verschoben wurde. Jeder, der sich auch nur einmal mit der Schwarzgeldmaterie und der Praxis der Steueroase Schweiz beschäftigt hat, hätte hellhörig werden müssen.

Mollath hat auch präzise geschildert, wie die Schwarzgeldtransfers abgewickelt wurden. Er nannte Namen, vor allem den eines Schweizer Kontaktmannes der Nürnberger Banker. Aber offenbar wollte niemand lesen und hören, was er zu sagen hatte.

Je mehr Mollath auf Ignoranz und Ablehnung stieß, desto verschrobener, härter, bisweilen auch anklagender wurden seine Briefe. Manche Traktate gerieten ihm zu politisch-historisch-gesellschaftlichen Abhandlungen, eigenwilligen Interpretationen des Weltgeschehens und der Weltgeschichte unter besonderer Berücksichtigung der eigenen Biographie. Aus den Konstruktionen zog er für sich Schlüsse bisweilen jenseits des politischen Mainstreams.

Gustl Mollath hat es seinem Umfeld nicht immer leicht gemacht. Er war für manche wohl eine Nervensäge. Nur: Entbindet das einen Staatsanwalt oder Richter von der Verpflichtung, seinen Job ordentlich zu machen? Und ist man deshalb gleich verrückt, gemeingefährlich gar?

Wie es dazu kam, dass sich Mollath im bundesrepublikanischen Rechtssystem verheddert, ist nicht einfach zu recherchieren. Der Fall ist vielschichtig und kompliziert. Mollaths Biographie ist voller Brüche. Ein Ferrari-Fan und Ökoaktivist – das ist nur ein Widerspruch. Um diese vielschichtige Persönlichkeit und ihre Geschichte zu verstehen, muss man auch in Privates eintauchen. Beispielsweise in den Rosenkrieg, in dem seine Ehe zu Ende ging und wo aus einer großen Liebe gnadenloser Hass wurde. Dabei ist es wie immer in solch privaten Angelegenheiten: Es gibt nicht nur eine Wahrheit. Nicht nur eine Sicht auf die Dinge und nicht nur einen der beiden Partner, der alle Schuld am Zerbrechen einer Ehe alleine trägt. Recherchen dieses Rosenkrieges führen schnell in die Tiefen einer Beziehung, die man als seriöser Journalist eigentlich nicht ergründen will.

Nur: Der Fall Gustl Mollath ist nicht erklärbar ohne die Umstände, unter denen seine Ehe zerbrach. Die Ehefrau, die ein neues Leben mit einem neuen Partner beginnen will, behauptet, dass ihr Noch-Ehemann sie nicht nur verfolgt, sondern auch schwer misshandelt, getreten, geschlagen und gewürgt habe bis an den Rand der Bewusstlosigkeit. Sie wird zur Hauptbelastungszeugin gegen ihn vor Gericht. Die Staatsanwaltschaft ist inzwischen überzeugt, dass die Frau unglaubwürdig war und ist und ihren Exmann mit hohem Eifer belastete.

Es gibt einen Zeugen, den die Justiz und ihre Ministerin monatelang ignoriert haben, einen ehemaligen Freund des Ehepaares Mollath. Er versichert, Mollaths Frau habe ihm gegenüber angekündigt, Gustl fertigzumachen, ihn für verrückt erklären zu lassen, wenn er nicht bald Ruhe gäbe mit seinen Schwarzgeldvorwürfen gegen sie und die Hypovereinsbank. Sie habe gute Beziehungen.

Die Wahrheitssuche ist nach so vielen Jahren schwierig, dabei hätte alles so einfach sein können. Die Hypovereinsbank hätte ihren Revisionsbericht vom 17. März 2003 der Staatsanwaltschaft übergeben können. Können, wohlgemerkt, nicht müssen. Der Paragraph 138 des Strafgesetzbuches schreibt eine gesetzliche Pflicht zur Strafanzeige nur für ganz wenige, schwere Delikte fest. Wer allerdings von möglichen Schwarzgeldgeschäften erfährt, von Steuerhinterziehung oder gar Steuerbetrug, von Verstößen gegen das Geldwäschegesetz oder verbotenem Insiderhandel mit Aktien, der ist nach deutschem Recht nicht zur Strafanzeige verpflichtet.

Die Hypovereinsbank handelte also juristisch korrekt, als sie den Revisionsbericht nicht von sich aus der Staatsanwaltschaft übergab. Aber was ist mit der Moral? Warum schwieg die Bank? Wollte sie sich aufsehenerregende Ermittlungen wegen der dunklen Geldgeschäfte ersparen – oder aber namhafte und einflussreiche Kunden schützen, womöglich solche mit politischem Hintergrund? Vermutlich beides.

Gewiss, die Bank ist nicht schuld daran, dass Gustl Mollath wohl zu Unrecht seit sieben Jahren in der geschlossenen Psychiatrie sitzt. Sie hat aber auch nichts dazu beigetragen, die Vorgänge umfassend zu prüfen und aufzuklären. Sie hätte ihm helfen können und hat es nicht getan.

Es ist schwer vorstellbar, dass psychiatrische Sachverständige in ihren Gutachten und Richter in ihren Urteilen über Jahre hinweg (zwar nicht ausschließlich, aber ganz wesentlich) Mollaths Schwarzgeldgerede für wahnhaft erklärt hätten, hätten sie den Inhalt des Revisionsberichtes gekannt. Gustl Mollath wäre vielleicht nie in der Psychiatrie gelandet oder wäre längst wieder entlassen worden. Das muss nicht so sein, hätte aber so sein können. Und hätte die HVB die brisanten Prüfergebnisse der Staatsanwaltschaft übermittelt, hätten Ermittler die Schweizer Angelegenheiten rechtsstaatlich sauber prüfen und aufklären können. Hätte, wäre, wenn.

So aber darf sich niemand wundern über die vielen Verschwörungsvorwürfe, die die Affäre Mollath begleiten. Nicht nur Gustl Mollath erhebt sie, sondern auch viele ernstzunehmende Menschen, die der Fall seit Bekanntwerden des Revisionsberichtes Mitte November 2012 umtreibt. Ohne die Medien hätte der Skandal kein öffentliches Aufsehen erregt, geschweige denn wäre es zu Wiederaufnahmeanträgen gekommen. Was wiederum die Frage aufwirft: Ist Mollath ein Einzelfall?

Seriös wird niemand angeben können, wie viele psychisch möglicherweise kerngesunde Menschen als vermeintlich krank und gefährlich in deutschen Psychiatrien sitzen. Wir wollen uns an Vermutungen oder Spekulationen darüber nicht beteiligen. Tatsache ist, dass heutzutage in Deutschland doppelt so viele Menschen in Nervenkliniken und Entziehungsheimen eingesperrt sind wie vor zwanzig Jahren. Tatsache ist auch, dass in Bayern fast doppelt so viele Menschen zwangsweise in die Psychiatrie eingewiesen werden wie im Bundesdurchschnitt. Es muss hinterfragt werden, nach welchen Regeln und Methoden Menschen dort landen, speziell in Bayern. Und wie dann mit ihnen umgegangen wird.

Am 14. Dezember 2012 veröffentlichte der langjährige Gerichtsreporter der *Süddeutschen Zeitung*, Hans Holzhaider, eine Reportage mit der Überschrift »Der nackte Wahnsinn«. Es ging um den Landwirt Franz Xaver Einhell. Zum Zeitpunkt des Artikels war er 65 Jahre alt und wurde seit 18 Jahren in der geschlossenen Psychiatrie verwahrt. Das ist länger, als jeder zu lebenslanger Haft verurteilte Mörder ins Gefängnis muss. Einhell hat niemanden umgebracht oder vergewaltigt. Er wuchs auf einem niederbayerischen Einödhof auf, die Familie war streng katholisch. Franz Xaver Einhell tat sich schwer mit Frauen. Seine Ehe verlief unglücklich und aus seiner Sicht sexuell unerfüllt.

Von 1975 an stand er mehrfach wegen exhibitionistischer Handlungen vor Gericht. Nachdem er 1994 einmal mehr vor Mädchen seine Hose öffnete, verurteilte das Gericht ihn zu achtzehn Monaten Freiheitsstrafe, für einen sexuellen Missbrauch, der inakzeptabel ist und zu Recht bestraft wird. Das Gericht wies Einhell in die geschlossene Psychiatrie ein, wo er fortan therapiert wurde. Dort lebt er, der zu achtzehn Monaten Freiheitsentzug Verurteilte, nunmehr seit achtzehn Jahren. Als Holzhaider den Fall beschrieb, setzten sich selbst psychiatrische Gutachter dafür ein, Einhell endlich wieder in ein normales Leben zurückzuführen.

Wie schnell selbst gesunde Menschen dauerhaft in der Psychiatrie landen können, bewies der amerikanische Psychologe David Rosenhan bereits in den 1960er und 1970er Jahren. Sein aufschlussreiches Experiment beschrieb Rosenhan im Fachblatt *Science* unter dem Titel »Vom Normalsein in verrückter Umgebung«. Rosenhan wusch sich einige Tage lang nicht, zog sich dreckige Kleidung an und marschierte in eine psychiatrische Klinik in Pennsylvania. Dort faselte er den Medizinern etwas von angeblichen Stimmen in seinem Kopf vor. Alles nur Show, fernab nervenärztlicher Lehrbücher und jeglicher Realität. Doch die Psychiater erklärten ihn für krank und nahmen ihn stationär auf. Sieben weiteren, kerngesunden Probanden, die Rosenhans Selbstversuch in verschiedenen Kliniken wiederholten, erging es genauso. »Die Ärzte hielten sie bis zu 52 Tage fest und verschrieben ihnen fast 1200 Tabletten«, beschreibt das Nachrichtenmagazin *Der Spiegel*. »Ihre Diagnosen entpuppten sich als reine Willkür. Gesunde waren von Irren nicht zu unterscheiden.«

Wie weit darf aber ein Rechtsstaat beim Freiheitsentzug gehen? Wie muss eine humane und gerechte Psychiatrie aussehen, die gefährliche Täter isoliert und der Allgemeinheit entzieht, aber verhindert, dass geheilte oder gar unschuldige Menschen ihr Leben lang weggesperrt bleiben?

Die Politik wäre hier längst gefordert. Es geht um eine Reform von Paragraph 63 des Strafgesetzbuches, mit dem Richter Straftäter als vermindert schuldfähig oder schuldunfähig statt ins Gefängnis in die Psychiatrie schicken können. Wobei dann, anders als bei einer Haftstrafe, kein Ende der Unterbringung in Sicht ist. Die jährlichen Prüfungen des Gerichtes folgten zumindest im Fall Mollath einer gewissen formalen Routine. Es bräuchte dringend neue Regeln, fordern Juristen schon länger. Neue Regeln, die die Gesetzgebung, die Politik also, schaffen müsste.

Dem Kirchenvater Ambrosius von Mailand (339–397) wird

dieses Zitat zugeschrieben: »Gerechtigkeit gibt jedem das Seine, maßt sich nicht Fremdes an und setzt den eigenen Vorteil zurück, wo es gilt, das Wohl des Ganzen zu wahren.« Der Spruch zierte zumindest eine Zeitlang die erste Seite im Internetauftritt des bayerischen Justizministeriums. Das Wohl des Ganzen – Justiz und Politik sollten es gleichermaßen im Blick haben. Doch wie man als Politikerin nicht reagieren sollte, noch dazu als zuständige Justizministerin, stellte ausgerechnet die bayerische CSU-Politikerin Beate Merk im Fall Mollath eindrucksvoll unter Beweis.

Empört wies sie monatelang auch nur den geringsten Zweifel daran zurück, dass in dieser Causa irgendetwas schiefoder fragwürdig gelaufen sein könnte. Der Mann sei rechtskräftig verurteilt und damit sei alles in Ordnung, lautete, auf den Punkt gebracht, die Argumentation der Ministerin. Basta. So einfach ist das also. Als der Wiederaufnahmeantrag der ihr indirekt unterstellten Regensburger Staatsanwaltschaft vorlag, war klar, dass es sehr wohl gute Gründe gibt, die Affäre Mollath neu zu beurteilen. Damit war die monatelange Verweigerungsargumentation der Ministerin und des Nürnberger Generalstaatsanwalts Hasso Nerlich endgültig ad absurdum geführt. Gewissermaßen von ihren eigenen Leuten.

Merk zu kritisieren, weil sie in rechtsstaatliche Verfahren nicht eingreifen wollte und Mollath nicht gleichsam persönlich von heute auf morgen in die Freiheit entließ, ist allerdings gefährlicher Unsinn. Denn das wäre pure politische Willkür und hätte mit der Gewaltenteilung in einem Rechtsstaat nichts zu tun. Aber: Justizministerin Merk hat beim Krisenmanagement versagt.

Sie hätte sich eines Vorworts besinnen müssen, das sie selbst für die Publikation *Justiz in Bayern* ihres eigenen Ministeriums geschrieben hat. Zitat Merk: »Zu den Voraussetzungen einer lebendigen Demokratie gehört, dass die Tätigkeit der Justiz vom Rechtsbewusstsein der Bürger getragen wird.« Genau diese Akzeptanz des Rechtsstaates wird durch die Merkwürdigkeiten, Fehler und Widersprüche in der Affäre

Mollath untergraben. Merk hätte gut daran getan, von sich aus die Umstände des Falles zu prüfen. Und nicht zu warten, bis Ministerpräsident Horst Seehofer sie quasi dazu anwies. Ein Gutachter schrieb einmal treffend über Gustl Mollath, er sei »am Rechtsstaat verzweifelt«. Man könnte auch sagen, dass sein Fall ein Lehrstück dafür ist, was in einem Rechtsstaat alles nicht geschehen darf. Ein exemplarischer Fall.

KAPITEL 1

Eine große Liebe
geht im Rosenkrieg zugrunde

Gustl Mollath hat sich gut vorbereitet. Sechs Seiten hat er eng beschrieben, »damit ich möglichst nichts vergesse, was ich zu sagen habe«, wie er den Richtern erklärt. Es ist der 17. April 2008. Die Strafvollstreckungskammer des Landgerichts Regensburg sitzt zu Gericht in Straubing. Dort, wo Mollath seit geraumer Zeit in einer hermetisch abgeschirmten forensischen Klinik untergebracht ist, in der nur die nach Ansicht von Gerichten gefährlichsten aller als krank eingestuften Verbrecher sitzen. Die Richter sollen an diesem Tag routinemäßig überprüfen, ob Mollath zu Recht in der geschlossenen Psychiatrie ist. Das Gesetz sieht eine solche Prüfung einmal im Jahr vor. Wieder einmal wird Mollath Richtern erzählen, wie aus seiner Sicht alles so weit kommen konnte. Es ist kein wirres Konvolut, sondern ein vom Anfang bis zur Unterschrift am Schluss durchgehend strukturierter Text, mit korrekten Zitaten aus diversen Medien, genauen Quellen- und Zeitangaben. Ob psychisch krank oder nicht: Dieser Text ist das Dokument eines Menschen, der sich, seinen Werdegang und seine aktuelle Situation genau reflektiert und sich dabei um Präzision bemüht. Das Dokument eines Pedanten. »Ich bitte, Ihnen Folgendes vorlesen zu dürfen«, hat er am Anfang notiert. Schon am Ende der ersten Seite hat Gustl Mollath ein paar Sätze aufgeschrieben, die bitter klingen, seinen Fall aber exakt schildern:

»Bevor ich in die Hände dieser Ärzte fiel [er meint die Psychiater, die ihn als gefährlich einstufen und seine Unterbringung in der geschlossenen Psychiatrie befürworten; d. Verf.], verfügte ich über ein Vermögen von über einer Million. Hatte ein eigenes Haus in bester Wohnlage von Nürnberg, hatte drei Ferraris in der Garage. Jetzt, nachdem ich plattgemacht wurde, habe ich nichts mehr. Nicht einmal ein Bild meiner Mutter ist mir geblieben. Mein ganzes Leben musste ich anderen Menschen nicht so, wie Ihnen heute, entgegentreten. Nicht einmal den Friseur kann ich mir leisten. Wie kam es dazu?«

Gustl Ferdinand Mollath wird am 7. November 1956 in Nürnberg geboren. Sein Bruder ist zehn Jahre älter. Die beiden werden als Erwachsene den Zugang zueinander verlieren und den Kontakt abbrechen. Als Gustl vier Jahre alt ist, stirbt der Vater an Krebs. Ein Jahr später muss seine Mutter den Betrieb abwickeln, ein kleines Lederwarengeschäft in der Nürnberger Landgrabenstraße mit bisweilen mehr als zwanzig Mitarbeitern.

Mollath absolviert eine Maschinenbauausbildung in der Lehrwerkstatt der Nürnberger Rudolf Steiner-Schule und legt 1975 die Gesellenprüfung ab. Weil er an dieser Schule kein Fachabitur machen kann, wechselt er auf eine Waldorf-Schule in Nordrhein-Westfalen und erfährt dort nach eigenem Bekunden, »wie Schule sein könnte«. Er habe dort endlich von Peter Weiss erfahren, Carl Zuckmayer und Heinrich Böll, Autoren nach seinem Geschmack. 1977 macht er Abitur, das zweitbeste an seiner Schule. Und das, obwohl gerade seine große Liebe »mit einem Porschefahrer zum Skifahren« gefahren sei. Durchgebrannt also.

In diese Zeit, Mollath ist 21 Jahre alt, fällt auch die Idee, an Weihnachten keine Geschenke zu verteilen. Sondern stattdessen Weihnachtskarten zu verschicken und einen Dauerauftrag zugunsten der Gefangenenhilfsorganisation Amnesty International einzurichten. Das mache er bis heute so, notiert Mollath 2003, in einem Schreiben, das er im Zuge des Prozesses gegen ihn vorlegt. Also vor seiner Einweisung in die

Psychiatrie. Als Zeugen führt er damals, Mollath ist ein Mann mit hintersinnigem Humor, ausgerechnet Dieter Rampl an, den damaligen Vorstandsvorsitzenden der Hypovereinsbank. Auch ihn hat er per Karte um Spenden für Amnesty International gebeten.

Mollath beginnt 1978 ein Maschinenbaustudium und setzt ab 1980 ein Aufbaustudium zum Wirtschaftsingenieur an der Fachhochschule in Rosenheim drauf. In dieser Zeit muss sich seine Mutter einer schweren Krebsoperation unterziehen. Mollath bricht sein Studium ab, um sich um sie kümmern zu können.

Als Gustl Mollath 22 Jahre alt ist, lernt er seine spätere Frau kennen. Sie ist knapp vier Jahre jünger, geboren 1960. Sie wird Bankkauffrau. Gut zwei Jahrzehnte später beschreibt eine Nürnberger Gerichtsreporterin sie als »schöne, schmale Frau mit beeindruckenden Augen«. Schon kurz nachdem sie sich kennengelernt haben, ziehen Gustl Mollath und seine spätere Frau zusammen. Als deren Großmutter im Sterben liegt, verspricht Mollath dieser, auf die Enkelin aufzupassen. Auch das steht in der Kladde, die Mollath dem Gericht übergibt. Seine ehemalige Frau macht auch auf mehrfache Anfragen der Autoren keine Angaben zu dem ganzen Fall.

Mollath beendet sein Maschinenbaustudium ohne Abschluss. 1981 beginnt er bei MAN in der Controllingabteilung. Ein lukrativeres Angebot von Daimler-Benz schlägt er aus, er will in Nürnberg bleiben. Als seine Mutter wieder schwer erkrankt, baut er sein eigenes Geschäft auf, ein Geschäft für Motorradreifen und -zubehör. Nebenher kümmert er sich um seine Mutter, die 1984 stirbt.

Anfang 2013 wird das Fachmagazin *Zweirad* einen kleinen Bericht samt Foto drucken, das Gustl Mollath dabei zeigt, wie er einen Autoreifen zur Montage fertig macht. Das Bild stammt aus dem Februar 1986. Die *Zweirad*-Redaktion hatte es angesichts der vielen Medienberichte über Mollaths Schicksal ausgegraben. »Die älteren Motorradfahrer«, schreibt das Blatt, würden sich an »die Firma Augusto M. am Nordwestbahnhof in der Schnieglinger Straße erinnern«, die von ebendiesem Mollath betrieben worden sei. »Schon damals« habe er »zur Riege der in dieser Branche immer wieder auftauchenden, extrovertierten Selbstdarsteller« gezählt. Von Mollath stamme der Satz: »Da habe ich Pirelli erst einmal erklärt, wie man Reifen macht.« Augusto M. sei »ein bunter Branchenvogel« gewesen.

So erzählt das auch Jochen Wagner, Studienleiter an der Evangelischen Akademie in Tutzing. Auch er kennt ihn von früher. »Mollath, das war ein redlicher Freak.« Einer, der Guzzi gefahren ist, wo sie in Nürnberg alle schon auf Kawasaki und Suzuki und was nicht alles umgeschwenkt waren. Einer, der drei Tage schraubte, um einen Tag anständig fahren zu können, dann aber richtig. Einer, der Woodstock im Kopf hatte, aber schon in jungen Jahren zu den »passioniertesten und versiertesten Schraubern« der Stadt gehörte. Alles in allem: einer, der nicht unbedingt auffallen wollte. Aber der auf jeden Fall auffiel.

Mollath versucht Ende der 1980er Jahre ein neues geschäftliches Standbein aufzubauen. Er restauriert nun auch Oldtimer. Und das war wohl so etwas wie sein Leben.

Als Gustl Mollath am 17. April 2008, einem Donnerstag, als Insasse der geschlossenen forensisch-psychiatrischen Klinik im niederbayerischen Straubing vor der Strafvollstreckungskammer des Landgerichtes Regensburg seine sechs eng beschriebenen Seiten kundtut, von denen er hofft, sie mögen das Gericht von seiner geistigen Normalität überzeugen, erzählt er auch von seiner Zeit als Ferrari-Restaurator. Besser gesagt, er gerät ins Schwärmen und gibt auch ein bisschen an. »Ich habe die schnellsten Ferraris gebaut und nicht nur restauriert«, sagt er. »Mein 246er Dino drehte 9000 Umdrehungen in der Minute. Er war schneller als ein 911 RS, Baujahr 1992, über 270 km/h. Beim größten Oldtimerfestival der Welt, beim Grand Prix in Silverstone, wurde mein Dino zu den ›most important Ferraris of the Event‹ gezählt und im Programmheft abgebildet.«

Das mag alles so gewesen sein, aber die Geschäfte mit den roten Flitzern aus Maranello liefen keineswegs immer perfekt. Ein Rechtsstreit über die Lackierung eines Exemplars zieht sich über Jahre hin. 1999 gewinnt Mollath den Prozess zwar, aber der Streit habe ihn schwer in Mitleidenschaft gezogen und viel Kraft gekostet, sagt er später. Richtig viel Geld verdient er wohl nie mit dem Laden. Andererseits kommt er dank der elterlichen Erbschaft über die Runden, bis zum Jahr 2000, in dem er die Firma schließen muss.

Edward Braun, Zahnarzt aus Bad Pyrmont, hat Gustl Mollath und dessen damalige Ehefrau schon lange vorher kennengelernt. Auch er ist ein Ferrarista, und als sich 1985 etwa hundert Ferrari-Fahrer in Bozen verabreden, machen sich beide auf den Weg über den Brenner: Braun von Bad Pyrmont, Mollath von Nürnberg aus. Auf der Autobahn in Italien wird die Anreise ziemlich jäh unterbrochen, denn etliche Ferraris prallen aufeinander. Braun und das Ehepaar Mollath lernen sich sozusagen auf der Autobahn kennen, nach einer Massenkarambolage. Man kommt ins Gespräch, diskutiert die missliche Situation, und der eine sagt, dass er aus Nürnberg stammt. Braun kommt ursprünglich aus Schweinfurt, Franken unter sich. Fortan treffen sich Edward Braun und Gustl Mollath immer wieder, wenn sich Ferraristi irgendwo verabredeten. Die Freundschaft wird erst knapp zwanzig Jahre später einschlafen.

Dass im Landgerichtsurteil von 2006 die Rede davon ist, dass Mollath mit seinem Geschäft nie schwarze Zahlen geschrieben und seine Frau, die erfolgreiche Vermögensberaterin bei der Hypovereinsbank, das Geld herangeschafft habe, ringt Edward Braun nur ein müdes Lächeln ab. Mollath war es, der das Vermögen eingebracht hatte, sagt er. Braun schätzt es, samt Haus, auf etwa eine Million Euro. Das Haus wird später zwangsversteigert. Und zwar auf entsprechende Anträge der Exfrau Mollaths und der Hypovereinsbank hin. Am Ende des entsprechenden Prozederes ersteigert Mollaths Exfrau am 4. Dezember 2007 das Haus ihres in der Psychiatrie einsitzenden Exmannes für 226 000 Euro.

Mollaths zusätzlich zum Reifenhandel aufgezogenes Geschäftsmodell, die Restauration von Oldtimern, vor allem italienischer Provenienz, machte zunächst Investitionen in alte Ferraris und Alfa Romeos notwendig, um diese instand zu setzen und mit gehörigem Aufschlag verkaufen zu können. Dass der Laden steuerlich rote Zahlen schrieb, war zum Teil wohl sogar beabsichtigt: »Vermutlich ein völlig normales Steuermodell«, glaubt Braun, auch wenn er sich nie im Detail mit den Eheleuten über deren Vermögensverhältnisse unterhalten hatte. Warum auch?

Lieber genießen die Freunde das unbeschwerte, schnelle Leben in Ferrari-Rot. Sie mieten sich übers Wochenende italienische Rennstrecken und fahren ihre Lieblinge spazieren. Mollaths Frau ist mit dabei, in der Toskana, in Hockenheim, auf Sizilien, in den Bergen nahe der Ferrari-Zentrale in Maranello. Man fährt Rennen, Gustl Mollath am Steuer, seine Frau als Kopilotin. Mollath fährt einen Ferrari Dino, mit dem er einmal den zehnten Platz unter 55 Fahrern belegt, obwohl deutlich stärkere Modelle dabei waren. Viele davon waren allerdings vorher schon ausgefallen. Den Klassensieg hatte er ohnehin. So was, sagt Mollath, könne man nur erreichen, wenn man sich wirklich auskennt.

Verschiedentlich findet sich in den Akten der Behörden und der Justiz die Bemerkung, Mollaths Betrieb habe nichts abgeworfen. Hat sich Mollath etwa die ganze Zeit von seiner Frau, der Bankerin, aushalten lassen? Die Geschichten über den angeblich so schlechten Geschäftsmann Mollath steigern sich im Flüsterpostverfahren und gipfeln in einer Feststellung des Gutachters Hans-Ludwig Kröber. Der Direktor des Instituts für Forensische Psychiatrie an der Berliner Charité hat Gustl Mollath zwar weder persönlich gesehen noch gesprochen oder gar untersucht. Allein die Lektüre von Akten reicht ihm jedoch, um 2008 zu der Erkenntnis zu gelangen, dass Mollath »selbst völlig unfähig« gewesen sei, »kaufmännische

Geschäftstätigkeiten erfolgreich zu entwickeln«, und »insofern eifersüchtig auf die erfolgreiche Ehefrau« gewesen sei. Edward Braun hält diese Sicht für blanken Unsinn. In der Nürnberger Werkstatt Mollaths standen zahlreiche zum Teil sehr wertvolle Autos. In der Nähe eines existenziellen Ruins könne Mollath schon allein aufgrund seines Erbes nicht gewesen sein. Die Grundschuld auf dem Haus in Erlenstegen war um die Jahrtausendwende jedenfalls gering, betrug nur eine fünfstellige Summe. Werte also waren vorhanden.

In der Retrospektive offenbaren die Ferrarista-Jahre im Leben des Gustl Mollath auch viele unterschiedliche Schattierungen seiner Persönlichkeit, von denen manche auf den ersten Blick widersprüchlich wirken mögen: Öko-Fundi mit Ferrari. PS-Fanatiker und Weltverbesserer. Friedensbewegter Demonstrant und reicher Villenbewohner.

Als die Grünen in der Bundesregierung unter Kanzler Gerhard Schröder und Außenminister Joschka Fischer zur Kriegspartei werden, gehört Gustl Mollath zu den regelmäßigen Teilnehmern der Montagsdemonstrationen von Friedensfreunden vor der Nürnberger Lorenzkirche. Dort bekundet er seine »Trauer um die Grünen«: »Wir bedauern den Verlust ihrer Grundwerte: gewaltfrei, ökologisch, demokratisch.« Er sagt bürgerkriegsähnliche Zustände voraus, sollte der Turbokapitalismus weiterhin sein Unwesen treiben. Demonstriert mit Ingrimm gegen Hartz IV. Er ernährt sich ausschließlich biologisch und wäscht sich nur mehr mit parfümfreier Seife. Er lehnt Weihnachtsrituale als kapitalistische Folklore ab und spendet stattdessen an Amnesty International. Weltanschaulich zählt Mollath, könnte man sagen, wohl eher zu den linksalternativen Fundis.

Wie passt das zum Schickimickiimage des Ferrarista? Ende 2012 lächelt Gustl Mollath milde, wenn man ihn darauf anspricht. »Sie haben da ein Klischee im Kopf«, sagt er und fügt hinzu, das sei aber »völlig normal«. Seine Wahrheit sei einfach: Er habe nie etwas am Hut gehabt mit den Schickimickis von der Rennstrecke, mit den Parvenüs und Neureichen in Maranello und Hockenheim. Als Maschinenbauer fasziniere ihn die Ästhetik der Technik. Natürlich, die Mehrzahl der Ferraristi stinke nach Geld. Aber es gebe da eben auch die anderen, die Technikfetischisten, die sich ein kostspieliges Hobby leisten.

Genau so einer war Gustl Mollath damals, bestätigt Edward Braun. Einer, der mit seiner Frau im Toyota-Bus zu den Rennen fährt und notfalls auch im Bus übernachtet. Ein Freak mit Passion für die Exaktheit. Einer Leidenschaft dafür, dass alles seine Richtigkeit hat. Dass das, was gesagt ist, auch gesagt ist. Dass es keine Ungenauigkeiten gibt. Dass ein Gesetz, und sei es ein ethisches Gesetz, nun mal eben ein Gesetz ist. Natürlich, sagt Braun, zumindest umgangssprachlich könne man das möglicherweise »zwanghaft« nennen. Für andere kann so ein Wesenszug extrem nervig sein. Wenn Mollath dann aber argumentiert, dann müsse man ihm zumindest rein rational oft recht geben. Auch wenn einem das furchtbar auf den Zeiger gehen könne.

Zwei Beispiele: Braun und Mollath fahren in der Nähe von Maranello mit ihren Oldtimern. Irgendwas an Brauns Wagen ist nicht in Ordnung, jedenfalls muss ein Fachmann ran: Mollath. Er schraubt fast den ganzen Tag, bis alles perfekt läuft. Später bezahlt Braun für Mollath die Hotelrechnung. Er habe das in der Situation ganz passend gefunden, als Dankeschön für die Arbeit am Auto, sagt Braun. Mollath besteht aber darauf, Braun das Geld in bar zurückzugeben, unerbittlich. »Wenn ich dir helfe, dann helfe ich dir gern«, sagt er, »und was ich bestelle, das bezahle ich auch.«

Zweites Beispiel, aus dem Jahr 2004. Mollath ist in der schwersten Krise seines Lebens, seine Ehe ist zerstört. Er ist angeklagt wegen schwerer Körperverletzung. Sein Haus wurde auf Betreiben seiner Frau auf Schusswaffen untersucht. Sie hat auch diese fachärztliche Stellungnahme aus dem Bezirkskrankenhaus Erlangen angeleiert, in der eine Medizinerin, die Gustl Mollath zwar nie gesehen oder gesprochen hat, ihm aber mit großer Wahrscheinlichkeit eine schwere Krankheit attestiert.

Mollath meldet sich bei Braun, er will einen Ferrari 308 verkaufen. Der Käufer wohnt in Petershagen, und weil Braun 40 Kilometer entfernt im niedersächsischen Bad Pyrmont lebt, bietet Braun seinem Kumpel aus Nürnberg an, bei ihm zu übernachten. Man verbringt den Tag miteinander, und rückblickend sagt Braun, Mollath habe ihn da mit seinem Willen zur Genauigkeit einigermaßen genervt. Hier war etwas nicht ganz korrekt und da nicht. Und einmal steht der Deal auf der Kippe. Denn der Käufer will plötzlich das Serviceheft des Wagens sehen. Dem bisher ruhigen Mollath platzt der Kragen. Er habe dem Käufer am Telefon doch erläutert, dass sie in Maranello kein Serviceheft ausstellen. Offenbar habe er da nicht zugehört. Oder es einfach vergessen. Hier habe der Käufer seine 30 000 Euro zurück.

Braun lacht, wenn er sich an den Moment erinnert: Es gehe Mollath eben um Exaktheit, um das, was Sache und gesagt worden ist. Er, Mollath, hat gesagt, dass es kein Serviceheft gibt. Der andere hat das offenbar überhört oder vergessen. Also ist die Sache für Mollath damit erledigt. Eigentlich. Denn so pedantisch ist Mollath dann doch wieder nicht. Der Käufer bittet um Entschuldigung, es kommt zum Kauf.

Von der dramatischen Lage der persönlichen Krise, in der sein Freund Gustl steckt, erfährt Braun an diesem Tag nichts, kein Wort. Braun hat sich später schwere Vorwürfe gemacht. Er hat nicht gefragt, und Gustl Mollath hat von sich aus nichts erzählt, nicht mal angedeutet. Mollath, sagt Braun, sei einfach so: einer, der die wichtigen Dinge mit sich selbst abmacht.

Als Restaurator genießt Gustl Mollath bei den Ferraristi einen legendären Ruf. Einmal heimst er in England einen Preis für die Restaurierung eines Dino 246 GT ein, mit dem er selbst in Spa Rennen gefahren war. Dass die motorsportbegeisterten Engländer einem Deutschen einen Preis zuerkennen, und zwar für die Herrichtung eines Ferraris, »das können Sie normalerweise vergessen«, sagt Braun. Bei Mol-

lath, dem Mann aus Nürnberg mit dem Händchen, kamen sie
offenbar nicht umhin.

Sein größtes Projekt war die Restaurierung eines Dino 308
GT 4. Mit dem wollte sich Mollath in der Szene unsterblich
machen. Etwa sieben Jahre schraubte er an diesem 255 PS starken Sportwagen, dem ersten aus Maranello mit serienmäßigem
Achtzylindermotor. Jedes Teil, jede Schraube und jede Feder
muss Mollath mindestens einmal in der Hand gehabt haben.
Was das bringen soll, sieben Jahre lang an einem Oldtimer aus
den 1970er Jahren herumzuschrauben? Neben Enthusiasmus
stand dahinter wohl auch ein ökonomischer Plan: Wenn es
Gustl Mollath gelingen würde, jedes Element dieses Ferraris
zu restaurieren und so zu optimieren, dass dieses Auto in seiner
Oldtimer-Rennklasse den Konkurrenten um ein paar Sekunden überlegen wäre, dann hätte dies den endgültigen Durch-
bruch seines Geschäfts bedeuten können.

Dann wäre ihm sozusagen ein Prototyp der Ferrari-Re-
staurierung gelungen. Was fanatische Ferraristi für solche
Modelle zu zahlen bereit sind, für ein paar herausgeschraubte
Sekunden auf einer Rennstrecke, könne man sich als Laie
kaum vorstellen, sagt Braun. Auf mehrere hunderttausend
Euro schätzt er den Wert allein dieses Modells. Nur wurde
Mollath nicht fertig. Als der Wagen Jahre später verkauft
wird, Mollath war längst hinter weißen Wänden, bringt er nur
einen Bruchteil seines Wertes im Komplettzustand ein.

Zuvor schon, im Nachgang zu dem um ein Haar geplatzten
Autoverkauf in Petershagen, haben sich Gustl Mollath und
Edward Braun aus den Augen verloren. Ein bisschen mag
es wohl auch daran gelegen haben, dass sich das Ehepaar
Mollath zerstritten hatte. Erst sechs Jahre später wird Edward
Braun Gustl Mollaths Stimme wieder hören. Eines Tages ist
sie auf dem Anrufbeantworter. Ihm sei eine unglaubliche Geschichte widerfahren, spricht Mollath auf das Band und bittet
eindringlich um Rückruf. Als Braun die von Mollath ange-
gebene Telefonnummer wählt, glaubt er im ersten Moment,
falsch verbunden zu sein. Denn sein Rückruf landet im Be-

zirkskrankenhaus Bayreuth, forensische Abteilung. Aber er ist richtig verbunden. Mollath bittet Braun um Hilfe. Mollaths Ferrari-Firma ist längst ebenso am Ende wie seine Ehe. Sein Elternhaus in Nürnberg-Erlenstegen ist zwangsversteigert. Und Mollath ist seit Februar 2006 hinter weißen Wänden eingesperrt. Braun ist entsetzt. Und Mollath bittet, ihm seine Geschichte zu glauben.

Gustl Mollath und seine Jugendliebe heiraten 1991. Ein Paar sind sie zu der Zeit schon seit Jahren, insgesamt werden sie es 24 Jahre lang sein. Eine Krise hat das Paar offenbar 1985. Mollath sagt, dass er »fix und fertig« gewesen sei. »Aber ich liebte sie. Habe versucht zu vergessen«, notiert Mollath in den Unterlagen, die er dem Gericht übergibt. So weit, dass er die Ehe fortführen kann, gelingt das offenbar.

Seine Frau macht eine Lehre bei der Grundig Bank und geht dann 1990 zur Bayerischen Vereinsbank. Dort ist sie für das Privatkundengeschäft zuständig. Sie betreut reiche Kunden – bis hin zu deren Schweiz-Geschäften.

Eine gewisse Wegstrecke geht seine Frau offenbar mit dem ökologisch und gesellschaftlich engagierten Gatten mit. Er habe sie dazu gebracht, Greenpeace zu unterstützen und Amnesty International. Mollath berichtet, wie sie eine Patenschaft für ein Schulkind übernommen habe. Das habe er gut gefunden, »nicht zuletzt durch mich kam sie auf soziale Ideen«. Im Oktober 1996, so notiert Mollath, begleitet er seine Frau nach Zürich ins exklusive Grand Hotel Dolder. Es soll dort in einem Seminar offenbar darum gehen, wie man am besten Geld in die Schweiz schafft. Mollath will beobachtet haben, wie seine Frau auch Geschäfte hinter dem Rücken ihrer Bank macht. Und wie sie in immer riskantere Geschäfte einsteigt. Um die Jahrtausendwende, so berichtet es Mollath, habe seine Frau ihre Kurierfahrten in die Schweiz ausgeweitet. Auch sei sie oft mit der Bahn gefahren, weil er die Fahrzeuge blockiert habe. Auf Anfrage der internen Prüfer der HVB wird sie das 2003 bestreiten.

Wann genau der Rosenkrieg zwischen den Eheleuten Mollath begann, ist nicht exakt zu datieren. Tatsache ist: Zu Beginn des Jahrtausends eskaliert die Situation. Das Paar hat sich nicht nur menschlich auseinandergelebt, sondern auch weltanschaulich: Hier der pedantische Fundi, dem es ums Grundsätzliche geht. Der leicht notorisch veranlagte Weltverbesserer. Dort die toughe Bankerin, erfolgreich, dem Leben zugewandt, karriereorientiert, eine, wie man so sagt, realistische Frau, die weiß, was sie will.

Ihre Geschäfte werden zum Problem für die Ehe. In vielen Briefen, auch an die Spitze der Hypovereinsbank, wird Mollath schildern, wie sehr ihn vor allem die Schweiz-Geschäfte seiner Frau belastet hätten. Wie er angeblich permanent versucht habe, sie von alledem abzubringen, »ihr klarzumachen, dass es so nicht geht«, wie er einmal schreibt. Er hält ihr Vorträge über Moral. Es ödet sie wohl an. Sie keilt zurück: Wie er sich das überhaupt vorstelle? Ein Urlaub für 10 000 Mark? Ob er, der Chef einer Werkstatt für italienische Altautos, diese 10 000 Mark bezahlt habe? Oder sie, die Bankerin mit den guten Geschäften? Sie natürlich. Welche Geschäfte genau? Man würde das gerne wissen, aber die frühere Frau Mollath schweigt.

Der Ton zwischen ihnen sei immer rauher geworden, beschreibt er später. Ständig wirft er ihr dunkle Geldgeschäfte vor. Die »Geldgeilheit war auf dem Höhepunkt«, schreibt Mollath über diese Jahre – es habe nur noch »die Rendite« gezählt, koste es, was es wolle. Die Ehe wird immer komplizierter. Seine Frau wolle die angeblichen Kurierfahrten nicht mehr mit der Bahn, sondern mit dem Auto machen, das sei unauffälliger, schreibt Mollath. Zudem sollen zu dieser Zeit »meterlange Faxe aus der Schweiz« in der Privatwohnung eingetroffen sein. »Ich war«, notiert Mollath 2003, »überall mit Krieg konfrontiert«; nicht nur in Jugoslawien, soll das wohl heißen, sondern auch zu Hause.

Nahezu jeden Tag sei er in dieser Zeit zum Seelenonkel seiner Frau geworden. Beim Abendessen habe er zuhören müssen, »welche gestörten Kunden und Umstände meine Frau am Arbeitsplatz hat«. Nur dass er, der Seelenonkel, inzwischen selbst nicht mehr konnte. Was Mollath beschreibt, der Mann in der Ehekrise, der auch in einer geschäftlichen Krise steckt (zumindest was die schnellen Erlöse betrifft), würde man heute mindestens als Burn-out beschreiben: »Ich war so am Ende, ich konnte mich fast nicht mehr bewegen.« Das ist schon das Symptom einer Depression. Mollath schreibt, er habe seine Frau um Hilfe angefleht. Das aber habe sie nicht interessiert. In diesen Dokumenten findet sich auch ein Eingeständnis, dass es in der Tat eine Auseinandersetzung gegeben hat zwischen den Eheleuten: »Wir haben uns heftig gestritten, sie will nicht aufhören. Wie schon mal passiert, sie geht auf mich los. Tritte und Schläge. Leider wehre ich mich.«

Was Mollath betont: Früh schon ist der Vietnamkrieg in seiner Familie ein Thema. Seine Mutter kennt eine Frau, die ein Friseurgeschäft in einer der US-Kasernen betreibt. Der Sohn dieser Familie kämpft in Vietnam, als er zurückkommt, ist der Soldat völlig wesensverändert. Er habe nicht gesprochen, habe regelrecht »durch einen durch« geschaut, notiert Mollath. Diesen Eindruck werde er nie vergessen.

Gehört so was in eine Verteidigungsschrift vor Gericht? Rechtsanwälte würden abraten, vermutlich zu Recht. Mollath aber findet diese Erinnerungen wichtig für seinen Fall: Als der Irakkrieg begonnen hat, im März 2003, also ein halbes Jahr vor Beginn seiner Verhandlung, da habe er seine Kommunionskerze rausgeholt »und Stück für Stück in der Sebalduskirche« zum Erleuchten gebracht.

1968, Mollath ist zwölf Jahre alt, verfolgt er im Fernsehen die Berichte über das Massaker von My Lai, verübt von US-Soldaten in Vietnam. Und so geht es weiter: Ermordung Martin Luther Kings, der blutige Putsch von Idi Amin, Atombombenversuche auf dem Mururoa-Atoll, aber auch der Nobelpreis an Heinrich Böll und die Verweigerung des Frauenwahlrechtes in Liechtenstein – alles das listet Mollath auf, alles das will er vor Gericht zur Kenntnis genommen wissen, als etwas, was ihn geprägt habe. Ende 1999 war er außer sich vor Wut und Empörung über die deutsche Beteiligung am Kosovokrieg. Nun schreibt Mollath diese Briefe, die ihm bis heute vorgehalten werden, wenn jemand zeigen will, dass er offenbar nicht normal sei. Seine Briefe an 600 Bundestagsabgeordnete etwa, an alle persönlich adressiert im Mai 1999. Oder sein Brief an Johannes Paul II. Andererseits: Wenn es um Krieg und Frieden geht – sind Parlamentarier da grundsätzlich die falsche Adresse für einen Brief? Und der Papst? Jedermanns Sache sind solche Schreiben sicher nicht. Aber dokumentieren sie tatsächlich einen Wahn? Oder zeugen sie doch eher von Engagement? Möglicherweise hilflosem Engagement, sicher. Aber eben Engagement.

Was das mit seinem Fall zu tun haben soll, könnte man fragen. Juristen, vor allem Richter, die auch in Bayern über einen Mangel an Arbeit nicht klagen können, stellen diese Fragen, wenn sie ein solches Konvolut auf den Tisch bekommen. Aber für Mollath sind diese Dokumente wichtig: Jede Form von Gewalt lehne er aus tiefstem Herzen ab. Und zwar schon von Jugend an. Andererseits: Für einen, der angeblich seine Frau geschlagen, bis zur Bewusstlosigkeit gewürgt und getreten haben soll, kann man solche biographischen Details natürlich durchaus für relevant halten. Mollath jedenfalls tut das.

Man würde zu alledem gerne erfahren, was Gustl Mollaths ehemalige Frau dazu zu sagen hat. Ob sie seine Angaben bestätigt oder womöglich harsch zurückweist. Wie sie jene Jahre zwischen Ferrari-Fahren, Friedensbewegung und Bankgeschäften empfunden hat. Doch mehrere Versuche unsererseits, mit ihr ins Gespräch zu kommen, werden kategorisch abgeblockt. Schriftliche Fragenkataloge lässt Gustl Mollaths frühere Frau unbeantwortet.

Vor der Nürnberger Kriminalpolizei war sie im Januar 2003 auskunftsfreudiger. Bei einer Zeugenvernehmung gibt sie an,

sie habe sich im Sommer 2002 von ihrem Mann getrennt und
wolle die Scheidung. Als Grund nennt sie sein – angeblich –
gewalttätiges Verhalten. In dieser Vernehmung erwähnt sie
offenbar auch die Schusswaffen, über die Mollath angeblich
verfüge. Sie habe Angst, dass er diese Waffen gegen sie richten
könne.

Vier Monate nach der Vernehmung in Nürnberg gibt Frau
Mollath im Mai 2003 beim Ermittlungsrichter im Amtsgericht Berlin-Tiergarten zu Protokoll, der angeblichen Misshandlung im August 2001 – also fast zwei Jahre zuvor – sei
kein besonderes Ereignis vorangegangen. Am besagten Tag
habe ihr Mann sie plötzlich und ohne Vorwarnung angegriffen. Er habe sich damals geradezu in einen Wahn hineingestei-
gert. Und dieser Wahn, sinngemäß findet sich das so in den
Akten, sehe ungefähr so aus: Die Welt ist schlecht, alle seien
schlecht, und sie sei also auch schlecht. Mollath aber wolle die
Welt verbessern. Liest man später die psychiatrischen Gutachten über Mollath, dann entfernen sich diese nicht maßgeblich von dieser Arbeitshypothese der damaligen Frau Mollath.
Mit anderen Worten: Ihr wird geglaubt, ihm nicht.

Seine Exfrau erzählt der Kripo 2003, sie habe für seine
Autogeschäfte finanziell eingestanden und ihn über Wasser
gehalten. Darunter soll er gelitten haben. Geradezu hinein-
gesteigert habe er sich in seine missliche Situation. Angeblich, so behauptet es die Frau, habe Mollath seine Aggressionen irgendwann auch auf sie gerichtet, ohne dass ein erkenn-
barer Grund vorgelegen habe.

Am 3. Juni 2002 bescheinigt ein Attest aus der Praxis einer
Nürnberger Allgemeinärztin, dass bei einer Untersuchung
von Frau Mollath verschiedene Befunde festgestellt worden
seien, die auf eine Gewalteinwirkung hindeuten könnten. Das
Attest freilich fußt auf einer Untersuchung, die am 14. August
2001 um 11:30 Uhr in der Nürnberger Praxis durchgeführt
worden sein soll – also mehr als ein Dreivierteljahr zuvor.

Diese Untersuchung wiederum bezieht sich auf eine angebliche Tat, die sich am 12. August 2001 – also zwei Tage

vor der Untersuchung – zugetragen haben soll. Als Befunde
werden festgestellt: Prellmarke und Hämatom an der rechten
Schläfe. Großflächige zirkuläre, handbreite Hämatome an
beiden Oberarmen. Großflächige, konfluierende Hämatome, zirkulär an beiden Unterschenkeln, fleckförmige Hämatome am linken Oberschenkel und im Bereich des linken Beckenkammes. Außerdem Würgemale am Hals. Und
eine Bisswunde am rechten Ellbogen mit Abdruck von Un-
ter- und Oberkiefer. Überdies habe die Patientin, so wird attestiert, über Kopfschmerzen und einen Druckschmerz über
den Hämatomen geklagt.

Was damals passiert sein soll, beschreibt Frau Mollath so:
Ihr Mann soll sie zu Boden gebracht haben. Er soll sich auf
sie gesetzt und sie gewürgt haben. Darüber sei sie bewusst-
los geworden. Mollath soll seine Frau auch zwanzig Mal geschlagen haben. Und zwar am ganzen Körper. Und mit der
Faust. Auch getreten habe er sie. Mehr als drei Tritte seien es
gewesen, sie sollen die untere Körperhälfte der Frau getroffen
haben. Am Boden liegend, soll sie ebenfalls Tritte erlitten haben. Nach dem Würgen auf dem Boden sei die Aggression
allmählich abgeklungen. So die Version, die Mollaths Frau
2003 in Berlin zu Protokoll gibt. Mollath bestätigt, dass es zu
einem Vorfall gekommen ist. Noch mal: »Wir haben uns heftig gestritten, sie will nicht aufhören. Wie schon mal passiert,
sie geht auf mich los. Tritte und Schläge. Leider wehre ich
mich.«

Am 30. Mai 2002, so hat es Mollath in Erinnerung, drin-
gen seine Frau und zwei weitere Personen in die gemeinsame Wohnung ein. Sie transportieren private Dinge mit einem
Lastwagen ab, auch »Kisten mit ihren Geschäftspapieren«.
In einem Brief – auch dieser liegt später dem Gericht vor –
schreibt Mollath im August 2002, die seelischen Belastungen
hätten zu einem Hörsturz geführt. Er leide weiter unter Tinnitus. Er schleppe die Horrorgeschichten, vor allem wegen
der Bankgeschäfte seiner Frau, die ganze Zeit mit sich herum.
Trotzdem habe er immer Stillschweigen bewahrt und sich nie-

mandem anvertraut. Trotzdem treibe ihn nun die Angst um: Immerhin sei er ja Mitwisser. Und immerhin gebe man eine gemeinsame Steuererklärung ab.

Am 31. Mai 2002, also ein Dreivierteljahr nach der angeblichen ersten Tat, soll es zu einem weiteren Übergriff Mollaths gegenüber seiner Frau gekommen sein. Mit der Faust soll er auf ihre Oberarme geschlagen und sie gewürgt haben, diesmal aber nicht so schlimm wie im August 2001. Ein Attest gibt es diesmal nicht.

Als Mollath vom Attest erfährt, das sich seine Frau im Juni 2002 ausstellen ließ – offenkundig eine Bedrohung für ihn –, beginnt er, in die Offensive zu gehen. Er will sich nicht einschüchtern lassen, schreibt er, deshalb sende er Briefe an Banken, an seine Frau, an deren Mutter. Er schreibt auch an Dieter Rampl, den Vorstandsvorsitzenden der Hypovereinsbank. Es geht um die Geschäfte seiner Frau und die der Bank. Nachdem immer mehr Material, wie Mollath schreibt, aus der Wohnung geschafft wird, will er sich auch an die Justiz wenden.

Am 22. August 2002 faxt Mollath seiner Frau einen Brief, auch diesen fügt er dem Hefter bei, den er später vor Gericht zu seiner Verteidigung abgibt. Er schreibt, dass er seit Jahren versuche, sie von dunklen Bankgeschäften abzubringen. Er schreibt, dass er seit Jahren körperlich und seelisch unter diesen Umständen leide. Beinahe handlungsunfähig sei er. Aber nun, durch die neue Situation, sehe er sich gezwungen zu handeln. Keiner könne von ihm verlangen, mit einem Damoklesschwert über dem Kopf zu leben. 2004 wird das Paar geschieden.

Laut Protokoll der Hauptverhandlung vor dem Nürnberger Amtsgericht hat Mollath auch im Prozess 2003 angegeben, seine Frau sei im August 2001 auf ihn losgegangen. Er hätte sich lediglich gewehrt. Er habe sie angefleht, ihm zu helfen. Ihm sei es in den Jahren davor nicht gut ergangen. Seine Frau sei ein Teil von ihm. Er hätte sie geliebt. Er sei in einer Grenzsituation gewesen, die er noch nie erlebt hätte.

Wer sich ziemlich genau zehn Jahre nach diesen Aussagen mit Mollath unterhält, bekommt nahezu identische Aussagen zu hören. Die Frau, über die er da reden solle, sei immerhin mal seine Frau gewesen. Und seine Partnerin, 24 Jahre lang. Da empfinde er so etwas wie eine Grundsolidarität, auch wenn das viele nicht verstehen. Er habe diese Frau sehr geliebt. Und, vielleicht mehr als das: Er sei zutiefst mit ihr befreundet gewesen. Habe ihr vollkommen vertraut. Ende März 2013 nimmt er sie in einem Interview mit der *SZ* sogar in Schutz. »Im Moment wird offensichtlich versucht, meiner ehemaligen Frau den schwarzen Peter zuzuschieben«, sagt er da. »Dass die Frau mich regelrecht in die Pfanne gehauen hat und dass dies vielleicht auch höchst perfide war und bis heute ist, das ist ein Punkt, der sich womöglich in einer neuen Verhandlung als richtig herausstellen wird. Aber sie ist bei weitem nicht die Hauptverantwortliche. Solche Beschuldigungen wie die von meiner ehemaligen Frau gibt es jeden Tag, und dafür sollte man dann ein unabhängiges, möglichst gut funktionierendes Rechtssystem haben, das die Wahrheit aufklärt. Das hat hier katastrophal versagt.«

Das jahrelange, tiefe Vertrauen zu seiner Frau, das sei auch der Grund, warum er Unterschriften auf Dokumente, die das Finanzielle zwischen den beiden Eheleuten geregelt hätten, sofort und unbedenklich geleistet habe. Und das war wiederum wohl einer der Gründe dafür, dass seine Frau, die erfolgreiche Vermögensverwalterin, Verbindlichkeiten gegenüber ihrem Mann, dem unglücklich operierenden Reifenhändler und Ferrari-Restaurator, geltend machen konnte. Und weshalb Mollath, längst in der Bezirksklinik eingesperrt, keinen Kredit mehr bedienen konnte. Und das Haus zwangsversteigert werden musste. Weshalb Mollath nun von sich sagt, er sei mittellos. Vom dem, was er mal besessen habe, gehöre ihm gerade noch die Kleidung, die er auf dem Leib getragen hatte, als er gegen seinen Willen ins Bezirksklinikum eingeliefert wurde. »Nicht mal ein Bild meiner Mutter habe ich noch«, sagt Mollath. Wo das Mobiliar, der gesamte Inhalt

seines Anwesens – immerhin seines Elternhauses – hinge-
kommen ist? Mollath weiß es nicht. Mit Beschluss des Amtsgerichtes Bayreuth wurde die Räumung von Mollaths Haus
und der Verkauf seiner Fahrzeuge genehmigt. Kurz darauf,
am 6. Oktober 2006, endet seine Betreuung, unter die er für
kurze Zeit gestellt wurde.

Im April 2007 war eine erneute Betreuung von Mollath
durch eine Nürnberger Rechtsanwaltskanzlei beantragt worden. Der Grund: Mollaths ehemalige Ehefrau habe aufgrund
eingegangener Schuldverhältnisse hohe finanzielle Forderun-
gen an ihren ehemaligen Ehemann. Deshalb betreibe sie eine
Zwangsversteigerung von dessen Einfamilienhaus.

Im Gespräch mit dem Ulmer Gutachter Friedemann Pfäfflin erzählt Mollath im November 2010 vom Züricher Hotel
Dolder, wohin eine Schweizer Bank die besten Anlageberater
und deren Ehepartner aus Nürnberg eingeladen habe. Mollath habe sich danach, nach diesem Hotelaufenthalt 1996, verändert, habe seine Frau zu ihm gesagt. Aber er sei einfach
nur kritisch. »Auch den Kapitalismus lehne ich nicht ab«, sagt
Mollath, »aber man könnte ein System schaffen, das erträglich
ist.«

Im Gespräch mit Pfäfflin hat Mollath auch geschildert, wie
die Gespräche liefen mit seiner Frau. Mit Engelszungen habe
er auf sie eingeredet: Sie solle doch auf dem Boden bleiben.
Das ganze Finanzsystem entwickle sich immer gespenstischer.
»Mensch, Mädel, das ist wie ein hundertprozentiges Roulette-
system«, habe er zu seiner Frau gesagt. »Ich versuchte, ihr
klarzumachen, dass das alles nicht in Ordnung ist. Sie verän-
derte sich mehr und mehr, Schritt für Schritt in eine skrupel-
lose Person. Ich habe sie sehr geliebt. Sie ist die einzige Person, der ich vertraut habe.«

Hat Mollath nicht auch profitiert von den Geschäften seiner Frau? Er gibt das unumwunden zu. Er geht sogar so
weit zu sagen, dass er bei den Geschäften geholfen habe. Man
hänge ja an der Fieberkurve der Kursbewegungen, da müsse
man das Gras wachsen hören. So eine Arbeit gehe ans Limit

der Nervenbelastung, da müsse ein Ehepartner automatisch helfen. Mollath beschreibt es so: »Wenn Sie einen Unfall sehen, da sind Sie als normaler Bürger geneigt zu helfen. So ist es auch gegenüber der Partnerin. Sie versuchen, in jedem Bereich auszugleichen.« Für seine Frau, da wäre er so etwas gewesen wie ein Psychologe.

Was Mollath dem Gutachter Pfäfflin ebenfalls erzählt: wie seine Frau, eine aus seiner Sicht sehr impulsive Person, im Jahr 2001 aus einem fahrenden Wagen gesprungen sei. Man habe sich gestritten, mit 50 oder 60 km/h sei man unterwegs gewesen, und da habe sie aus dem Auto springen wollen. Wenn sie etwas nicht hören wolle, dann schreie sie eben, sie wolle raus. So schnell habe Mollath gar nicht anhalten können, da sei sie raus. Man sei dann noch zum Arzt. Seine Frau, die sei immer so spontan gewesen. Man würde gerne mehr darüber wissen, aber Mollaths Exfrau schweigt.

Nach Berichten mehrerer Zeugen war Gustl Mollath Anfang des Jahrtausends in seinen Grundfesten zutiefst erschüttert. Da war der Rosenkrieg, da waren die ständigen Auseinandersetzungen um ihre Schweizer Geld-Connection, seine Briefe, die er deswegen an die Hypovereinsbank, die Staatsanwaltschaft, an Politiker und Gerichte schrieb, die manchmal lapidar zurückgewiesen, oft aber gar nicht beantwortet wurden. Gustl Mollath holte sich überall eine blutige Nase. Sein Ferrari-Restaurierungsgeschäft war am Ende. Kurz: Er steckte in jeder Hinsicht in einer tiefen Krise und hatte das Gefühl, an einer Wand aus Gleichgültigkeit und Ignoranz zu zerschellen. Er wollte sich wehren und überzog dabei bisweilen im Ton. Aber was will man erwarten von einem Menschen, der sich dann plötzlich mit Psychiatern auseinandersetzen muss, die sagen, er wäre verrückt, krank, gemeingefährlich und gehöre weggesperrt?

Möglicherweise der letzte Auslöser für eine totale Verunsicherung dürfte, nach Beobachtung eines Nachbarn, ein Polizeieinsatz im Haus in Nürnberg-Erlenstegen gewesen sein.

Nach diesem Polizeieinsatz im Februar 2003 habe Mollath
»in großer Panik gelebt, man wolle ihm etwas anhängen«, erinnert sich der Nachbar. Ein Dutzend Beamte durchsuchten
sein Haus, tatsächlich wurde eine Waffe gefunden, es handelte
sich um ein Luftdruckgewehr. Die damalige Ehefrau hatte bei
der Kriminalpolizei angegeben, sie habe im zweiten Ober-
geschoss des Hauses »ein Gewehr« gesehen. Überdies habe
ihr Mann angeblich davon geredet, »im Besitz einer Pistole«
zu sein. Daraufhin erließ das Amtsgericht Nürnberg einen
Durchsuchungsbeschluss. Es bestehe der Verdacht, dass
Mollath »die tatsächliche Gewalt über nicht näher bekannte
Schusswaffen« ausübe.

Mollath erinnert sich, dass mehrere Polizeibeamte in seiner
Wohnung aufgetreten seien. Nach Angaben der Staatsanwaltschaft lassen sich anhand der Akten »keine Einzelheiten zum
Ablauf des Einsatzes« feststellen. Gefunden wurde: ein ver-
rostetes, wohl nicht mehr funktionstüchtiges Luftgewehr, das
noch von Mollaths Eltern stammte. Es sei nicht eingezogen
worden, erklärt die Staatsanwaltschaft, denn es sei gar nicht
genehmigungspflichtig gewesen.

Das Wichtigste aber: Eine Pistole fand sich nicht. Auch keine anderen Schießeisen. Mollath bekam es mit der Angst zu
tun. Er vermutete Personen hinter der Aktion, die er dunkler
Geldgeschäfte bezichtigt hatte – unter anderem seiner damaligen Ehefrau. Diese will auf unsere Anfrage auch dazu nichts
sagen.

Im Urteil des Jahres 2006 wird aus einem Brief Mollaths
an seine Frau aus dem August 2002 zitiert, in dem er mitteilt, er werde mit den »Machenschaften« nicht mehr fertig.
Er sei jeder Kraft beraubt, seelisch und körperlich schwer belastet.

Am 22. April 2004 führt Mollath in einem Brief an den
damaligen Ministerpräsidenten Edmund Stoiber aus, er sei
nun wegen Körperverletzung und Freiheitsberaubung angezeigt, überdies sei sein Haus wegen angeblicher Schusswaffen durchsucht worden. Darüber hinaus versuche man, ihn –

Mollath – als psychisch krank darzustellen. Krank müsse man sein, wenn man so was mitmache. Da er nun mit allem rechnen müsse, bliebe ihm nichts anderes übrig, als den Empfänger seines Hilferufs mit einem Schreiben zu belasten. Es ist der Tag, an dem Mollath sich vor dem Amtsgericht verantworten muss. Sein damaliger Anwalt wird sich später erinnern, Mollath habe im Gerichtssaal einen Text über die Nürnberger Prozesse gelesen. Im Brief an Stoiber scheint Mollath diese Analogie noch immer zu beschäftigen. Er versteigt sich zu der Formulierung, er werde sich allen Anforderungen »dieses unsozialen UnrechtSStaates widersetzen«.

Von alledem weiß Edward Braun nichts, als er 2010 die Stimme des verloren geglaubten Freundes auf seinem Anrufbeantworter hört, die ihn um Rückruf bittet. Je länger und intensiver Gustl Mollath und Edward Braun miteinander sprechen, desto mehr kehrt beim Zahnarzt aus Bad Pyrmont die Erinnerung zurück. Mehr noch: Edward Braun wird zu einem Kronzeugen in diesem Fall. Seine Aussage ist es vor allem, die die Staatsanwaltschaft Regensburg dazu veranlassen wird, ein Wiederaufnahmeverfahren anzustreben. Denn was Edward Braun erzählt, erschüttert massiv die Glaubwürdigkeit der wichtigsten Belastungszeugin gegen Gustl Mollath: die seiner langjährigen Ehefrau.

Edward Braun ist ein Mensch, der sich nicht nur gut und präzise erinnern kann. Wichtige Vorkommnisse notiert er sich obendrein in einem Kalender, egal ob es um Oldtimertreffen, Kirchenvorstandsangelegenheiten oder solche seiner Studentenverbindung geht. So auch am 31. Mai 2002. Da findet sich in einer Kladde ein handschriftlicher Eintrag über einen erbosten Anruf von Gustl Mollaths Ehefrau. Damals hatten die Brauns und die Mollaths noch guten Kontakt, wenngleich dieser unter den immer größeren Eheproblemen des Nürnberger Paares zusehends litt. Was Frau Mollath an jenem letzten Maitag 2002 zu ihm am Telefon sagte, hat Edward Braun im September 2011 in einer eidesstattlichen Versicherung wiedergegeben. Und er hat es später bei einer Vernehmung vor der Staatsanwaltschaft Regensburg exakt so wiederholt. »Wenn Gustl mich und meine Bank anzeigt, mache ich ihn fertig«, sagte Frau Mollath nach Brauns Erinnerung. »Ich habe sehr gute Beziehungen. Dann zeige ich ihn auch an, das kannst du ihm sagen. Der ist doch irre. Den lasse ich auf seinen Geisteszustand überprüfen, dann hänge ich ihm was an, ich weiß auch, wie.«

Braun sagt, er habe angesichts der wütend drohenden Frau am Telefon spontan angeboten, nach Nürnberg zu fahren und zwischen dem befreundeten Paar zu vermitteln. Stattdessen soll Mollaths Ehefrau das Gespräch mit dem Satz beendet haben: »Wenn Gustl seine Klappe hält, kann er 500 000 Euro von seinem Vermögen behalten. Das ist mein letztes Wort.«

Brauns Aussage und seine eidesstattliche Versicherung über das Telefonat sowie die Vorlage seines Terminkalenders überzeugten Anfang 2013 die Regensburger Staatsanwaltschaft. Die Ermittler sehen in Edward Brauns Darstellung die laut Strafprozessordnung für die Wiederaufnahme eines bereits abgeschlossenen Strafprozesses notwendigen »neuen Tatsachen und Beweismittel«.

Braun ist jedoch auch über das Telefonat hinaus ein wichtiger Zeuge im Fall Mollath. Denn er erinnert sich auch an ein Gespräch mit Frau Mollath, irgendwann um die Jahrhundertwende muss es gewesen sein, also noch vor dem Ehekrieg. Braun restaurierte gerade eine Gründerzeitvilla in Bad Pyrmont, und weil eine Nachfinanzierung nötig war und sich seine Hausbanken nur träge bewegten, griff er zum Telefon und rief bei der Bankerin Mollath in Nürnberg an. Sie soll Braun nach dessen Erinnerung zu verstehen gegeben haben, dass sie keine Kredite vergebe, sondern für das Anlagegeschäft zuständig sei. Falls er aber Geld anlegen wolle, könne sie ihm helfen. 100 000 Euro müssten es jedoch schon sein, mindestens. Sie fahre häufig mit Kundengeldern in die Schweiz und würde auch dieses Geld dorthin bringen.

Sollte er so gefallen sein, dann wäre das ein sehr wichtiger

Satz für diese Geschichte. Braun, sagt er, ist sich »hundertpro-
zentig sicher«, dass er so gefallen ist. Auch früher schon habe
Frau Mollath im Freundeskreis davon gesprochen, dass sie
Geld in die Schweiz transferiere. Wie genau das geschehe,
war jedoch kein Thema. Explizit von »Schwarzgeld« war im
Gespräch zwischen ihr und Edward Braun nicht die Rede.
Doch warum sollte jemand legal versteuertes Geld bar in
die Schweiz transferieren lassen, wenn er es doch auch überweisen kann? Auch dazu äußert sich die ehemalige Frau Mollath – auch auf mehrfache Anfrage hin – nicht. Sie wolle
grundsätzlich nichts zur Causa Mollath sagen.

Lange bevor die Staatsanwaltschaft Regensburg im März
2013 ihren Wiederaufnahmeantrag wesentlich auf die Aussagen Edward Brauns stützt, wurde dieser von sich aus aktiv.
Die wichtigsten Passagen seiner eidesstattlichen Versicherung
vom September 2011 ließ er zwei Monate später der bayerischen Justizministerin Beate Merk zukommen. Verbunden
mit der dringenden Bitte, die bayerische Justiz möge daraus
Konsequenzen ziehen. Und verbunden mit dem Hinweis,
dass sie, Merk, »persönlich verantwortlich« sei für den Fort-
gang der Dinge. Immerhin sei die Staatsanwaltschaft von ihr,
der Ministerin, weisungsabhängig.

Eine Kopie dieser eidesstattlichen Versicherung sandte
Braun im Herbst 2011 auch an die Staatsanwaltschaft Nürnberg-Fürth. Und erlebte anschließend die vielleicht kurioseste
Episode in der gesamten Affäre Mollath: Denn statt seine Angaben zu überprüfen und in die Wahrheitsfindung einzutre-
ten, flatterte Edward Braun als Reaktion auf seine eidesstattliche Versicherung eine Zahlungsaufforderung der Justiz ins
Haus. Er sollte für seinen Beitrag zur Wahrheitsfindung in
der Affäre Mollath 60 Euro an die Justizkasse bezahlen. Die
Begründung dafür lautete, Braun habe ein Wiederaufnahmeverfahren beantragt. Er sei dazu aber gar nicht berechtigt.
»Der Antragsteller«, heißt es im richterlichen Beschluss der
7. Großen Strafkammer am Landgericht Regensburg, habe
deshalb »die durch seinen Antrag verursachten Kosten zu

tragen«. Über Wiederaufnahmeanträge für Verfahren am Gerichtsort Nürnberg-Fürth ist Regensburg zuständig. Redet man über die Sache mit den 60 Euro mit ranghohen Vertretern der bayerischen Justiz, bekommt man peinlich berührtes Gestammel, hysterisches Gekicher oder auch den Satz zu hören: »Wenn mal was völlig danebenläuft, dann eben richtig.« Das sagt einer, der in der Hierarchie der bayerischen Justiz ziemlich weit oben angelangt ist.

Er sei fassungslos gewesen, sagt Braun, als er die Zahlungsaufforderung in den Händen hielt. In der Tat hatte er für ein Wiederaufnahmeverfahren plädiert. Aber wie er das nun genau hätte formulieren müssen, dass er dafür die Staatsanwaltschaft in der Pflicht sieht, das sei ihm weder klar noch wichtig gewesen. Er sei Zahnarzt, sagt Braun, und rechtskundlich ein Laie. Braun hat die Kostenaufforderung jedenfalls nicht auf sich sitzenlassen. Und tatsächlich erging im April 2012 vom Oberlandesgericht Nürnberg der Beschluss: Zwar sei Brauns Beschwerde unzulässig, weil der dafür erforderliche Beschwerdewert von 200 Euro nicht erreicht sei. Von der Kostenerhebung aber, den geforderten 60 Euro, werde nun abgesehen.

Als sieben Monate danach der öffentliche Druck immer stärker wurde, als Medien einen Verfahrensfehler nach dem nächsten aufdeckten, wies Bayerns Justizministerin Beate Merk im November 2012 die Regensburger Staatsanwaltschaft an, sie möge ein Wiederaufnahmeverfahren in Gang bringen. Braun wurde als Zeuge insgesamt vier Stunden lang vernommen. Das hätte man auch schon zwei Jahre früher haben können.

KAPITEL 2

Ein positives Gutachten
ohne Wirkung

Am späten Nachmittag des 21. September 2007, einem Freitag, steigt der Psychiater Hans Simmerl in sein Auto und macht sich auf den Weg in die forensisch-psychiatrische Klinik am Bezirkskrankenhaus Straubing. Simmerl, Jahrgang 1961, ist Leitender Arzt für Neurologie, Psychiatrie und Psychotherapie am Bezirksklinikum in Deggendorf-Mainkofen, Niederbayern. In Fachkreisen hat das Klinikum einen guten Ruf. Für Simmerl gilt das erst recht. Der auf Akutfälle spezialisierte Facharzt hat große Erfahrung. In 25 Berufsjahren hat er schon weit mehr als 5000 wahnkranke Menschen gesehen. Auch deshalb ist er ein gefragter Sachverständiger vor Gerichten. Ob Betreuungsgutachten oder forensische Gutachten, die Zahl von Simmerls Expertisen liegt im vierstelligen Bereich.

Er soll an jenem 21. September 2007 in Straubing einen Patienten begutachten, von dem es heißt, dass er es kategorisch ablehne, überhaupt psychiatrisch untersucht zu werden. »Das wollen wir doch mal sehen«, denkt sich Simmerl und fährt los. Der Niederbayer mit dem gemütlichen Bauch und der Stirnglatze will sich nicht so einfach abwimmeln lassen und verlässt sich noch weniger gern auf Dritte. Ausschließlich nach Aktenlage begutachtet er nach eigenem Bekunden nur im Notfall. Meist sind es dann Fälle, in denen er den Patienten von früher bereits persönlich kennt. »Ich stelle mich prinzipiell beim Patienten persönlich vor und habe die Erfahrung gemacht, dass sich die meisten dann auch untersuchen lassen.

Wenn nicht, sollen sie es mir selber sagen«, erklärt Simmerl. Dass Menschen Angst vor einer solchen Untersuchung haben, sei im Übrigen völlig normal und gerade nichts Auffälliges. Jeder fürchte, als psychisch kranker Mensch aus so einem Gespräch zu gehen. Oder vielmehr: als ein Mensch, über den ein Sachverständiger sagte, er sei krank.

Etwa eine halbe Stunde fährt man mit dem Auto von Mainkofen nach Straubing. Diesmal hat das Vormundschaftsgericht Straubing (so heißen 2007 noch die Betreuungsgerichte) Simmerl mit einem Gutachten beauftragt. Es geht darum, ob ein gewisser Gustl Mollath, geboren am 7. November 1956 in Nürnberg, geistig noch in der Lage ist, seine Dinge selbständig zu regeln. Oder ob er gerichtlich unter Betreuung gestellt werden muss und künftig ein vom Gericht zu bestellender Betreuer Mollaths Angelegenheiten regelt und für ihn entscheidet. Notfalls auch gegen dessen Willen.

Gustl Mollath sitzt in der geschlossenen Abteilung der forensisch-psychiatrischen Bezirksklinik Straubing. Er soll seine Frau geschlagen und angeblich seinen Widersachern die Autoreifen auf gefährlich-perfide Weise aufgestochen haben. Auf eine Weise, dass die Luft erst während der Fahrt langsam entwich und es zu schweren Verkehrsunfällen hätte kommen können. Die forensische Klinik, in der er nun einsitzt, ist ein extrem abgeschirmter Hochsicherheitstrakt, gesichert mit Stacheldraht, Kameras und modernsten elektronischen Überwachungssystemen. Niemand darf sich frei bewegen; jeder Besucher wird von einem Wachmann begleitet. Denn hier sitzen die ganz schweren Fälle: perverse Sexualtäter, brutale Gewalttäter, Mörder.

Extrem gefährliche Kranke also, die in anderen forensischen Kliniken Bayerns nicht mehr weiter behandelbar waren – und sei es aus Sicherheitsgründen. Aus Straubing wird niemand direkt in die Freiheit entlassen, nicht mal für ein paar Stunden freien Ausgang. Von hier aus wird ein Insasse höchstens zurückgeschickt in die forensische Klinik, aus der er ursprünglich kam. In dieser abgeschotteten Straubinger

Hochsicherheitsklinik für die Extremfälle saß in jenem Spät-
sommer 2007 Gustl Mollath. Das Landgericht Nürnberg-
Fürth hatte ihm ein Jahr zuvor einen für die Allgemeinheit gefährlichen Wahn attestiert. »Mollath war kein Fall für
Straubing«, sagt Hans Simmerl heute. »Er war ein von seiner
Persönlichkeit her sicher ein sehr schwieriger Mensch mit
querulatorischen Zügen, der deshalb einen problematischen
Eindruck vermittelt hat. Aber er war kein hochgradig gefährlicher Schwersttäter wie die anderen.«

Die Sache ist sogar noch heikler. Man kann davon ausgehen, dass Mollath, wäre er wegen der ihm vorgeworfenen gefährlichen Körperverletzung, Freiheitsberaubung und Sachbeschädigung regulär von einem Gericht verurteilt worden,
keinen Tag in Unfreiheit verbracht hätte. Denn er war nicht
vorbestraft. Er wäre aller Wahrscheinlichkeit nach mit einer
Bewährungsstrafe davongekommen. Tatsächlich hat ihn das
Landgericht Nürnberg-Fürth am 8. August 2006 von diesen
Vorwürfen freigesprochen. Gleichzeitig hat es aber seine
Schuldunfähigkeit festgestellt und ihn wegen seines angeblich
krankhaft-gefährlichen Wahns in die geschlossene Psychiatrie
eingewiesen. »Das Schlimmste, was ich mir hatte vorstellen
können«, nennt Gustl Mollath dieses Urteil. Jedes andere
hätte er lieber entgegengenommen. Aber Freispruch wegen
Schuldunfähigkeit? Wegsperren wegen gemeingefährlichen
Wahns? »Entsetzlich, der schwerste denkbare Schlag«, sagt
Mollath.

Wer zu einer Freiheitsstrafe verurteilt wird, weiß, wann er
spätestens entlassen wird. Das Urteil setzt eben eine Straf-
dauer fest. Wer aber als schuldunfähig, weil krank in die geschlossene Psychiatrie gesperrt wird, hat keine Ahnung, ob
und wann er diese wieder verlassen darf. Gerade deshalb
kommt Kontakten mit Psychiatern für einen wie Mollath eine
existenzielle Bedeutung zu. Letztlich geht es in so einem Gespräch mit dem Gutachter um die Frage: Freiheit oder Ver-
wahrung? Wer hätte vor dem Verlauf eines solchen Gesprächs
keine Furcht? Mollath hat Angst davor, sogar große. Und sein

Vertrauen in die Zunft der Seelenheilkunde ist spätestens seit einer fünfwöchigen Zwangseinweisung ins Bezirksklinikum Bayreuth 2005, lange vor dem eigentlichen Landgerichtsurteil also, bis in die Grundfesten erschüttert. Zumal nachdem Mollath noch im Prozess am Landgericht Nürnberg-Fürth im Jahr 2006 erleben musste, welche Nichtigkeiten aus dem Stationsalltag und seinen Vorwürfen zum Thema Schwarzgeld zusammengerührt wurden, um ihm einen Wahn zu attestieren.

Wenige Tage nach seinem Besuch im September 2007 wird Hans Simmerl die Ausgangssituation seines Gesprächs mit Gustl Mollath in der Hochsicherheitsklinik in Straubing sehr genau beschreiben. Und zwar in dem Gutachten, das er für das Vormundschaftsgericht erstellt. In der Kette von psychiatrischen Sachverständigen, die sich seit 2003, seit vier Jahren also, über den Geisteszustand Mollaths auslassen, ist Hans Simmerl der erste, der ihn persönlich untersucht. Und es wird weitere drei Jahre dauern, bis ein anderer Psychiater seinem Beispiel folgen wird. Simmerl waren der eigene Augenschein, seine Eindrücke und seine selbst gewonnenen Informationen über den Patienten wichtig. Er wollte ihn persönlich untersuchen, einen eigenen Befund über diesen Mollath und dessen Krankheitsbild erarbeiten, und nicht nur Akten lesen, auswerten und dann ein weitreichendes Sachverständigenurteil aus der Ferne fällen. Allein das macht Hans Simmerl zu einer der wichtigsten Figuren überhaupt im Fall des Gustl Mollath.

Weil Mollath in kein Untersuchungszimmer kommen will, besucht ihn der Arzt kurzerhand auf der Station. Ein Wachmann begleitet ihn. Mollath ist gerade in einem Aufenthaltsraum. Als Simmerl eintritt, läuft er ihm in die Arme. Der Arzt stellt sich vor und sagt, dass er ihn gerne persönlich für das Gutachten sprechen möchte. Gegenüber dem Gutachter entpuppt sich Mollath als keineswegs so störrisch wie angekündigt. Er willigt in das Untersuchungsgespräch ein, problemlos sogar.

Simmerl und Mollath wechseln vom Aufenthaltsraum in ein anderes Zimmer, in dem sie sich ungestört unterhalten können. Gustl Mollath bringt einen dicken Aktenordner voller Gerichtsunterlagen in eigener Sache mit. Dann legt er los. Das Gespräch wird fast drei Stunden dauern, denn Mollath fasst Vertrauen in diesen Gutachter, der ihm offenkundig nicht das Gefühl vermittelt, ihm mit einer durch Aktenlektüre bereits betonierten Meinung entgegenzutreten. Da will einer seine Geschichte, seine Sicht auf die Dinge ausführlich und detailliert erfahren. Ein Wunder ist das nicht: Hans Simmerl ist der erste Offizielle in der Causa Mollath, der diesem mehrere Stunden am Stück zuhört. Der erste nach vier Jahren. Nicht nur Psychiater, auch Richter und Staatsanwälte hatten Mollath reihenweise abblitzen lassen.

Man muss auch Leuten in der Psychiatrie zuhören, wird Simmerl später sagen. Er wird beklagen, dass das nicht alle in seinem Metier so sehen. Da gebe es auch Psychiater, sehr prominente Psychiater sogar, die über Menschen, die sie niemals gesehen haben, extrem folgenreiche Gutachten schreiben. Unglaublich. Aber wahr.

Was der psychiatrische Sachverständige Hans Simmerl im September 2007 in Straubing zu hören bekommt, muss für ihn wie eine ziemlich krude Verschwörungstheorie klingen. Nach einer Geschichte, wie sie in Deutschland nicht passieren kann, nicht in diesem demokratischen Rechtsstaat. So sollte man zumindest meinen. Simmerl schreibt sie trotzdem auf. Um seine Haltung erläutern zu können, müsse er weit ausholen, beginnt Mollath. Simmerl hat sich gerade zu ihm an den Tisch in der Straubinger Hochsicherheitsklinik gesetzt, da warnt ihn der für wahnkrank erklärte Mann vor: Unglaubwürdig höre sich seine Geschichte an. Das, was ihm da widerfahren sei, empfinde er ja selbst so, als ob er geradewegs in einen Film geraten sei.

Der Patient ist über seine Betreuungsangelegenheit bestens informiert. Hinter weißen Wänden muss man das so nicht erwarten. Mollath lehnt von vornherein kategorisch ab, vom

Straubinger Gericht unter Betreuung gestellt zu werden. Hinter dem Versuch, ihn de facto zu entmündigen, wittert er einen handfesten Grund: die drohende Zwangsversteigerung seines Hauses. Seines Elternhauses, in dem er aufgewachsen ist. Wo er mit seiner Ehefrau seine glücklichsten Jahre verlebt hat. Das Haus steht in Erlenstegen, Nürnbergs teuerstem und feinstem Stadtteil. Eine lukrative Immobilie. Das Haus eines Insassen, der in seiner Situation keinen vernünftigen Schriftverkehr führen kann, dürfte eigentlich nicht zwangsversteigert werden. Wenn er aber unter Betreuung steht, kann das sehr wohl passieren. Mollath weiß das.

Simmerl dokumentiert die Geschichte Mollaths in seinem Gutachten. Den Plot, den er zu Ohren bekommt, kann er eigentlich kaum glauben. Zu verschlungen, zu viele Zufälle, zu viel Schludrigkeit und möglicherweise sogar Niedertracht, sollte diese Geschichte auch nur in Ansätzen wahr sein. Von einem berühmten Berufskollegen aus Berlin muss er sich später dafür durch den Kakao ziehen lassen.

Die Geschichte, die Gustl Mollath dem Gutachter Simmerl am 21. September 2007 im Hochsicherheitstrakt des Bezirksklinikums Straubing erzählt, geht im Kern so:

Seine Frau sei eine erfolgreiche Vermögensberaterin der Hypovereinsbank in Nürnberg. Irgendwann habe sie samt einigen Kollegen mit undurchsichtigen Schwarzgeldgeschäften in der Schweiz für reiche Kunden begonnen – an ihrem Arbeitgeber und wohl auch dem Gesetz vorbei. Er sei selbst Augenzeuge solcher Transaktionen geworden. Immer wieder habe er seine Frau gewarnt, sie aber habe sich nicht für ihn interessiert. Auch daran sei ihre Ehe zerbrochen. Es habe zu einem Rosenkrieg geführt. Er, Mollath habe die beteiligten Banken, die bayerische Justiz und einige Politiker über die fragwürdigen Geschäfte informiert. Geschehen sei jedoch nichts. Mollath fühlte sich hingehalten, ignoriert, hereingelegt. Die Banken, auch die in der Schweiz, würden »auf blöd« machen.

Gustl Mollath erzählt auch von sich, wie er sich neben

seiner Frau zunehmend wie ein »angeheiratetes Anhängsel« vorgekommen sei. Sie, die erfolgreiche Bankerin. Er, der Weltverbesserer, der bei Treffen mit den Schweizer Bankerfreunden seiner Frau über schmutzige Waffengeschäfte diskutieren wollte.

Er habe keine Ruhe gegeben beim Thema Schwarzgeld, auch nicht nach der Trennung. Sehr gut noch könne er sich an den letzten Anruf seiner Frau erinnern, erzählt Mollath: »Jetzt machen wir dich fertig«, soll sie gesagt haben. Mollath erzählt dem Psychiater, wie wenig später zwölf Polizisten sein Haus auf den Kopf stellten, angestiftet von seiner Frau, auf der Suche nach womöglich illegalen Waffen. Er berichtet von ihrer Anzeige wegen Körperverletzung, erzählt von den Prozessen, den aus seiner Sicht hanebüchenen psychiatrischen Gutachten, dem Urteil, das ihn im August 2006 endgültig als wahnkranken Straftäter in die geschlossene Psychiatrie bringt.

Er wirft einem psychiatrischen Gutachter »zementierte Vorurteile« vor und dem Nürnberger Landrichter, dass dieser ihm immer das Wort abgeschnitten habe, sobald er zum Kern kommen wollte, dem Schwarzgeldthema. Dann erzählt er noch von der fehlgeschlagenen Revision gegen den Nürnberger Richterspruch beim Bundesgerichtshof und von seinem Anwalt, der diese Revision aus seiner Sicht dilettantisch, lustlos und fehlerhaft betrieben habe. Mit entsprechendem Ausgang.

Simmerl fragt Mollath, ob er sich vorher jemals in nervenärztlicher Behandlung befunden habe, vor seiner Zwangseinweisung. Mollath antwortet, dies sei vor dem Konflikt mit seiner Frau niemals Thema gewesen. Ob er Medikamente nehme, will Simmerl auch noch wissen. Nein, sagt Mollath, noch nie habe er Psychopharmaka genommen. Die Einnahme solcher Mittel verweigere er grundsätzlich, weil er in seiner Situation nicht auch noch wolle, dass man ihm jeglichen Willen nehme. Er habe schon erlebt, sagt Mollath zu Simmerl, was Medikamente bei anderen angerichtet hätten.

Im Übrigen: Er wisse mit großer Sicherheit, dass er nicht unter Wahnvorstellungen leide. Er wisse außerdem, dass alles, was er über illegale Geldgeschäfte schildere, der Wahrheit entspreche. So sagt das Mollath an jenem 21. September 2007 zu Hans Simmerl, dem Nervenarzt aus Deggendorf-Mainkofen. Er sagt auch: Der springende Punkt sei eben, dass ihm, Mollath, diese Geschichte nicht geglaubt werde. Und er deshalb als wahnhaft hingestellt werde. Seine Exfrau jedenfalls und die Bankvorstände der Hypovereinsbank hätten kein Interesse an einer Aufdeckung dieser ganzen Vorgänge. Aber er versuche, sich nicht mundtot machen zu lassen.

Simmerl hat alles zu Protokoll genommen in seinem Gutachten. Obwohl da einer redete, der zu diesem Zeitpunkt bereits mehr als ein Jahr in die geschlossene Anstalt gesperrt worden war. Eine ziemlich merkwürdige Geschichte. Er wollte sie nicht undokumentiert lassen. Egal wie harsch die – zu dem Zeitpunkt völlig unbewiesene – Kritik an Banken, Justiz und seinen Kollegen in der Psychiatrie ausfiel, mit der ihn da ein, zumindest nach Aktenlage, schwer wahnkranker Mensch konfrontierte.

Der Facharzt Hans Simmerl schreibt an jenem Spätnachmittag im September 2007 aber nicht nur mit, was ihm Mollath erzählt. Er stellt eine Diagnose, im Gutachten liest sich diese so: Mollath sei psychomotorisch auffällig ruhig, lasse auch kritische Zwischenfragen problemlos zu und beantworte diese durchaus differenziert. Simmerl findet keinen Hinweis auf eine Denkstörung, Mollaths Gedankengang wirke geordnet. Er sei erheblich auf die »vermeintlichen oder tatsächlichen« Schwarzgeldkonten seiner geschiedenen Frau fokussiert gewesen. In der Sache, bemerkt Simmerl, bestehe bei Mollath im Jahr 2007 weiterhin eine hohe subjektive Überzeugung, wenn nicht gar Gewissheit: Die finsteren Bankgeschäfte im Umkreis seiner Frau existierten.

Der Gutachter zieht daraus einen wichtigen Schluss: Zwar mögen weitere Verhaltensweisen Mollaths »paranoid anmuten«. Diese würden aber aus der subjektiv empfundenen

Vorgeschichte ableitbar und nachvollziehbar begründet. Das heißt: Sollte da einer einen wahnhaften Eindruck machen – dann könnte man das aufgrund dieser Vorgeschichte nachvollziehen.

Simmerl attestiert, dass Mollath in der Lage sei, einige seiner Thesen kritisch zu hinterfragen und auch einzuräumen, dass er sich in gewissen Ausnahmesituationen in seinen Überzeugungen »etwas verrannt« haben könnte. Mit absoluter Gewissheit bleibe er aber bei seiner Darstellung der tatsächlichen oder vermeintlichen Schwarzgeldkonten seiner geschiedenen Frau in der Schweiz, die er als Ausgangspunkt sämtlicher folgender Ereignisse sehe. Hinweise für eine psychotische Erkrankung findet der Facharzt aus Deggendorf-Mainkofen nicht. Eher solche auf querulatorische Züge und eine rechthaberische Grundhaltung Mollaths.

Gustl Mollath wisse, schließt Simmerl, über seine wirtschaftlichen, sozialen und finanziellen Verhältnisse Bescheid. Insofern Simmerl auch nicht erkennen könne, weswegen Mollath als geschäftsunfähig gelten solle. Mit anderen Worten: Hans Simmerl sieht keinen Grund, Mollath unter gerichtliche Betreuung zu stellen. Gegen Ende seines 41 Seiten umfassenden Gutachtens kommt er zu dem Schluss: »Der Unterzeichner vermag nicht mit letzter Sicherheit den Wahrheitsgehalt der Aussagen des Herrn Mollath zu beurteilen. Ob es sich dabei tatsächlich um Wahneinfälle, um verzerrt wahrgenommene Begebenheiten mit gewissem realistischen Kern oder tatsächlich um die Wahrheit handelt, vermag der Unterzeichner nicht mit Sicherheit zu sagen. Es kann allerdings festgestellt werden, dass die Schilderungen des Betroffenen nicht bizarr, völlig unrealistisch oder kulturfremd waren. Diese Kriterien, die für schizophrene Wahnideen genannt werden, sind mit Sicherheit nicht erfüllt.«

Am Ende bleibt: Ein erfahrener Psychiater findet bei einer Untersuchung im September 2007 keinen Hinweis auf eine psychische Erkrankung des Gustl Mollath.

Aber: Hans Simmerls Gutachten diente dazu, die Notwendigkeit einer Betreuung zu klären. Also beauftragt die zuständige Strafvollstreckungskammer in Regensburg einen externen Gutachter mit einem kriminalprognostischen Gutachten. Einen, der Mollath zwar nie selbst untersuchen wird, jedoch einen deutlich prominenteren Namen hat als Hans Simmerl. Hans-Ludwig Kröber aus Berlin.

Kröber, 1951 als Sohn eines Psychiater-Ehepaares in Bielefeld geboren, ist Professor für Forensische Psychiatrie an der Freien Universität Berlin und seit 1996 Direktor des Instituts für Forensische Psychiatrie an der Berliner Charité. Als junger Mann, in den 1970er Jahren, galt er als Verfassungsfeind. Er engagierte sich in ultralinken Studentenkreisen. Für die Bundestagswahl 1976 kandidierte er auf einer kommunistischen Liste. Er wurde sogar wegen Widerstandes gegen die Staatsgewalt einmal angeklagt.

Heute erzählt Kröber gerne davon, auch im Fernsehen. Mit einer rebellisch-linken Vergangenheit lässt sich hübsch kokettieren, wenn man längst zum bürgerlichen Establishment gehört. Kröber ist einer der renommiertesten Gerichtspsychiater Deutschlands. In vielen spektakulären Prozessen ist er aufgetreten. Als sich Jörg Kachelmann wegen Vergewaltigung vor dem Landgericht Mannheim verantworten muss, ist es wesentlich der Gutachter Kröber, der die Glaubwürdigkeit des angeblichen Opfers, Kachelmanns Exfreundin, erschüttert. Der Wettermoderator wird 2011 freigesprochen.

Hans-Ludwig Kröber ist eine scheinbar unfehlbare Instanz vor Gericht. Im Fall Mollath zieht er später über Simmerl süffisant her. Der Kollege habe nur »sehr beschränkte Aktenkenntnis« und die psychiatrischen Vorbefunde nicht zur Kenntnis genommen, urteilt er, ohne jemals mit Simmerl auch nur ein Wort über dessen Methodik oder gar den Fall Mollath gewechselt zu haben. Stattdessen unterstellt Kröber Simmerl, dieser habe es »offenbar durchaus für naheliegend gehalten«, dass die Frau Mollaths in große kriminelle Geldverschiebegeschichten verwickelt gewesen sei, dass die Beschuldigungen Mollaths also wahr und dieser insbesondere im Stande sei, über seine finanziellen Angelegenheiten realistisch zu urteilen. Und Kröber schiebt herablassend nach: »Bei Kenntnis der Sachlage vermag dieses Gutachten Dr. Simmerls durchaus Verwunderung zu erwecken.«

Dazu später mehr. Hier nur so viel: Auch nach dem Besuch Simmerls sollte Mollath noch mehr als fünf Jahre unfreiwillig in der Psychiatrie bleiben.

KAPITEL 3

Gebrüll im Gerichtssaal:
Eine Verhandlung mit Folgen

Concepción Vila Ambrosio ist empört. So empört, dass sie sich später zu Hause hinsetzt und einen wütenden Brief an das Gericht schreibt. Denn was sie an jenem 8. August 2006 in einem Verhandlungssaal des Nürnberger Justizpalastes erlebt, erschüttert sie zutiefst. Das Verfahren mit dem Aktenzeichen 7 KLs802 Js 4743/2003, das am 8. August 2006 vor der 7. Strafkammer verhandelt wird, ist Landgerichtsroutine, Juristenalltag: »Körperverletzung u.a.« heißt es auf der Sitzungsankündigung. Ursprünglich wurde der Fall vor dem Amtsgericht Nürnberg verhandelt. Weil dort jedoch Zweifel am Geisteszustand und damit an der Schuldfähigkeit des Angeklagten aufkamen (unter fragwürdigen Umständen), wurde der Fall an das Landgericht verwiesen. Concepción Vila Ambrosio erlebt den Prozess dort von den Zuschauerbänken aus, sie hat Zeit an diesem Tag. Sie hat den Angeklagten schon mal gesehen, auf gemeinsamen Demonstrationen für den Frieden an der Nürnberger Lorenzkirche. Aber wirklich kennen? Nein, gesehen hat sie ihn dort, mehr nicht.

Auf der Anklagebank sitzt Gustl Mollath. Er soll fünf Jahre zuvor seine Ehefrau verprügelt und ein Jahr später für anderthalb Stunden gegen ihren Willen in ihrem ehedem gemeinsamen Haus festgehalten haben. Außerdem soll Mollath zwischen dem 31. Dezember 2004 und dem 1. Februar 2005 Autos beschädigt haben. Teilweise soll er die Reifen der Wagen so raffiniert zerstochen haben, dass die Luft erst während der

Fahrt langsam entwich, was schlimme Folgen nicht nur für die Insassen der Fahrzeuge hätte haben können.

Über Mollath zu Gericht sitzt als Vorsitzender Richter Otto Brixner. Bereits zwei Jahre vor diesem Prozess, im Februar 2004, hat Brixner ein Telefonat geführt, in dem er sich über den Angeklagten ausgelassen hat, über den er nun neutral, unbefangen und unparteiisch zu urteilen hat, aber das weiß zu diesem Zeitpunkt keiner der Beteiligten. Auch dass die Behörde, bei der Brixner angerufen hat, aufgrund dieses Telefonats einen Vermerk gemacht hat, weiß keiner der Zuschauer des Prozesses. »Spinner« hat ein Mitarbeiter der Nürnberger Steuerfahndung nach dem Telefonat mit Brixner über Gustl Mollath notiert. So geht es aus einer internen Notiz des Bayerischen Landesamts für Steuern hervor, die ein Steuerfahnder im Februar 2004 erstellt hat.

Aus einer anderen, internen Stellungnahme erschließt sich, dass sich der Dienststellenleiter der Steuerfahnder und Otto Brixner kannten. Der Steuerfahnder schreibt, »Brixner, der mir und dem ich bekannt war«, habe ihn angerufen, nachdem die Behörde zuvor bei Gericht um Informationen über den Fall Mollath gebeten hatte. Merkwürdig nur, dass der Fall Mollath zu diesem Zeitpunkt noch beim Amtsgericht Nürnberg anhängig war. Brixner jedoch war damals schon Richter am Landgericht. Er war allenfalls ganz am Rande in die Causa involviert. Warum ruft er im Februar 2004 bei der Steuerfahndung an? Aus eigenem Antrieb, wenn ja, woher rührte der? Oder hatte ihn jemand gebeten, bei der Finanzbehörde zu intervenieren? Wenn ja, wer? Und wie kam es zu dem Vermerk »M.=Spinner«? Aufgrund welcher Kenntnisse richtete der Richter Otto Brixner über den Bürger Gustl Mollath, den er so beschrieben haben muss, dass der Steuerfahnder zum Schluss kam, Mollath sei ein »Spinner«? Notwendige Fragen, auf die der heute pensionierte Otto Brixner uns gegenüber keine Angaben macht.

Tatsache ist, Otto Brixner rief den Dienststellenleiter der Steuerfahndung an. Die Behörde hatte zuvor beim Gericht um einen Rückruf in der Sache Mollath gebeten. Der Anruf des Richters Brixner mündete schließlich in eine Aktennotiz: »Bei M. handelt es sich offensichtlich um Querulanten, dessen Angaben keinen Anlass für weitere Ermittlungen bieten.« Hätte nicht dieser Anruf allein Otto Brixner disqualifiziert, zwei Jahre später, im August 2006 über Gustl Mollath zu urteilen? Ein Rechtsstaat garantiert, dass jeder Angeklagte, unabhängig von den Vorwürfen gegen ihn, das Recht auf ein faires Verfahren hat. Dass ihm die Richter unvoreingenommen begegnen. Brixner darf man nach dem Anruf bei der Steuerfahndung unterstellen, dass es nicht weit her war mit seiner Unbefangenheit.

Was zu diesem Zeitpunkt keiner weiß: Brixner war, nach eigenen Angaben, zumindest ein Jahr lang Handballtrainer des Mannes, der Mollaths Exfrau heiratete.

Die Zuschauerin Concepción Vila Ambrosio wird am 8. August 2006 zur Augenzeugin in einem Prozess, bei dem es mutmaßlich nicht mit rechten Dingen zuging. Sie schreibt einen Brief an Brixner, der laut Stempel am 18. August 2006 beim Nürnberger Landgericht eingeht. Dieser Brief ist heute ein wichtiges Dokument. »Wie kommt es dazu«, fragt die am Verfahren ansonsten unbeteiligte Frau, dass ein »verantwortlicher und gesunder Richter« einen angeblich kranken Angeklagten stundenlang »malträtiert« und »provoziert«? »Respektabler Vorsitzender Richter«, schreibt die in Spanien geborene Vila Ambrosio, wie komme es dazu, dass er, Brixner, »keine Achtung und Respekt« für den Angeklagten gezeigt habe? Mollath habe großes Durchhaltevermögen bewiesen und »nicht die Haltung und Respekt Ihnen gegenüber verloren«. Immerhin sei er »ununterbrochen angeschrien« worden – über einen Zeitraum von immerhin acht Stunden. »Sehr unbeherrscht und sehr zornig« habe er sich verhalten, wirft sie Richter Brixner vor. »Warum nahmen Sie Herrn Mollath die menschliche Würde ab?« Das ist eine gute und wichtige Frage. Brixner hält, laut Urteil, Mollath für krank. Er brüllt also offenkundig an jenem 8. August 2006 mehrere Stunden lang einen für ihn kranken Menschen zusammen.

Otto Brixner ist ein strenger Verfechter von Law and Order. Kurz vor seiner Pensionierung hält der Oberstleutnant der Reserve und ehemalige Handballspieler ein ungewöhnliches Plädoyer für hartes Durchgreifen. Die lebenslange Strafe in der jetzigen Form gehöre abgeschafft, fordert Brixner im Mai 2008 in der *Nürnberger Abendzeitung*. Im Schnitt bleibe ein zu »lebenslänglich« verurteilter Straftäter 15 Jahre in Haft, wenn überhaupt. Brixner plädiert in dem Interview dafür, Verbrecher bis zu 40 Jahre wegzusperren. »Das ist gerechter«, sagt er. Wer härtere Strafen fordert, erhält immer den Beifall der Straße. Die Boulevardzeitung kürt Brixner dafür zum »mutigen Richter« und druckt sein Bild ab.

Darauf, dass Otto Brixner 21 Monate vor dem Zeitungsartikel im Verfahren gegen Gustl Mollath eine nach rechtsstaatlichen Maßstäben sehr fragwürdige, ja skandalöse Verhandlungsführung an den Tag legte, deutet nicht nur der Brief der entsetzten Zuschauerin hin. Zwei weitere Augenzeugen bestätigen die Darstellung Vila Ambrosios, darunter ein am Verfahren beteiligter Laienrichter. Wie sehr in ihrem Rechtsempfinden irritiert muss eine Frau sein, die in Zusammenhang mit einem Fall, der sie persönlich nichts angeht, zur Feder greift, um einem Richter in Deutschland ihre Empörung über dessen Verhandlungsführung mitzuteilen? Sie habe ihn als Richter in keinem Moment wie jemanden erlebt, der sich im Griff hat, wirft sie Brixner vor. Vielmehr wie einen »Diktator« und eben nicht wie einen, der von sich sagen darf, er wäre ein »souveräner, gerechter, achtender und würdiger Richter«.

Die Altenpflegehelferin kritisiert nicht nur den Stil der Verhandlung, sondern sie gibt auch wichtige Beobachtungen wieder, die Zweifel an der korrekten Prozessführung aufkommen lassen. Sie findet es unentschuldbar, dass Brixner die Gustl Mollath belastenden Aussagen von Zeugen – im Wesentlichen: seiner ehemaligen Frau – einfach »so hingenommen« habe. Und »überhaupt von Ihnen nichts hinterfragt wurde«. Interessant: Hier geht es um eine, um es im Juristendeutsch zu sagen, strafprozessuale Frage. Nämlich die, ob man in einer Angelegenheit häuslicher Gewalt die Aussage einer der beiden Parteien mehr oder minder einfach übernehmen darf, weil diese – wie es im Urteil heißt – die behauptete Tat »ruhig, schlüssig und ohne jeden Belastungseifer« darlegt. Oder ob das so gar nicht geht.

Spricht man Concepción Vila Ambrosio heute auf den Prozess an, dann sagt sie: Diese Verhandlung bei Gericht habe sie bewegt wie kaum etwas anderes. Sie habe Mollath bis dahin allenfalls flüchtig gekannt. Sie stehe zu allem, was sie damals geschrieben habe – weil sie es so furchtbar finde, »dass so etwas in Deutschland möglich ist«.

Es ist auch sechs Jahre nach der Verhandlung nicht leicht, mit Otto Brixner über seine Art der Prozessführung in einen Dialog zu treten. Brixner ist seit 2008 pensioniert, wer bei ihm Ende des Jahres 2012 anruft, muss sich darauf gefasst machen, kaum einen Satz, kaum eine Frage zu Ende sprechen zu dürfen. Der Fall Mollath? Die »ganze journalistische Aufregung geht vollkommen an der Sache vorbei«, sagt er in barschem Ton. Man muss sehr bestimmt dagegenhalten und Brixner darauf aufmerksam machen, dass dies das Angebot in der Sache recherchierender Journalisten ist, sich zu den gegen ihn erhobenen Vorwürfen zu äußern. »An den Haaren herbeigezogen« seien all die Fragen, die da nun öffentlich aufgeworfen würden. Ihn treibe sogar der Verdacht um, dass die »bayerische Staatsregierung in den Schmutz gezogen« werden solle mit der Berichterstattung. Und im Übrigen: Nichts, »gar nichts« habe das Gericht zurückzunehmen, sagt Brixner. Das Urteil sei vom Bundesgerichtshof längst bestätigt. Alles rechtskräftig und damit alles in Ordnung also. Und um »Schwarzgeld« sei es im Prozess nicht gegangen, das habe »keine Rolle gespielt in diesem Verfahren«. Der pensionierte Richter ist bis heute von sich überzeugt: »Was wir in dem Verfahren gemacht haben, daran gibt es aus meiner Sicht nichts zu ändern.«

Das nächste Telefongespräch mit Otto Brixner findet an einem Tag statt, an dem mehrere große Medien über den Fall berichten. Es ist nicht rühmlich für die Justiz, was da über die Sache Mollath zu lesen steht. Brixner wirkt jetzt ruhiger, weniger aufbrausend. Er unterbricht nicht mehr, hört sich Fragen tatsächlich bis zum Ende an. Kann er sich an den Beschwerdebrief dieser Spanierin mit dem nach deutschen Maßstäben ungewöhnlichen Namen erinnern?

Nein, antwortet Brixner.

Es werde ihm darin vorgeworfen, er habe sich im Prozess wie ein »Diktator« aufgeführt, habe Mollath stundenlang angeschrien und ständig unterbrochen.

»Ich habe den Herrn Mollath meiner Meinung nach ordnungsgemäß behandelt«, sagt Brixner. Er dürfte wissen, dass seine Verhandlungsführung in Nürnberger Justizkreisen durchaus als ungewöhnlich galt. Mindestens als ungewöhnlich.

Gab es oft Kritik an seiner Verhandlungsführung?

»Die einen sagen so, die anderen so«, antwortet Brixner.

Nimmt er sich die Kritik zu Herzen?

»Das Urteil ist längst bestätigt, ich weiß nicht, was das Ganze soll.«

Kurze Zeit nach diesem Gespräch mit Brixner veranlasst die bayerische Justizministerin Beate Merk, die Staatsanwaltschaft möge einen Antrag auf Wiederaufnahme des Verfahrens stellen. In der öffentlichen Wahrnehmung sind die Widersprüche und Ungereimtheiten im Verfahren längst zu stark geworden. Selbst führende CSU-Politiker betonen, dass keine Zweifel bleiben dürfen an der Rechtmäßigkeit eines Verfahrens. Denn auch die Justiz, so unabhängig sie agieren soll und muss, braucht die Akzeptanz der Bürger.

Was die angebliche »journalistische Aufregung« soll? Die Frage stellt sich wenige Wochen, nachdem sie Brixner aufgeworfen hat, nicht mehr. Denn Concepción Vila Ambrosio ist nicht mehr allein mit ihren Vorwürfen. Titus Schüller, 26, war ebenfalls Augenzeuge im Prozess am 8. August 2006. Er kann alles, was die Altenpflegehelferin aufgeschrieben hat, im

Grundsatz bestätigen. Schüller ist Orthopädietechniker, mitgeschrieben hat er nicht bei dem Prozess. Und einen Beschwerdebrief hat er danach ebenfalls nicht verfasst. Der Prozess aber ist auch ihm nicht mehr aus dem Kopf gegangen. Dass es in der Verhandlung praktisch gar nicht um den von Mollath beschriebenen »Schwarzgeldkomplex« ging, sagt auch Schüller. Einfach deshalb, weil der Vorsitzende Richter davon nichts habe hören wollen. Wann immer Mollath angefangen habe, darüber zu sprechen, habe er ihn barsch unterbrochen. Weil es ja darum – angeblich – nicht gehe in dem Prozess. Tatsächlich nicht?

Gewiss, die Anklage lautete an diesem Tag auf »Körperverletzung u. a.«. Aber die Verteidigung des Gustl Mollath war darauf aufgebaut, dass er diese Vorwürfe als Falschbeschuldigungen zurückweisen und entlarven wollte. Mollaths Argumentationskette sah, zusammengefasst, so aus: Ich habe meine Exfrau nicht schwer misshandelt. Ich habe sie nicht gegen ihren Willen festgehalten. Ich habe keine Autoreifen zerstochen. Das alles wird mir nur vorgeworfen und soll mir angehängt werden, weil ich ihr und anderen Schwarzgeld- und andere illegale Geldgeschäfte in der Schweiz nachweisen kann und will. Deswegen werde ich falsch beschuldigt, um mundtot gemacht zu werden.

Ob es so war, sei dahingestellt. Unbestritten ist, dass man Gustl Mollath Gelegenheit hätte geben müssen, seine Argumentation vorzutragen, sie zu begründen, plausibel zu machen. Tatsächlich aber hat der Vorsitzende Richter den Angeklagten nach Angaben mehrerer Augenzeugen nicht aussprechen lassen, wenn dieser das mögliche Hauptmotiv für eine Falschbeschuldigung nennen wollte. Titus Schüller hat es so erlebt: »Es war verheerend. Vor allem, wenn man, wie Brixner, davon ausging, es mit einem Kranken zu tun zu haben.« Er habe als Zuhörer und Zuschauer den Angeklagten Mollath im Prozess als »extrem konzentriert« wahrgenommen. Mollath habe versucht, möglichst nur bei belegbaren Fakten zu bleiben. Und hatte erkennbar große Angst, man könnte ihm was anhängen.

Schüller und Mollath kannten sich aus der Friedensbewegung und trafen sich verschiedentlich in den Monaten vor dem Prozess. Er beschreibt ihn als sanftmütigen und sehr höflichen Menschen, der sich gegen den Irakkrieg engagiert hat. Wie sich Gustl Mollath verhalten habe? Es habe Zeiten gegeben, in denen Mollath regelrecht in Panik geraten sei. Offenbar weil er wahrzunehmen glaubte, vermutet Schüller, dass es da möglicherweise Menschen mit Einfluss geben könnte, denen sein Wissen um fragwürdige Geldgeschäfte nicht in den Kram passen könnte. Besonders schlimm sei es geworden, nachdem sein Haus von einem Dutzend Polizisten auf den Kopf gestellt worden war und Mollath sich nicht recht erklären konnte, warum. Allein dass die Beamten sein Elternhaus nach Waffen durchsuchten, habe Mollath beunruhigt, sagt Schüller. Schließlich sei er einer der engagiertesten Friedensaktivisten der Stadt gewesen. Wer ihn kannte, wusste um seine Haltung, was Waffen betrifft. Wie also sollte Mollath anders reagieren, fragt sich Schüller, als mit dem Gedanken, dass ihm da gerade einer etwas anhängen will? Zumal der Hinweis von seiner Frau ausging: einem Menschen, mit dem Mollath zu dem Zeitpunkt mehr als zwei Jahrzehnte liiert war. Und der also hätte wissen müssen, was er von Waffen hält.

Heinz Westenrieder war am 8. August 2006 im Prozess gegen Gustl Mollath Schöffe, Laienrichter also, in jener 7. Strafkammer unter dem Vorsitz des Richters Otto Brixner. Und er schämt sich heute dafür. Westenrieder, inzwischen ebenfalls Pensionär, stand in seinem beruflichen Leben zwei Kliniken als Direktor vor. Er gibt an, als Schöffe bei etwa 60 Verfahren auf der Richterbank gesessen zu haben. Einen so scharfen Ton eines Vorsitzenden wie in dem Prozess gegen Mollath habe er allerdings niemals sonst erlebt. Otto Brixner habe den Angeklagten mehrfach scharf zurechtgewiesen, er solle zu dem »Schwarzgeldkomplex« schweigen. Einmal habe er ihm sogar gedroht, er müsse – sollte er partout nicht schweigen wollen – den Saal verlassen.

Westenrieder bestätigt die Angaben von Vila Ambrosio

und Schüller über den Prozessverlauf. Er selbst hat jahrelang darüber geschwiegen. Erst als fünf Jahre später allmählich klarwurde, dass Mollaths Schwarzgeldvorwürfe keineswegs krankhafte Phantasterei, sondern Realität waren, entschied sich Westenrieder, über seine Wahrnehmung des Prozesses zu sprechen. Im Licht der neuen Erkenntnisse und Entwicklungen hält er das damals ergangene Urteil mindestens für »überaus angreifbar«. Westenrieder sagt, das Gericht hätte angesichts der Situation, Aussage gegen Aussage, der Frage nachgehen müssen, welche Motive Frau Mollath gehabt haben könnte, ihrem Mann etwas anzuhängen. Wohlgemerkt, das sei nicht bewiesen, aber es hätte von einem sauber arbeitenden Gericht zumindest geprüft werden müssen, findet Westenrieder. Und das Gericht hätte den diversen Schwarzgeldvorwürfen des Angeklagten Gustl Mollath »unbedingt nachgehen« müssen, sagt der Schöffe im Nachhinein.

Auch hätte es einen zweiten psychiatrischen Gutachter hinzuziehen müssen. Denn das war ihm als Laienrichter aufgefallen: dass das Gutachten des Bayreuther Psychiaters Klaus Leipziger weitgehend nach Aktenlage erstellt worden war. Ein »schwaches Gutachten«, wie Westenrieder damals schon fand. Was die Frage aufwirft: Warum hat er als Schöffe auf der Richterbank neben Otto Brixner, einer weiteren Berufsrichterin und einer zweiten Schöffin damals nicht entsprechend das Wort erhoben? Es war wohl eine Frage von Loyalität. So steht auch Westenrieders Name auf dem Urteil, das die 7. Strafkammer am 8. August 2006 »Im Namen des Volkes!« spricht:

»1. Der Angeklagte wird freigesprochen.

2. Die Unterbringung des Angeklagten in einem psychiatrischen Krankenhaus wird angeordnet.

3. Der Angeklagte trägt die Kosten des Verfahrens, die Kosten der Nebenklage und seine eigenen notwendigen Auslagen.«

Mollath wird also von den Vorwürfen der Körperverletzung, Freiheitsberaubung und gefährlichen Sachbeschädigung, Reifenstecherei, freigesprochen, weil er nach Auffassung des Gerichtes krank und damit schuldunfähig ist. Weil er aber eine Gefahr darstelle, wird er in die geschlossene Psychiatrie eingewiesen.

Das Urteil, das der Bundesgerichtshof 2007 nicht zu beanstanden fand, ist gespickt mit unglaublichen sachlichen Fehlern. Auf den samt Begründung und rechtlicher Würdigung insgesamt 28 Seiten steht zum Teil nachweislich hanebüchener Unsinn. Das beginnt auf Seite drei. »Der Angeklagte schlug am 12.08.2004 seine Ehefrau, von der er inzwischen geschieden ist, grundlos mehrfach auf den gesamten Körper, würgte sie bis zur Bewusstlosigkeit und trat sie mit den Füßen«, stellt das Gericht dort fest. Immerhin wird damit der zentrale Vorwurf, dessentwegen sich Gustl Mollath vor der Strafkammer hatte verantworten müssen, als zutreffend gerichtlich festgestellt.

Allerdings: Die angebliche Tat Mollaths soll sich nicht 2004, wie im Urteil angegeben, sondern genau drei Jahre vorher zugetragen haben. Denn laut Anklage und einem ärztlichen Attest soll sich der angebliche gewaltsame Übergriff im Jahr 2001 ereignet haben.

Nur ein Schreibfehler, ein Flüchtigkeitsfehler, wird sich die Nürnberger Justiz Jahre später kleinlaut herausreden. Im ersten zentralen Satz eines Landgerichtsurteils den Tatzeitpunkt um drei Jahre nach hinten zu datieren zeugt zwar nicht unbedingt von präziser Arbeit eines Gerichtes, aber man könnte dies noch als einen bedauerlichen, kleinen Lapsus abtun. Hätte es damit sein Bewenden.

Was auf Seite neun der Urteilsbegründung geschildert wird, lässt einen ratlos zurück: Brixners Strafkammer beschreibt dort im Detail, wie Mollath nach den Feststellungen des Gerichts am 27. Februar 2006 in seinem Haus in Nürnberg-Erlenstegen festgenommen wurde. Das Haus sei unbewohnt erschienen, »weil die Rollläden heruntergelassen waren«. Wörtlich heißt es weiter: »Im Haus befanden sich jedoch Anhaltspunkte dafür, dass der Angeklagte sich in dem Anwesen aufhielt (der Kamin rauchte, das Teewasser in der Küche war warm). Die Tür zum Dachboden war versperrt. Der Angeklagte konnte dann auch auf dem Dachboden in einem Zwischenboden, wo er sich vor der Polizei hinter einer Kiste versteckte, aufgefunden werden. Er ließ sich durch die Beamten festnehmen, schimpfte aber, er befände sich in einem Polizeistaat. Der Angeklagte wurde zunächst ins Bezirkskrankenhaus Erlangen, dann nach Bayreuth verbracht und befindet sich nunmehr im Bezirkskrankenhaus Straubing.« Sehr anschaulich, sehr genau. Und doch ist es kompletter Blödsinn. Denn die Wahrheit sieht so aus: Am 27. Februar 2006 protokolliert ein Beamter der Polizeiinspektion Nürnberg-Mitte, wie ein gewisser Gustl Mollath zwei Streifenpolizisten an der Nürnberger Lorenzkirche anspricht. Er bittet die Beamten, seine Personalien mit dem Fahndungsbestand der Polizei abzugleichen. Die Polizisten lehnen dies zunächst ab. Dann aber provoziert Mollath, um sein Ansinnen durchzusetzen, die Uniformierten und schreit auf dem Platz vor der Kirche herum. Aufgrund dieses verbal aggressiven Verhaltens, protokolliert der Streifenpolizist, habe man ihn »zur Identitätsfeststellung zu hiesiger Dienststelle verbracht«. Dort wird festgestellt, dass tatsächlich ein aktueller Einweisungsbeschluss der Staatsanwaltschaft Nürnberg-Fürth vorliegt. Von dort aus bringen die Polizisten Mollath in die Bezirksklinik nach Erlangen.

Mit anderen Worten: Gustl Mollath hat sich der Polizei gestellt, auf merkwürdige Art und Weise. Nach Aktenlage wollte er, der zu diesem Zeitpunkt seit einem Monat per Unterbringungsbeschluss gesucht wurde, sich an diesem Tag bewusst festnehmen lassen. Ein Verhalten, das bei Menschen, die zur Fahndung ausgeschrieben sind, nicht selten ist. Aber wie kommt es dann zu der abstrusen Darstellung im Urteil, die dort immerhin eine halbe von 28 Seiten einnimmt? Hatte das Gericht Halluzinationen?

Vermutlich ging man vom falschen Vorgang aus. Mollath sollte, wohlgemerkt noch nicht als verurteilter Straftäter, 2005 zur Beobachtung gegen seinen Willen ins Bezirkskrankenhaus Erlangen gebracht werden. Deshalb versteckte er sich damals auf seinem Dachboden, als er abgeholt werden sollte. Das Gericht hat diese Situation wohl mit der Festnahme 2006 verwechselt. Das mag die Erklärung sein, ist aber keine Rechtfertigung für haarsträubende sachliche Fehler in einem für das weitere Leben eines Menschen entscheidenden Gerichtsurteil.

Die falsche Jahreszahl der angeblichen Misshandlung seiner Ehefrau, die falsche Schilderung seiner Festnahme – es sind nicht die einzigen Merkwürdigkeiten: Auf Seite sechs wird der Richterspruch auf eine Art dubios, die man in einem Dokument einer Strafkammer am Landgericht kaum für möglich halten würde. Dort heißt es, in der vorangegangenen Hauptverhandlung zwischen dem 25. September 2003 bis April 2004 vor dem Amtsgericht Nürnberg habe Mollath einen Schnellhefter zu seiner Verteidigung übergeben, dessen Schriftsätze »in keinerlei erkennbarem Zusammenhang mit den Anklagevorwürfen« stünden.

Man muss es sich vor Augen führen: Die Anklage lautete bereits vor dem Amtsgericht auf Körperverletzung, begangen angeblich von Mollath an seiner Ehefrau. Der Angeklagte übergibt dem Amtsrichter einen Schnellhefter. Dieser enthält Schriftstücke, die mit dem Verfahren angeblich nichts zu tun haben. Listen mit historischen Daten und andere Ausführungen, in denen Mollath in weitschweifigen und stellenweise absurd anmutenden Exkursen auf das Weltgeschehen blickt und es vor dem Hintergrund seiner Lebensgeschichte reflektiert. Aber: Im Schnellhefter finden sich ebenfalls zahlreiche Briefe, in denen der Rosenkrieg zwischen Mollath und seiner Frau auf das detaillierteste dokumentiert ist. Wer diese Briefe liest, der meint am Ende sehr viel über diese Beziehung zu wissen. Wie Mollath in Briefen darum gekämpft hat, dass seine Frau ihre berufliche Situation ändert, mit den schmutzigen Geldgeschäften in der Schweiz aufhört. Wie Mollath sich in den Briefen darüber beklagt, dass sich seine Frau in Streitsituationen nicht im Griff hat. Dass sie aus seiner Sicht übergriffig sei, zu sprunghaften Handlungen neige, einmal sogar im Streit aus einem fahrenden Auto gesprungen sei. Dass es körperliche Übergriffe von seiner Frau auf ihn gegeben habe. Mit anderen Worten: Da steht einer vor allem wegen häuslicher Gewalt vor Gericht. Das Gericht interessiert sich aber nicht für die qualvollen Umstände, unter denen die Ehe dahinschied. Lapidar wischt es diese Umstände weg mit dem Satz, die Darstellungen darüber stünden in »keinerlei erkennbarem Zusammenhang« mit dem Anklagevorwurf der Körperverletzung unter Eheleuten. Wer so handelt, muss sich als Richter fragen lassen, ob er nicht seinen Beruf verfehlt hat. Vermutlich haben sowohl das Amtsgericht 2003 als auch später das Landgericht diesen Briefwechsel nicht wirklich zur Kenntnis genommen – oder nicht zur Kenntnis nehmen wollen.

Und es geht weiter mit den Fehlern im Landgerichtsurteil. Auf Seite sieben beschreibt Richter Brixner, dass Mollath zunächst für eine Woche im Bezirksklinikum Erlangen untergebracht wurde. Dass sich danach aber der zuständige Sachverständige für befangen erklärt hat. So weit, so richtig. Zumindest fast. In einem Schreiben an den Amtsrichter vom 1. Juli 2004 hat besagter Gutachter tatsächlich seine Befangenheit erklärt und darum gebeten, von diesem Auftrag entbunden zu werden. Mollath sei am 30. Juni 2004 in die Klinik eingeliefert worden, in der Woche davor habe er aber durch Zufall Kontakt mit Mollath gehabt. Denn der Gutachter wohnt neben einem Mann, den Mollath in seinen Schreiben und Anzeigen bei der Justiz immer wieder als Bekannten seiner Frau benannt hat, in Verbindung mit deren dubiosen Geldgeschäften. Er sei mit diesem Nachbarn »freundschaftlich verbunden«, schreibt der Gutachter. Und er habe mit ihm bereits über die Sache Mollath ausführlich gesprochen. Allein deshalb hielt sich der Gutachter für befangen. Außerdem sei eines Tages Gustl Mollath in der Straße aufgetaucht, auf der Suche nach dem vermeintlichen Komplizen seiner Frau. Er will ihn offenbar persönlich zur Rede stellen. Zufällig trifft er ausgerechnet jenen Psychiater, den das Gericht später mit seiner, Mollaths, Begutachtung beauftragen wird. Es kommt

auf der Straße zu einem spontanen Gespräch zwischen den
beiden, bei dem es wohl auch um Schwarzgeldverstrickungen
geht. Ein kurioser Zufall.

Der Psychiater bestätigt später all dies. Und er handelt zumindest insofern korrekt, als er einige Zeit später gebeten
wird, diesen Mollath zu begutachten. Er schreibt an das
Gericht, dass ihn sein Nachbar »ausführlich über seine Sichtweise der Angelegenheit Mollath« informiert habe. Die Sichtweise dürfte zweifellos in eine bestimmte Richtung gegangen sein: Was dieser Mollath erzähle, das dürfe man nicht
so ernst nehmen. Deswegen und wegen der »damit verbundenen persönlichen Verquickung« sehe er sich außerstande,
»mit der notwendigen Objektivität« das angeforderte Gutachten zu erstellen. Er geht sogar noch weiter und bittet das
Gericht, auch keinen seiner Kollegen aus der Erlanger Klinik
zu beauftragen. Denn deren Struktur sei »stark durch meine
Person bzw. die hiervon ausgehenden Einschätzungen geprägt«.

Es ist zumindest insoweit ein nachvollziehbares Verhalten
des Gutachters. Doch was macht Richter Brixner im Urteil
seiner 7. Strafkammer daraus? Seite sieben: Der Erlanger
Sachverständige habe im Juli 2004 darum gebeten, »ihn von
der Gutachten-Erstellung zu entbinden, weil der Sachverständige von Nachbarn des Angeklagten privat auf dessen
Zustand angesprochen worden sei«. Auch das ist vollkomme-
ner Blödsinn. Es waren nicht Nachbarn des Angeklagten, also
nicht Nachbarn Mollaths, sondern es war ein Nachbar des
Gutachters.

Hier wird nicht aus einem Schulaufsatz zitiert. Auch nicht
aus privaten Skizzen eines juristischen Hilfsangestellten. Sondern aus der Urteilsbegründung eines bayerischen Landgerichtes, die wesentlich war, um einen Menschen anschließend
für mehr als sieben Jahre wegzusperren. Die Befangenheits-
erklärung des Gutachters lag schriftlich vor. Man hätte sie
lesen können.

In diesem schlampigen, fehlerhaften Stil geht es weiter. Die

Beschreibung der angeblichen Körperverletzung auf Seite zehn des Urteils ist in bestimmten Teilen übernommen aus dem ärztlichen Attest über die Verletzungen und die Schilderungen der Ehefrau. Es wird nicht abgewogen, diskutiert, hinterfragt oder wenigstens im Konjunktiv sauber zitiert. Es wird einfach festgestellt. Eins zu eins. Mollath hat seine Frau in der gemeinsamen Wohnung »ohne Grund mindestens zwanzig Mal mit beiden Fäusten auf den gesamten Körper« geschlagen. Ein merkwürdiger Satz. Er lässt keinen Spielraum, er fragt auch nicht nach einem möglichen Motiv. Ein Ehemann schlägt ohne Grund, ohne Anlass, offenbar aus einer spontanen Lust heraus seine Frau mit Fäusten? Zwanzig Mal? Einfach so? Völlig anlasslose Attacken soll es geben. Aber irgendwie begründete Attacken erheblich häufiger. Ist es nicht Aufgabe eines Gerichtes, die Plausibilität einer Beschuldigung zu überprüfen?

Noch merkwürdiger: Im zugrundeliegenden Attest ist von Schlägen »mit der flachen Hand« die Rede. Im Urteil von »beiden Fäusten«. Flache Hand oder beide Fäuste? Das ist ein immenser Unterschied. Diesen Widerspruch müsste man nun diskutieren. Nichts davon.

Hätte man Mollaths dem Gericht vorliegende Briefe zur Kenntnis genommen, hätte man sich ernsthaft die Mühe gemacht, die Abgründe dieser Ehe genauer zu untersuchen und nicht nur festzustellen, dass einer grundlos den anderen geschlagen hat: Das Gericht hätte dann womöglich erkannt, dass Mollath in seiner Verteidigungsschrift in eigener Sache die in Rede stehende Situation beschrieben hat. Und bestätigt hat, dass es zu einem Vorfall gekommen ist: »Wir haben uns heftig gestritten, sie will nicht aufhören. Wie schon mal passiert, sie geht auf mich los. Tritte und Schläge. Leider wehre ich mich.« Das könnte man zum Teil als eine Art Schuldeingeständnis werten. Nicht einmal das ist dem Gericht aufgefallen; in dem Urteil findet sich von diesem zentralen Satz aus der Feder Mollaths: kein Wort.

Man müsste nun also nicht mehr diskutieren, ob da irgendwas vorgefallen ist im August 2001 zwischen den Eheleuten Mollath. Aber was da genau war, das müsste man sehr wohl erforschen. Gewaltsame Übergriffe von Ehefrauen an ihren Ehemännern sind nicht so selten. Der Möglichkeit, dass ein Mann sich gegen eine Frau gewehrt und sich dabei möglicherweise selbst vergessen hat – aber sich eben ursprünglich gewehrt hat –, auch dieser Möglichkeit muss ein Gericht nachgehen. Aber Brixner und seine Beisitzer sehen das offenbar anders. Sich mit den Argumenten und der komplizierten, nicht in wenigen Minuten zu skizzierenden Geschichte Mollaths auseinanderzusetzen – war das vielleicht zu aufwendig, zu schwierig? Oder unterließ man es, weil man schon vor dem Verfahren wusste, wohin man wollte mit dem Urteil?

Jedenfalls scheint in Sachen Körperverletzung Lustlosigkeit das Prinzip gewesen zu sein, bei der 7. Strafkammer. Im engeren Sinn finden sich genau zwei Sätze dazu in der Beweiswürdigung.

Der erste Satz:»Die Feststellungen zu dem Verlauf der Ehe des Angeklagten, die Schilderung seines eigenartigen Verhaltens und seiner sich immer weiter steigernden Aggressivität beruhen […] auf der Aussage seiner geschiedenen Ehefrau, an deren Glaubwürdigkeit die Kammer keinen Zweifel hat.«

Der zweite Satz: Die ehemalige Frau von Mollath »schilderte die Taten des Angeklagten so – wie oben dargelegt – ruhig, schlüssig und ohne jeden Belastungseifer«.

Das soll nun also eine Beweiswürdigung sein? Immerhin: Es gibt das Attest aus einer Nürnberger Arztpraxis, das die Folgen der angeblichen Prügel anscheinend belegt. Das Gericht stützt sich nicht nur darauf, sondern schreibt den Text praktisch komplett ab. Dass dieses Attest erst neun Monate nach der angeblichen Tat ausgestellt wurde – im Urteil findet sich dazu kein Hinweis. Man hätte das ärztliche Gutachten überhaupt hinterfragen müssen. Dann wäre man womöglich damals schon auf jene bedenklichen Umstände gestoßen, unter denen es zustande gekommen ist. Die Staatsanwaltschaft

Regensburg wird diese 2013 im Zuge ihrer Ermittlungen für das Wiederaufnahmeverfahren offenlegen. Dazu später.

Für sich genommen ist die zeitliche Verzögerung zwischen angeblicher Tat und Attest kein hartes Indiz dafür, dass diese Tat nicht stattgefunden hat. Zumal die damalige Frau Mollath zwei Tage nach der behaupteten Körperverletzung beim Arzt war. Aber: Das Gericht macht sich nicht einmal die Mühe, dieses Dokument zu prüfen. Niemand aus der Arztpraxis wird als Zeuge gehört (worüber man sich in der Praxis noch Jahre später wundern wird). Und wieder passiert ein kleiner, für diesen Prozess aber typischer Fehler.

Im Urteil liest es sich so: »Zudem wird die Schilderung von Fall 1 [der angeblichen Körperverletzung] durch ein ärztliches Attest von [Name der Ärztin] bestätigt.« Wirklich? Der Presse erzählt ein Vertreter dieser Nürnberger Arztpraxis Jahre später etwas ganz anderes: Nicht etwa die Ärztin habe das Attest ausgestellt, sondern deren Sohn als ihre Urlaubsvertretung. Aber das kann das Gericht natürlich nicht wissen. Es hat ja nie nachgefragt.

Mollath, immerhin das nimmt das Gericht auf, habe angegeben, es sei immer wieder zu Streit gekommen. Wegen der dubiosen Bankgeschäfte der Frau. Im Verlauf dieser Auseinandersetzungen habe sie, seine Ehefrau, ihn geschlagen. Er habe sich lediglich gewehrt. Die Passage umfasst in dem Urteil exakt fünf Zeilen. Allein die grotesk falsche Schilderung, wie Mollath im Februar 2006 angeblich festgenommen wurde, nimmt das Doppelte an Platz ein. So sind die Proportionen in diesem Urteil. Breitesten Raum erhält dafür das Schreiben des Bayreuther Psychiaters Klaus Leipziger, der Mollath für sein Gutachten nicht untersucht hat. Er wurde mit der Begutachtung Mollaths beauftragt, nachdem sich der Erlanger Gutachter für befangen erklärt hatte. Von Leipziger aber ließ Mollath sich nicht untersuchen, so dass dieser vor allem die klinikinterne Dokumentation auswertete, die über Mollath in den fünf Wochen seines Zwangsaufenthalts angelegt worden war. Keine Untersuchung? Der Sachverständige habe alles »überzeugend« dargelegt, urteilt das Landgericht Nürnberg-Fürth, und macht sich Leipzigers Einschätzungen großflächig zu eigen. Das Exzerpt des Leipziger-Gutachtens gehört zu den detailliertesten Passagen dieses Urteils. Ist das Zufall? Auf jeden Fall macht es weniger Arbeit, einen Text zusammenzufassen, als sich selbst in einen Fall einzuarbeiten. Oder Zeugen zu befragen. Oder gar die Hintergründe der behaupteten Schwarzgeldvorwürfe zu verifizieren. Im Urteil zitiert Richter Brixners Strafkammer einen entscheidenden Satz aus Leipzigers Gutachten. Vielmehr: Dieser hätte zum Verständnis des Falls eine entscheidende Rolle spielen können – wäre er denn nicht nur wiedergegeben, sondern tatsächlich zur Kenntnis genommen worden. Das Gericht schreibt: »Im August habe der Angeklagte in einem Brief seiner Frau mitgeteilt, dass er mit diesen ›Machenschaften‹ nicht fertig werde. Er sei jeder Kraft beraubt, seelisch und körperlich schwer belastet.«

Ein Schlüsselsatz. Mit ihm könnte man sehr viel in diesem Fall verstehen. Wer die Vita Mollaths nur ein bisschen kennt, sich nur ein bisschen umgehört oder den vorliegenden Briefverkehr gelesen hat, der weiß, dass die Beschreibung »jeder Kraft beraubt, seelisch und körperlich schwer belastet« wohl den Kern der Sache trifft. Und man könnte daraus den Rückschluss ziehen, dass da einer aufgrund privater und beruflicher Probleme und Verwerfungen unter einem Burn-out gelitten hat, oder gar unter den Symptomen einer Depression. Wohlgemerkt: in den Jahren 2002 bis 2005. Das Urteil wurde 2006 gesprochen. Und maßgeblich aufgrund dieses Urteils ist Mollath auch Anfang 2013 noch immer hinter weißen Wänden weggesperrt.

Zuletzt bleibt für das Gericht: Mollath leide »mit Sicherheit bereits seit Jahren unter einer paranoiden Wahnsymptomatik«. Mit Sicherheit?

»Mit Sicherheit« wird man etwas anderes sagen müssen: Dieses Urteil basiert auf einer Ansammlung von Nachlässigkeiten, Schludrigkeiten, Weglassungen, Auslassungen und zum Teil grotesken und höchst peinlichen Fehlern. Es schreibt ab, wo es selbst Für und Wider abwägen müsste. Es recherchiert nicht, es ergründet nicht, es behauptet stattdessen. Vor allem verlässt es sich blindlings auf die scheinbare Sicherheit eines Gutachters, der Mollath nie untersucht hat. Denn das Gericht übernimmt die entscheidenden Passagen aus dem Gutachten Leipzigers. Aus den Akten und Mollaths Darstellungen ergebe sich, »dass der Angeklagte in mehreren Bereichen ein paranoides Gedankensystem entwickelt habe. [...] Hier sei einerseits der Bereich der ›Schwarzgeldverschiebung‹ zu nennen, in dem der Angeklagte unkorrigierbar der Überzeugung sei, dass eine ganze Reihe von Personen aus dem Geschäftsfeld seiner früheren Ehefrau, diese selbst und nunmehr auch beliebige weitere Personen, die sich gegen ihn stellen, [...] in dieses komplexe System der Schwarzgeldverschiebung verwickelt wären.« Benannt wird als einzige dieser angeblich »beliebigen weiteren Personen« eine: der Erlanger Gutachter, an dem dieses Phänomen angeblich »eindrucksvoll« ausgeführt werden könne. Der sich aber selbst für befangen erklärt hatte. Eben weil er von einer mit ihm »freundschaftlich verbundenen« Person mit der Causa Mollath vertraut gemacht worden war. Dieser Freund war wiederum Vermögensberater und bekannt mit dem Kreis um Frau Mollath. Und er war von Gustl Mollath mindestens als Zeuge in dem Schwarzgeldkomplex immer wieder benannt worden.

Auf der letzten Seite der rechtlichen Würdigung scheinen dem Gericht noch einmal kurz Zweifel an der eigenen Arbeit zu kommen. »Mag sein, dass es Schwarzgeldverschiebungen von verschiedenen Banken in die Schweiz gegeben hat bzw. noch gibt, wahnhaft ist, dass der Angeklagte fast alle Personen, die mit ihm zu tun haben [...], völlig undifferenziert mit diesem Skandal in Verbindung bringt.«

»Mag sein« – formuliert da allen Ernstes ein Richter im Jahr 2006 –, dass es Schwarzgeldverschiebungen gibt. Aber Mollath bringe eben »wahnhaft« nicht nur irgendwen, sondern »fast alle Personen, die mit ihm zu tun haben« damit in Verbindung. Es folgt als Beleg über die »fast allen« erneut: ein einziges Beispiel. Und abermals ist es der falsche Hinweis auf den Gutachter aus Erlangen. Fast ist man geneigt zu sagen: Wahnsinn.

Es bleibt von diesem Urteil: Mollath wandert in die geschlossene Psychiatrie. Er war nicht vorbestraft. Nach Einschätzung von Juristen wären seine vermeintlichen Taten höchstwahrscheinlich mit einer zur Bewährung ausgesetzten Freiheitsstrafe bestraft worden. In einem Hintergrundgespräch sprach ein Spitzenjurist der bayerischen Justiz, der mit der Sache Mollath vertraut war, im Januar 2012 von einer »Bewährungsstrafe von höchstens 15 Monaten« wegen gefährlicher Körperverletzung, Sachbeschädigung und Freiheitsberaubung, die Mollath zu erwarten gehabt hätte – wenn er denn überhaupt in allen Punkten schuldig gesprochen worden wäre.

Das bedeutet: Mollath hätte den Gerichtssaal auf freiem Fuß verlassen können. Als freier, wenn auch verurteilter Mann. Durch den Freispruch, der ihm »Schuldunfähigkeit« nachsagt, wurde er jedoch mehr als sieben Jahre seiner Freiheit beraubt.

Es ist also ein fragwürdiges, von Fehlern und Ungereimtheiten durchsetztes Urteil, das Gustl Mollath in die Psychiatrie bringt. Der Vorwurf der Körperverletzung ist nicht hinreichend untersucht worden; nicht einmal Mollaths Teilgeständnis wurde zur Kenntnis genommen. So bleibt einiges offen, auch der Vorwurf einer möglicherweise perfiden, viele Menschen gefährdenden Reifenstecherei. Für das Gericht ist sie eindeutig erwiesen. Fast vier Seiten lang wird in der Urteilsbegründung geschildert, wessen Reifen Gustl Mollath wann zerstochen haben soll. Allein, es fehlt jeglicher Beweis dafür, dass es tatsächlich so war.

Einzig die Reihe der Geschädigten könnte darauf hindeuten. Es sind Menschen, die Gustl Mollath zwangsläufig zu seinen Gegnern zählt: der Lebensgefährte seiner Exfrau und einige seiner Freunde, ihr Scheidungsanwalt, ein Sachverständiger, der Mollath zuvor vor Gericht für psychisch krank erklärt hatte, ein Gerichtsvollzieher, der von Mollaths ehemaliger Frau mehrfach mit Zwangsvollstreckungen bei Gustl Mollath beauftragt worden war, um nur einige zu nennen. Es waren aber auch die Autoreifen eines Immobilienunternehmers darunter, der nie etwas persönlich mit Mollath zu tun hatte. Die Polizei zählte 129 zerstochene Reifen und bezifferte den Gesamtschaden – weitere, kleinere Sachbeschädigungen an Autos eingerechnet – auf rund 10 000 Euro.

Was man neben dem Gros des betroffenen Personenkreises ebenfalls als Indiz gegen Gustl Mollath werten kann: Viele der Reifen wurden mit einem dünnen, runden Stechwerkzeug so zerstochen, dass die Beschädigungen mit bloßem Auge nicht erkennbar waren und die Luft erst dann langsam entwich, wenn das Auto mit höherer Geschwindigkeit fuhr. Mithin also eine besonders gefährliche Methode, die zu verheerenden Unfällen im Straßenverkehr hätte führen können. Polizeibeamte waren sich sicher, dass dies nur ein Fachmann so kann. Ein Fachmann wie Gustl Mollath, der Reifenfachmann und Autofreak.

Bewiesen allerdings ist nichts. In seinem zehnseitigen Abschlussbericht unter dem Aktenzeichen 5425-000269-05/7 vom 12. Mai 2005 kommt der zuständige Sachbearbeiter der Polizeiinspektion Nürnberg-Ost zu dem Schluss: »Aufgrund der nach den Ermittlungen vorliegenden Fakten ist der Beschuldigte Mollath als Verursacher der angezeigten Schäden anzusehen.« Doch es gibt weder einen tatsächlichen Beweis noch einen Zeugen, der Gustl Mollath beim Reifenstechen beobachtet hat. Dafür aber belastet ihn einmal mehr seine Exfrau.

Was es gibt, sind Fingerabdrücke. Bei einem durch die Reifenstechereien Geschädigten wurde zudem in dessen Garage und im Keller gelagertes Schießpulver über den Boden verstreut und so unbrauchbar gemacht. Zudem ging dazu ein anonymes Schreiben bei der Feuerwehr ein, auf dem sich Fingerabdrücke befanden: »Die gesicherten daktyloskopischen Fingerspuren konnten jedoch nicht dem Tatverdächtigen Mollath zugeordnet werden«, heißt es im polizeilichen Ermittlungsbericht.

Dann sind da noch Videoaufzeichnungen, die eine an einem Wohnhaus angebrachte Kamera am 1. Februar 2005 aufgezeichnet hat. Sie zeigt, wie ein Mann um 4:08 Uhr vier Autoreifen vor dem Haus zersticht. Das Gesicht der Person ist allerdings nicht zu erkennen, lediglich eine dunkle Gestalt. Drei Tage später führt die Polizei der damaligen Frau von Mollath die Aufnahmen vor. Darüber notiert der sachbearbeitende Polizeioberkommissar im Ermittlungsbericht: »Anhand der getragenen Kleidung (Mantel und Mütze) schloss sie [Mollaths ehemalige Frau] bei der aufgezeichneten Person ihren früheren Mann nicht aus, da dieser solche Kleidungsstücke getragen hatte.« Neben Fotos aus der Videoüberwachung, welche die dunkle Gestalt an den Autoreifen hantierend zeigen, hat offenbar ein Polizeibeamter eine handschriftliche Notiz geschrieben: »Laut Exfrau könnte die Statur des Mannes auf Gustl Mollath zutreffen.«

Später finden Beamte bei einer Hausdurchsuchung im Anwesen von Gustl Mollath Kleidungsstücke, »die Ähnlichkeiten wie die in den Videoaufzeichnungen aufweisen«. Gustl Mollath tut nichts, um den Vorwurf sachlich zu entkräften. »Ein Dialog mit ihm war zu keiner Zeit möglich«, schreibt der Ermittlungsführer. »Er schrie die gesamte Zeit wirre Äußerungen den Polizeibeamten und dem Unterzeichner entgegen. Den Tatvorhalt der Sachbeschädigungen ignorierte Mollath durch zynische Äußerungen gegen die Polizei und gegen den Polizeistaat.« Ein Verhalten, das die Beamten verständlicherweise nicht gerade als entlastend für ihn werteten.

Bleibt bei alledem die Frage, ob Gustl Mollath während der Ermittlungen und vor allem während des fragwürdigen Prozesses vor dem Landgericht Nürnberg-Fürth am 8. August 2006 keinen Anwalt hatte. Einen Verteidiger, der zusammentrug, was ihn entlastet hätte. Der dem offenkundig stundenlang brüllenden Richter hätte Einhalt gebieten müssen. Der das Leipziger-Gutachten hätte hinterfragen müssen. Der auf

die Ungereimtheiten in Zusammenhang mit dem Zustande-
kommen des ärztlichen Attestes hätte hinweisen und auf die
Vernehmung der Ärztin hätte drängen müssen. Oder der spätestens nachdem das Urteil geschrieben worden war, hätte
protestieren müssen gegen den hanebüchenen Unsinn in vielen Punkten.

Gustl Mollath hatte in dem Verfahren einen Verteidiger,
einen Pflichtverteidiger: Thomas Dolmany, Rechtsanwalt aus
Nürnberg, und als Strafverteidiger keineswegs ein Mann von
schlechtem Ruf. Mollath vertraute ihm aber nicht, warum
auch immer. Vertrauen ist aber die Basis jedweder Beziehung
zwischen Anwalt und Mandant. Umgekehrt war auch für
den Anwalt Dolmany der Mandant Mollath ein großes Problem, denn er kooperierte nicht. Das Problem hätte einfach
gelöst werden können, indem das Gericht, indem Richter
Brixner, den Anwalt Dolmany von seiner Pflichtverteidigung
entbunden hätte. Beide, Mollath und der Anwalt, wollten
diese Zusammenarbeit nicht. Bei der Recherche, warum das
Gericht dies ignoriert hat, landet man beim nächsten haarsträubenden Versäumnis.

Mollath bat schriftlich darum, Dolmany von dem Mandat
zu entbinden. Bei der Amtsgerichtsverhandlung am 22. April
2004 wiederholt er den Antrag. Das Gericht lehnt ab, »da eine
ernsthafte Störung des Vertrauensverhältnisses nicht substan-
tiiert dargelegt wurde«. Am 7. Mai 2004 erneuert Mollath den
Antrag, offenbar wieder vergeblich. Inzwischen wandert der
Fall vom Amts- zum Landgericht.

Thomas Dolmany will ebenfalls nicht mehr mit diesem
schwierigen Mandanten arbeiten, am 15. Juni 2005 beantragt
auch er beim Amtsgericht, ihn als Pflichtverteidiger zu entbinden. Beider Verhältnis sei völlig zerrüttet, seit Mollath an
einem Freitagabend um 20:30 Uhr bei ihm vor der Kanzlei aufgetaucht sei und um Einlass gebeten habe. Weil er, Dolmany, so
kurz vor dem Wochenende nicht geöffnet, sondern Mollath
aufgefordert habe, sich in der kommenden Woche einen Termin geben zu lassen, habe dieser gegen die Tür getrommelt.

Brixner wird dies später in seinem Urteil zur strafbaren Freiheitsberaubung machen, weil Dolmany noch eine Stunde in seiner Kanzlei geblieben sei, um ihm nicht vor der Tür über den Weg zu laufen. Der Antrag des Pflichtverteidigers auf Entbindung von dem Mandat wird vom Gericht aber ignoriert – obwohl zwischenzeitlich sogar die Staatsanwaltschaft riet, »dem Antrag stattzugeben«, da das Verhältnis zwischen Mollath und dem Anwalt »offensichtlich erheblich gestört« sei.

Acht Monate nach seinem ersten Antrag bittet Dolmany erneut darum, von dem Pflichtmandat entbunden zu werden. Richter Brixner bescheidet ihm knapp: »Eine Entpflichtung kommt derzeit nicht in Betracht.« So geht das über Monate weiter. Weder Mollath will Dolmany als Pflichtverteidiger, noch will Dolmany Mollath als Mandanten. Das Gericht ignoriert das zerstörte Verhältnis zwischen Angeklagtem und Verteidiger. In dieser Gefechtslage geht es in den Prozess am 8. August 2006.

Fast sieben Jahre später stellt sich Heinz Westenrieder die Frage nach seiner eigenen Verantwortung für das Verfahren und das fragwürdige Urteil. Gewiss, er ist öffentlich auf Distanz gegangen zu Prozess, Urteil und Otto Brixner. Aber trotzdem: Als Schöffe saß Heinz Westenrieder mit auf der Richterbank. Er wirkte am Urteil mit. Er verfolgte, dass sich Angeklagter und Pflichtverteidiger nicht verstanden. Er hörte Brixner brüllen und war beteiligt an der zweifelhaften Wertung aller Fakten und Gutachten. Vielleicht hat er auch das später schriftlich niedergelegte Urteil gelesen, mit all seinen Fehlern. Bereitet all das Heinz Westenrieder heute schlaflose Nächte?

»Die hätte ich vermutlich«, antwortet er, »wenn ich mich nicht inzwischen entschieden hätte zu sprechen und aktiv zu einer möglichen Rehabilitierung Mollaths beizutragen.« Dass er über einen öffentlichen Prozess auch als am Urteil beteiligter Laienrichter sprechen darf, daran hegt er keinen Zweifel. Otto Brixner hatte zunächst gedroht, Westenrieder deswegen anzuzeigen. Später beteuerte er, er habe das lediglich theoretisch in Erwägung gezogen. Er habe nie gesagt, dass er das auch tatsächlich tue.

Nachdem am 24. November 2012 der Artikel »Rechtschreiung« über die fragwürdige Prozessführung von Brixner im Verfahren gegen Mollath in der *Süddeutschen Zeitung* erschienen war, gingen aus der Nürnberger Justiz zahlreiche Reaktionen ein. Man hätte einen Proteststurm erwarten können, schon allein des Titels wegen. In Nürnberg schreit das Recht nicht, und in Nürnberg wird schon gleich gar kein Recht geschrien. In Nürnberg wird Recht gesprochen – diese Erwiderung hätte man doch erwarten können, sie wäre wohl durchaus normal gewesen. Denn in Nürnberg, auch das muss an dieser Stelle einmal klar betont werden, sind sehr viele Staatsanwälte, Richter und Anwälte am Werk, die ihren Job ernst nehmen. Die ihre Verfahren sorgfältig und gewissenhaft führen. Die Vorwürfe und Rechtfertigungen abwägen und Angeklagte respektvoll behandeln. Kurzum: die sich an Recht und Gesetz halten, Fairness und Gerechtigkeit walten lassen.

Aber es ging nach dem *SZ*-Bericht kein Protest ein. Nicht ein einziger.

Dafür meldeten sich mehrere Juristen mit ganz anderen Kommentaren zu Wort.

Er könne zu diesem Bericht »nur gratulieren«, äußert sich einer schriftlich. Das Problem sei aber vermutlich gar nicht der Fall Mollath gewesen, sondern ganz allgemein der Richter Brixner, gibt er zu bedenken. Auch er habe, in seiner Funktion als Anwalt, diesen Richter »kennenlernen dürfen«. Man könne »Bücher« über dessen Verhandlungsführung schreiben. Er, der Rechtsanwalt, kenne niemanden, »der bedauert, dass er, [Brixner], nun im Ruhestand ist«. Brixner, vermutet dieser Anwalt, »hatte sicher nichts gegen Mollath persönlich«. Sondern? »Mollath hatte nur eben Pech, dass Brixner sein Richter war.«

Das Schlimme aber sei, »dass es im Justizpalast geduldet ist, dass ein Mensch wie Otto Brixner über andere Menschen richten darf. Eine Persönlichkeit wie Otto Brixner wäre als

Richter sicher besser beim Grundbuchamt eingesetzt worden. Dort hätte er sich nicht mit Menschen herumärgern müssen. Aber das ist jetzt zum Glück vorbei.« Er bitte, bekundet der Anwalt am Ende seiner Einlassung, um Anonymität.

Auch ein Gerichtsvollzieher meldet sich. Er könne dem Artikel »Rechtschreiung« nur zustimmen. Schon in seinen Anfangsjahren bei der Justiz habe er das »zweifelhafte Vergnügen« gehabt, in Strafsachen bei Brixner ab und zu Protokoll führen zu müssen. Schon damals sei Brixner für seine »unsägliche und menschenverachtende Prozessführung« bekannt gewesen. Es habe selten Verfahren gegeben, »die ohne Aggressionen abgingen«. Die im Artikel beschriebene Prozessführung, »der barsche, arrogante und provokative Ton dieses Richters« – genauso habe er ihn auch erlebt. »Gott sei Dank allerdings nicht als Angeklagter. Dafür aber fremdschämend als Protokollführer.«

Ein Präsident eines bayerischen Gerichtes äußert sich ebenfalls – wenn auch nur hinter vorgehaltener Hand. Man könne mit solchen Richtern eigentlich nur in einem Dienstgespräch unter Kollegen in ein ganz grundsätzliches Gespräch über Verhandlungsführung eintreten, sagt dieser Mann. Disziplinarisch vorgehen aber könne man nur, wenn sich der Richter während der Verhandlung strafrechtlich relevante Sachverhalte zuschulden kommen lasse – etwa einen Angeklagten mit persönlichen und eben strafrechtlich relevanten Beleidigungen überziehe. »Ansonsten darf ein Richter eben so verhandeln, wie er es für richtig hält.«

Der Fall Gustl Mollath war offenkundig nicht der erste, in dem der Richter Otto Brixner einen »barschen, arroganten und provokativen Ton« angeschlagen hat. In den lokalen Medien war er immer für eine Story gut: Einen 62-Jährigen forderte er auf, er solle »in ein Puff« gehen, wenn er ein »sexuelles Verlangen« habe.

Ginge es nach Brixner, würde »ganz anders geurteilt«, merkt eine Nürnberger Zeitung zu seinem Abschied an. Brixner sei »ein Einfacher, ein Gerader«. Einer, der schon mal

»poltert«. Der eben keine Bewährung gebe, wenn er Zweifel habe. Der sagt, er sei »kein Schiedsrichter, sondern Richter«. Einer, der keinen »familiären Juristenstammbaum« aufzuweisen habe, sondern in der Bahnhofswirtschaft aufgewachsen sei. Der im Ruf stehe, »hohe Haftstrafen zu verhängen«. Der sich zitieren lässt mit dem Satz: »Meine Lieblingsstrafe für Jugendliche« wäre »etwa drei Jahre, da können die wenigstens einen Beruf im Knast erlernen.« Der seinem Sport – aktiver Handballer und Handballtrainer – seine »große, athletische Figur« verdanke und dessen »Sportsgeist« ihn auch in seinen Verhandlungen antreibe.

»In jedem seiner Prozesse bot er auch den schlimmsten Räubern und brutalsten Zuhältern bis zum allerletzten Verhandlungstag die Stirn.«

Brixner ist einer, der zum Abschied in den Ruhestand einer Zeitungsreporterin – offenbar mit Stolz – einen »justizinternen« Satz über sich selbst in den Block diktiert: »Sie kann man hinstecken, wo man will, Sie fallen überall auf.«

Das sagten die Kollegen über Brixner. Und er hörte das offenbar gerne.

2006 erscheint in den *Nürnberger Nachrichten* ein Bericht über den Mollath-Prozess vom 8. August. »Das Gericht schickt ihn auf unbestimmte Zeit in die Psychiatrie«, notiert die Autorin. Der Vorsitzende Richter Otto Brixner wird zitiert mit klaren Worten, die er für den Angeklagten Gustl Mollath fand: »Wenn Sie so weitermachen, kommen Sie nie wieder heraus.«

Endgültig besiegelt ist das Schicksal Gustl Mollaths, als der Bundesgerichtshof (BGH) seine Revision gegen das Nürnberger Landgerichtsurteil verwirft. Zuständig ist der erste von fünf Strafsenaten des BGH, der den zweifelhaften Ruf genießt, deutlich seltener als die anderen vier zugunsten von Angeklagten zu entscheiden. Am 13. Februar 2007 verwirft der Erste Senat auch die Revision des Gustl Mollath. Ohne weitere Begründung, es reichen eine Handvoll Zeilen auf einer einzigen Seite. Damit ist das Urteil gegen Gustl Mollath rechtskräftig.

KAPITEL 4

Die dubiose Rolle
der Nürnberger Justiz

Wie unvoreingenommen kann ein Richter sein, wenn er zwei Jahre bevor er einen Menschen in die geschlossene Psychiatrie wegsperren lässt, über diesen schon am Telefon gerichtet hat? Diese Frage steht im Hintergrund, als im Rechtsausschuss des bayerischen Landtages ein verstörendes Herumgeeiere zu beobachten ist. Am 28. Februar 2013 erklärt Roland Jüptner, der Präsident des Bayerischen Landesamtes für Steuern, den Abgeordneten Folgendes: Der Vorsitzende Richter am Nürnberger Landgericht Otto Brixner habe keinen direkten Versuch der Einflussnahme auf Steuerfahnder unternommen mit dem Ziel, von Gustl Mollath angestoßene Schwarzgeldermittlungen zu unterbinden.

Ein solcher Vorgang wäre auch gravierend gewesen und geeignet, »das Ansehen der Steuerverwaltung zu schädigen«, sagt Jüptner. Vielmehr habe sich alles so zugetragen: Zwei Nürnberger Steuerfahnder beschäftigten sich 2004 mit Anzeigen Mollaths wegen angeblicher Schwarzgelddelikte seiner Frau und ihrer Kollegen der Hypovereinsbank sowie von Kunden der Bank. Die Befragung der beiden Beamten habe ergeben, so Jüptner, dass sie den Kontakt zur Nürnberger Justiz gesucht hätten, um sich dort über Erkenntnisse zu Mollaths Anzeigen zu erkundigen. Dabei hätten sie um Rückruf eines mit dem Fall vertrauten Richters gebeten; gemeldet habe sich Brixner. An den Inhalt des Telefonates könnten sich die Steuerfahnder nicht mehr erinnern. Tatsache ist: Danach wurden keine steuerstrafrechtlichen Ermittlungen eingeleitet.

Wäre das Gespräch mit Brixner tatsächlich für diese Entscheidung wichtig gewesen, hätten die Steuerfahnder darüber einen Vermerk gemacht, erklärt Jüptner den Landtagsabgeordneten. Er habe darüber bereits mit dem damals zuständigen Beamten und dessen Vorgesetzten gesprochen. Einen solchen Vermerk gebe es jedoch nicht, versicherte der Präsident des Landesamtes für Steuern. Die Parlamentarier scheinen an diesem Tag Jüptner zu glauben.

Am nächsten Tag schon erwiesen sich die Aussagen Jüptners als unhaltbar, um nicht zu sagen: als falsch. Denn tatsächlich gibt es einen solchen Aktenvermerk der Steuerfahnder. Er datiert vom 10. beziehungsweise 11. Februar 2004 und lautet:

»In seiner Anzeige beschuldigt Mollath seine Frau zusammen mit anderen Personen (Bankmitarbeiter und Bankkunden) Geldtransfers ins Ausland vorgenommen zu haben. Ebenso bringt er vor, Richter H. habe ihn auf Drängen von Frau M. und anderer Personen auf seinen Geisteszustand untersuchen lassen. Bei vielen der genannten Namen handelt es sich um höherrangige Mitarbeiter der HVB und anderer Banken.« Die Steuerfahnder, so notiert einer von ihnen in dem Aktenvermerk weiter, hätten dann eine ihnen offenbar bekannte Richterin angerufen und um Auskunft darüber gebeten, was gerichtlich in der Sache laufe. Sie wusste nichts über den Fall Mollath, versprach aber, sich zu erkundigen. Am 11. Februar 2004 rief Otto Brixner bei den Steuerfahndern an »und bestätigte, dass bei Gericht ein Verfahren gegen M. vorlag«, wie es im Aktenvermerk der Steuerfahnder weiter heißt. »In dessen Verlauf sei die Untersuchung von M. wegen seines Geisteszustandes veranlasst worden. Das Aktenzeichen sei: 41 DS 802Js4743/03.

Aufgrund dieser Angaben kann davon ausgegangen werden, dass die vorgebrachten Anschuldigungen zumindest zum großen Teil nicht zutreffen und ggf. nicht überprüft werden können.

Weitere Ermittlungen erscheinen nicht veranlasst.«

Das Papier ist vom zuständigen Fahndungsprüfer unterzeichnet.

Zwischen zwei Absätzen dieses Aktenvermerks brachte offenbar noch am selben Tag der Vorgesetzte des Fahndungsprüfers folgenden handschriftlichen Vermerk an: »Richter Brixner hat Beschwerde gg. AG-Beschluss als unzulässig verworfen; bei M. handelt es sich offensichtlich um Querulanten, dessen Angaben keinen Anlass für weitere Ermittlungen bieten.« Dieser handschriftliche Zusatz trägt das Kürzel, die Paraphe des Vorgesetzten und ebenfalls das Datum 11. Februar 2004. Und es findet sich eine weitere verräterische, handschriftliche Gleichung in den Akten: »M.=Spinner.«

Tatsächlich verzichteten die Steuerfahnder danach auf jedwede Untersuchung der Mollath'schen Schwarzgeldvorwürfe. Das Verfahren wurde beendet, ehe es überhaupt ins Laufen kam. Der Aktenvermerk belegt damit dreierlei:

Erstens: Sehr wohl muss der Anruf des Richters Otto Brixner bei den Steuerfahndern ganz wesentlich dazu beigetragen, wenn nicht sogar überhaupt erst dazu geführt haben, dass die Ermittler Mollaths Vorwürfen nicht nachgingen.

Zweitens: Der Richter Brixner, der als Vorsitzender der 7. Strafkammer am Landgericht Nürnberg-Fürth am 8. August 2006 über den Angeklagten Gustl Mollath zu Gericht sitzen sollte, hatte sich offenkundig schon zwei Jahre zuvor festgelegt, dass dieser Mollath ein Mensch sei, dem man nicht glauben könne. Neutrale und unbefangene Prüfung eines Falles, wie das Gesetz sie einem Richter abverlangt, sieht anders aus.

Drittens: Roland Jüptner, Präsident des Landesamtes für Steuern, hat am 28. Februar 2013 im Rechtsausschuss des bayerischen Landtages nicht die Wahrheit gesagt. Er hat einen falschen Eindruck vermittelt, als er so tat, als sei der Anruf Brixners unwichtig gewesen, und als er die Existenz des Aktenvermerks verleugnete.

Aus einem weiteren Dokument der Steuerfahnder geht her-

vor, dass Brixner und der Vorgesetzte des federführenden
Steuerfahnders sich gegenseitig kennen. Das war wohl auch
der Grund dafür, dass zwar der Steuerfahnder um Informationen bei Gericht anfragte, Brixners Rückruf aber bei dessen
Vorgesetztem einging.

Als die *Süddeutsche Zeitung* am 2. und am 4. März 2013
aus den Jüptner zufolge nicht existierenden Aktenvermerken
zitiert, schäumt die Opposition im Landtag vor Empörung.
»Schlicht belogen« fühlt sich Christine Stahl, Abgeordnete
der Grünen und Landtagsvizepräsidentin. »Was im Landtag
behauptet wurde, ist angesichts der Tatsachen ungeheuer-
lich«, schimpft Florian Streibl von den Freien Wählern. »Man
geht als Abgeordneter nicht in einen Ausschuss, um eine Mär-
chenstunde zu hören.« Selbst die größte Oppositionspartei
SPD, die im Fall Mollath über Jahre hinweg Desinteresse an
den Tag legte und deren Genosse Franz Schindler, der Vorsitzende des Rechtsausschusses, als einer der treuesten Unterstützer von Justizministerin Beate Merk auffiel, selbst diese
Sozialdemokraten also fühlen sich nun hinters Licht geführt.
Ihr Abgeordneter Horst Arnold, früher selbst Richter im Ge-
richtsbezirk Nürnberg-Fürth, nennt es »ein Unding, dass sehenden Auges Aktenvermerke nachgerade ins Gegenteil ver-
kehrt« würden. »Der Rubikon ist überschritten«, so Arnold.

Und Roland Jüptner?

Der Präsident des Bayerischen Landesamtes für Steuern,
diese Behörde ist eine Art Bindeglied zwischen den Finanz-
ämtern und dem Finanzministerium im Freistaat, hat nicht
nur bei den Abgeordneten seine Glaubwürdigkeit verloren.
Er reiht sich nahtlos ein in das skandalöse und fragwürdige
Verhalten ranghoher bayerischer Beamter und Juristen im
Fall des Gustl Mollath. Statt sich wenigstens jetzt persönlich
zu entschuldigen und die Dinge zu korrigieren, blamiert sich
Jüptner erst recht.

Am 4. März schickt er einen Sprecher des Steuer-Landesamtes vor – mit einem geradezu bizarren Deutungsversuch:
Jüptner habe vor den Abgeordneten keineswegs die Unwahr-

heit gesagt. Sondern »lediglich behauptet, dass es keinen Aktenvermerk gibt, in dem eine Einflussnahme auf das Steuerverfahren schriftlich niedergelegt worden« sei. Eine handschriftliche Notiz sei nämlich »kein Aktenvermerk«. Eine Notiz in den Akten ist kein Aktenvermerk. Was dann?

Selten hat sich eine Landesbehörde, hat sich vor allem aber der Präsident einer Landesbehörde in einem solch brisanten Fall dermaßen blamiert wie Roland Jüptner. Geradezu grotesk wird dieses Verhalten durch einen weiteren Auftritt Jüptners wenige Tage später im Landtag. Am 7. März 2013 ist er erneut vor den Rechtsausschuss geladen. Die Stimmung ist angespannt. Sogar der Ausschussvorsitzende Schindler ist gereizt. Jüptner solle klarstellen, »wieso ein handschriftlicher Vermerk kein Aktenvermerk sein soll«, fordert er den Präsidenten des Landesamtes für Steuern auf. Und er solle dabei beachten, »dass jedes Wort, wie ich meine, zu Recht, mittlerweile auf die Goldwaage gelegt wird«. Weshalb Schindler auch angeordnet hat, dass anders als sonst diesmal ein Wortprotokoll der Sitzung erstellt wird.

Nun erst tritt Roland Jüptner den Rückzug an, gibt sich reumütig und kleinlaut. Er wolle sich für missverständliche und unglückliche Äußerungen entschuldigen, sagt er und räumt ein, dass es doch jene Aktenvermerke gebe, deren Existenz er eine Woche zuvor abgestritten und die er dann zu bloßen Notizen umdeklarieren wollte. Das habe er nur aus juristischen Gründen getan, versucht er sich zu rechtfertigen und schiebt die Schuld auf seine Untergebenen: »Meine Fachleute sagten mir, dass die Vermerke dem Steuergeheimnis unterlegen haben.« Nun aber habe ja alles in der Zeitung gestanden, sei deshalb öffentlich, und mithin sei damit kein Hinderungsgrund mehr gegeben, darüber zu sprechen. Bizarrer dürfte es kaum gehen. Jüptner, vor seiner Berufung an die Spitze des Steuer-Landesamtes immerhin einige Jahre lang Richter am Bundesfinanzhof, dem höchsten deutschen Gericht für Steuern und Zölle, braucht Beamte, die ihm erklären, was ein Steuergeheimnis ist und was nicht. Florian Streibl, der

die Affäre Mollath seit Monaten im Landtag thematisiert wie
kein zweiter Parlamentarier, misstraut Jüptner. »Ich fühle
mich nach wie vor nicht ausreichend und abschließend informiert«, sagt der Rechtsexperte der Freien Wähler. »Viel mehr
als Antworten gibt es wieder einmal mehr Fragen.«

Es sind genau solche Verhaltensweisen wie die Jüptners, die
über Jahre hinweg an wesentlichen Schnittstellen im Fall des
Gustl Mollath den Eindruck erwecken, dass es mit Wahrheit
und Aufklärungswillen, mit rechtsstaatlichen Grundsätzen
und Korrektheit nicht weit her war – und ist. Sind das tatsächlich nur dumme Zufälle? Oder wurde, wie Mollaths Anwalt
Gerhard Strate in anderem Zusammenhang formulierte, das
Recht absichtlich gebeugt und gebrochen?

Für Strate steht angesichts der Aktenvermerke aus der
Nürnberger Steuerfahndung außer Zweifel, dass Brixners
Anruf der Grund für die Steuerfahnder war, den von Gustl
Mollath erhobenen Schwarzgeldvorwürfen von vornherein
keinen Glauben zu schenken und keine Ermittlungen aufzunehmen. Man machte sich erst gar nicht die Mühe, die Angaben auf Substanz zu prüfen. Eine für Mollath verhängnisvolle Entscheidung, denn sie hat seinen Weg in die Psychiatrie
beschleunigt.

Angenommen, die Steuerfahnder hätten Ermittlungen aufgenommen, dann wäre es unumgänglich gewesen, die Hypovereinsbank mit den Vorwürfen zu konfrontieren. Die Bank
hätte den staatlichen Fahndern ihren geheimen Revisionsbericht vom März 2003 herausgerückt, in dem es wörtlich heißt,
dass »alle nachprüfbaren Behauptungen« Mollaths der Wahrheit entsprechen. Zumal dann, wenn die Fahnder gezielt nach
dem Revisionsbericht gefragt hätten, was in diesem Fall aber
als sicher gelten darf. Denn es war zu dieser Zeit bereits ak-
tenkundig, dass Mollath auch an Vorstände und andere Spit-
zenbanker der HVB geschrieben hatte. Also hätten die Fahnder auch davon ausgehen können, dass die Bank zumindest
intern die Vorwürfe Mollaths überprüft hatte.

Mit dem Revisionsbericht auf dem Tisch hätte wohl niemand mehr behaupten können, dass Gustl Mollaths Geschichten über Schwarzgeld und andere illegale Geldtransfers Ausdruck eines gefährlichen Wahns seien. So weit die Theorie. Da in der Praxis aber die Ermittlungen der Steuerfahnder nach Brixners Anruf im Keim erstickt sind, fragt auch niemand bei der HVB nach. Erst Ende 2011 bekommen die Behörden den Revisionsbericht zu Gesicht – da sind alle möglichen Straftaten bereits verjährt. Die Finanzbehörde leitet jedoch steuerrechtliche Ermittlungen ein, als es bereits Medienberichte und viele unangenehme Fragen zum Schicksal Gustl Mollaths gibt. Ausgerechnet Steueramtspräsident Jüptner schreibt nun an das seiner Behörde dienstvorgesetzte bayerische Finanzministerium:

»Im Jahre 2012 prüfte die Steuerfahndungsstelle des Finanzamts Nürnberg-Süd die Anzeige (Mollaths) erneut, nachdem der Steuerverwaltung erstmals der Revisionsbericht der HVB aus dem Jahre 2003 vorlag. Diese Prüfung führte zu Ermittlungen im Besteuerungsverfahren, nachdem nunmehr unter Berücksichtigung aller vorliegenden und weiterer beschaffter Unterlagen (Anzeige, Sonderrevisionsbericht, Kontoverfügungen Schweizer Nummernkonten, Selbstanzeige eines Betroffenen) die Angaben des Herrn Mollath klare Ermittlungsansätze boten.« Aufgrund der entsprechenden Vorermittlungen habe man nun Steuerstrafverfahren gegen Beteiligte eingeleitet.

Mit anderen Worten: Mollaths Angaben, seine Strafanzeigen und der Revisionsbericht der Hypovereinsbank von 2003 reichten nach Einschätzung der Finanzbehörde aus, um Ermittlungen einzuleiten. Sie bergen also genug Anhaltspunkte in sich, um etwaigen Schwarzgeldtransfers und anderen illegalen Geldgeschäften nachzuspüren. Mit dieser Argumentation Jüptners gegenüber dem Finanzministerium ist gleichzeitig auch die monatelange Verteidigungslinie der Nürnberger Justiz und des dortigen Generalstaatsanwalts Hasso Nerlich löchrig geworden. Denn der behauptete steif und fest, Mollaths Anzeigen und der Sonder-Revisionsbericht hätten keine konkreten Anhaltspunkte für Ermittlungen geliefert. Oder meinte Nerlich ausschließlich steuerstrafrechtliche Ermittlungen und klammerte Ermittlungen von Steuerfahndern en passant elegant aus?

Mollaths Anwalt Strate erhebt dementsprechend Vorwürfe gegen den Nürnberger Generalstaatsanwalt: »Das hätte man schon im Frühjahr 2004, und nicht erst im Frühjahr 2012, haben können, wenn man damals bereits pflichtgemäß gehandelt und bei der Hypovereinsbank nachgefragt hätte, ob es dort eine Überprüfung der Angaben Mollaths durch die interne Revision gegeben habe.« Zudem befanden sich in dem von Mollath dem Amtsgericht Nürnberg am 25. September 2003 übergebenen Schnellhefter »auch zwei Schreiben des Konzernbereichs Revision der Hypovereinsbank, welche zu direkter Nachfrage bei den beiden dort aufgeführten Herren hätten führen können«.

Sind es nur Dilettantismus und das Versagen von hochrangigen Juristen, die schuld sind an der Affäre Mollath? Oder steckt doch mehr dahinter?

Beweise für eine wie auch immer geartete Verabredung oder gar Verschwörung gibt es nicht. Es gibt aber sehr wohl viele Hinweise darauf, dass Gustl Mollath ein Stachel im Fleisch der Justiz, der Behörden und der Bank war. Einer, der schlichtweg störte. Schließlich kuschelt man auch gern miteinander, wovon noch die Rede sein wird. Ein Hinweis sei erlaubt: Dr. Roland Jüptner war während seiner Zeit als Finanzpräsident der Oberfinanzdirektion München mehrere Jahre lang stellvertretender Treuhänder für das Hypothekenbankgeschäft der Hypovereinsbank. Das geht aus Geschäftsberichten der Bank hervor. Mithin gab es also in der Vergangenheit einmal eine direkte, persönliche Verbindung zwischen ihm und der Hypovereinsbank. Ist das nicht eine Interessenverquickung? Gibt es einen Zusammenhang zum Fall Mollath?

Jüptner lässt dies auf Anfrage durch einen Sprecher seiner Behörde weit von sich weisen: »Herr Dr. Jüptner hatte zu keinem Zeitpunkt einen Arbeits-, Dienst- oder Werkvertrag, war also nicht aufgrund eines privatrechtlichen Vertrages für die Bank tätig. Er übte von 1998 bis September 2003 für das Bundesaufsichtsamt für Kreditwesen bei der Bank Aufgaben nach dem damaligen Hypothekenbankgesetz (seit 2005: Pfandbriefgesetz) aus. Diese Tätigkeit erstreckte sich ausschließlich auf den Hypothekenbankbereich und ist eine Tätigkeit im Interesse der Pfandbriefgläubiger, also der Kunden der Hypothekenbank. Der Treuhänder hat u. a. dafür zu sorgen, dass ausreichend Deckung besteht (§ 30 HypBankG). Andere Tätigkeiten bei der oder für die Bank wurden nicht ausgeübt. Herr Dr. Jüptner wurde vom Bundesaufsichtsamt für Kreditwesen im Einvernehmen mit der Bayerischen Vereinsbank AG zum Stellvertreter des Treuhänders bestellt.«

Bezahlt worden sei diese Tätigkeit durch das Bundesaufsichtsamt für das Kreditwesen. Einen Zusammenhang zum Fall Mollath gebe es nicht, so der Sprecher. »Als Treuhänder hat Herr Dr. Jüptner weder den Revisionsbericht der HVB in Sachen Mollath erhalten, noch hat er damals auf anderem Wege Kenntnis von ihm erlangt. Als Finanzpräsident an der Oberfinanzdirektion (OFD) München war Herr Dr. Jüptner 2003 für die Steuerverwaltung in Nordbayern nicht zuständig, insbesondere also auch nicht für das Finanzamt Nürnberg-Süd. Die Zuständigkeit hierfür lag damals bei der Oberfinanzdirektion Nürnberg.« Zudem sei Jüptner im August 2003 als Richter an den Bundesfinanzhof gewechselt und »war damit nicht mehr für die Steuerverwaltung in Bayern zuständig und in der Folge auch nicht mehr Treuhänder«. Erst als Präsident des Landesamtes für Steuern, der Jüptner seit 1. Januar 2009 ist, habe er »Kenntnis vom Fall Mollath erhalten«. Lässt er ausrichten.

Rückblende:
Am 25. September 2003 stand Gustl Mollath vor dem Nürnberger Amtsgericht, angeklagt der Körperverletzung gegen seine Ehefrau. Der Fall wird später an das Landgericht Nürn-

berg wandern, zur 7. Strafkammer des Richters Otto Brixner. Vor dem Amtsgericht geht es im September 2003 an sich um einen Fall von häuslicher Gewalt, wie er nicht selten vorkommt. »Wie konnte sich aus einem 08/15-Fall nur dieses monströse Verfahren entwickeln, das zur existenziellen Vernichtung des beschuldigten Mannes und einer Freiheitsberaubung von nun bald sieben Jahren führte?«, fragte Ende 2012 eine entsetzte Gabriele Wolff in ihrem Internet-Blog. Gabriele Wolff weiß, wovon sie da schreibt, denn die Juristin arbeitete bis 2009 als Rechts- und Staatsanwältin im Brandenburger Justizministerium und 15 Jahre als Oberstaatsanwältin. Daneben hat sie als Autorin auf sich aufmerksam gemacht. Sie gehört zu denen, die weniger mit Stimmungen als vielmehr mit fundierten juristischen Beiträgen in ihrem Internet-Blog zu den wichtigen Aufklärern in der Affäre Mollath gehören. So fiel ihr auf, dass die Anklage, deretwegen Mollath vor dem Nürnberger Amtsgericht stand, lediglich zur Verhandlung beim Strafrichter erhoben worden war. Aus dieser juristischen Formalie kann die ehemalige Oberstaatsanwältin in Kenntnis des Gerichtsverfassungsgesetzes ableiten: »Die Staatsanwaltschaft ging demnach von einer Straferwartung von maximal zwei Jahren aus.« Der zuständige Amtsrichter sei in jenen Septembertagen 2003 vermutlich sogar »nur von einer Straferwartung von einem Jahr ausgegangen, denn sonst hätte er dem unverteidigten Angeklagten Mollath einen Pflichtverteidiger bestellen müssen«.

Kurzum: Es wäre also für Mollath so schlimm vor Gericht nicht geworden. Bis zwei Tage vor dem Prozess am Amtsgericht ein von den Anwälten von Frau Mollath abgesandtes, folgenschweres Fax einging.

Es ist ein »ärztliche Stellungnahme« überschriebenes Attest einer Ärztin am Bezirkskrankenhaus Erlangen. Mollaths Frau hatte dort vorgesprochen, angebliche Verhaltensweisen ihres Mannes geschildert und die Ärztin so veranlasst, in besagter Stellungnahme diesen Ehemann »mit großer Wahrscheinlichkeit« für gefährlich zu erklären. Eine reine Ferndiagnose, denn die Medizinerin hat Gustl Mollath nie gesehen, geschweige denn untersucht. Sie glaubte einfach den Anschuldigungen der Ehefrau und schrieb einen folgenreichen Wisch. Damit ist die Lunte gelegt. Das Fax steht am Beginn einer ganzen Kette von Expertisen, in denen Mollath, meist ohne vorherige Untersuchung, von nun an über Jahre hinweg immer wieder für gefährlich und wahnkrank erklärt wird. Im Nürnberger Amtsgericht schrillen angesichts dieser »ärztlichen Stellungnahme« der Erlanger Psychiaterin offenbar die Alarmglocken. Die darin enthaltenen Ferndiagnosen und Warnungen lassen beim Amtsgericht die Befürchtung aufkeimen, es hier nicht »nur« mit einem gewalttätigen Ehemann, sondern einem gefährlichen, unberechenbaren Angeklagten zu tun zu haben. Vermutlich deshalb beordert der Richter drei Justizwachtmeister an den Sitzungssaal, um Mollath vor der Verhandlung auf Waffen hin untersuchen zu lassen. Nachdem sie keine finden, beginnt am Mittag des 25. September 2003, einem Donnerstag, der Prozess. Und wieder wird sich etwas ereignen, an dem man das Versagen der Justiz in der Affäre Mollath später festmacht.

Gustl Mollath übergibt dem Amtsrichter einen Schnellhefter mit 106 Seiten Papier. Das Konvolut liest sich stellenweise bizarr, manches von dem, was Mollath Seite um Seite schreibt, hat mit seinem Fall nichts zu tun. Er mischt seine eigene Biographie mit Ereignissen aus der Weltgeschichte, aktuellen politischen Debatten, Briefen und Flugblättern zu seiner eigenen Sicht auf die Welt. Eine Art Küchenphilosophie, die sich anstrengend liest. Ein zum Teil skurriles Konvolut, auf den ersten Blick nicht dazu angetan, es eingehender zu studieren.

Aber: Richter ebenso wie Staatsanwälte können sich darauf nicht rausreden. Sie haben präzise zu prüfen, was ihnen da vorgelegt wird. Zumal es sich bei dem Konvolut um eine Verteidigungsschrift in eigener Sache handelt. Eine, die offenbar in Panik zusammengefügt war – weil Mollath unter dem Eindruck stand, es solle ihm etwas angehängt werden. Und eine Verteidigungsschrift, die zweierlei dokumentieren soll: erstens, dass die Justiz es in Mollath mit einem der rührigsten Friedensaktivisten der Stadt Nürnberg zu tun hat, einem Menschen, der Gewalt aus grundsätzlichen Erwägungen ablehnt. Und zweitens, dass Mollath vor dem Prozess in regem Briefverkehr mit der Hypovereinsbank, dem Arbeitgeber seiner Frau, und dieser selbst stand; daher die hinzugefügten Briefe, in denen es um die zwielichtigen Geschäfte auch hinter dem Rücken der Bank geht. Was Mollath als Indiz dafür gewertet wissen will, dass es hinreichenden Anlass für eine mögliche Falschbeschuldigung zu seinen Lasten gibt.

In der Praxis der Justizarbeit muss man eine solch zusammengeschusterte Verteidigungsschrift zweifelsohne als hilflos wirkendes Mittel werten. Nur: Ignorieren dürfen die Verantwortlichen bei Gericht dieses Mittel deshalb noch lange nicht.

Vor allem aber enthält Mollaths Schnellhefter auch neun Seiten, die das Interesse der Strafverfolger hätten wecken können, ja sogar müssen. Generalstaatsanwalt Hasso Nerlich wird die Unterlagen später gebetsmühlenartig als »für sich nicht aussagekräftig« abtun und damit zu begründen versuchen, weshalb die Staatsanwaltschaft keine Ermittlungen aufnahm, ja solche nicht einmal prüfte. So einfach allerdings lässt sich der Inhalt des Schnellhefters nicht als Blödsinn vom Tisch wischen.

Denn es sind auch Kopien von Überweisungsaufträgen darunter, die jedem einigermaßen mit den Gepflogenheiten von Schwarzgeldgeschäften vertrauten Staatsanwalt unweigerlich auffallen müssten: Von Hand dahingeworfene Zeilen, offenkundig eine Korrespondenz mit jenem Schweizer Banker, dessen Namen Mollath immer wieder in Zusammenhang mit den fragwürdigen Geldgeschäften seiner Frau und der anderen HVB-Banker anführt. »Bitte überweisen Sie von Konto ›Klavier 2285‹ DM 40 000 auf Konto ›Selingstadt 2986‹« steht auf einem dieser dubiosen Überweisungsaufträge. Auf anderen, ähnlich formulierten Papieren ist von Konten namens »Pythagoras«, »DVD 6006« oder »Laim 1112« die Rede.

Offenkundig sind es Tarnnamen für Schweizer Nummernkonten. Wie lässt Generalstaatsanwalt Hasso Nerlich den Sprecher seiner Behörde im November 2012 erklären? »Geldtransfers von Deutschland in die Schweiz sind nicht automatisch strafbar.« So formuliert es auch mehrfach Bayerns Justizministerin Beate Merk. Und natürlich stimmt der Satz. Aber er offenbart eine oberflächliche Sicht der Dinge, suggeriert eine Naivität, die man weder bei einer Ministerin noch einem Generalstaatsanwalt vermuten will. Denn warum sollte jemand, der legale Geldgeschäfte mit sauberem Geld in der Schweiz tätigt, seine Konten mit Codes tarnen? Sie »Pythagoras« nennen, oder »Laim 1112«?

Doch nicht einmal solche Fragen stellt sich die Staatsanwaltschaft. Wie wenig die Justiz Mollath ernst nimmt, zeigt auch die zeitliche Abfolge: Mollath übergibt den Schnellhefter am 25. September 2003 dem Amtsrichter. Der leitete ihn erst am 12. November 2003 an die Staatsanwaltschaft weiter. Begründung für die Verzögerung: »Aufgrund des Erscheinungsbildes und des gesamten Inhalts wurde dieser Hefter zunächst nicht als Strafanzeige aufgefasst.«

Ganz exakt sind die Vorgänge übrigens nicht mehr zu rekonstruieren, denn ein Teil der Gerichtsakten in Zusammenhang mit Gustl Mollaths Anzeige wegen Steuerhinterziehung ist inzwischen vernichtet. Völlig legal, versteht sich. Die bayerische »Verordnung über die Aufbewahrung von Schriftgut der Gerichte, Staatsanwaltschaften und Justizbehörden« sieht vor, dass Akten fünf Jahre nach der Einstellung eines Verfahrens vernichtet werden. Im Fall Mollath ist das im Nachhinein eine durchaus praktische Vorschrift.

Wenn schon nicht der anstrengende Schnellhefter, dann hätte aber zumindest eine weitere Strafanzeige von Gustl Mollath die Nürnberger Staatsanwaltschaft auf den Plan rufen müssen. Sechs eng beschriebene Seiten umfasst diese Strafanzeige, die Gustl Mollath am 9. Dezember 2003 schreibt und an sieben bundesdeutsche Strafverfolgungsbehörden schickt:

die Generalstaatsanwaltschaften in Berlin und Hamburg, Finanzbehörden in Frankfurt, Berlin und Düsseldorf, den Generalbundesanwalt sowie die Staatsanwaltschaft in Frankfurt am Main. Nur nicht jene Ermittlungsbehörde, die eigentlich für sein Anliegen zuständig war: die Staatsanwaltschaft am Landgericht Nürnberg-Fürth.

Es ist anzunehmen, dass die Auswahl der Adressaten nicht zufällig ist. Mollath hat zu diesem Zeitpunkt längst jedes Vertrauen in die Nürnberger Strafverfolgungsbehörde verloren. Was freilich nichts daran ändert, dass die Adressaten Mollaths Strafanzeige vom 9. Dezember zuständigkeitshalber nach Nürnberg schicken. Dort wird sie Anfang 2004 registriert.

Schon nach erstaunlich wenigen Tagen und offenkundig nur nach der bloßen Lektüre weiß die zuständige Staatsanwältin, dass an den in der Anzeige geschilderten Vorwürfen der Schwarzgeld- und anderer illegaler Geldgeschäfte nichts dran sein kann. Am 9. Februar 2004 teilte die Staatsanwältin Mollath mit, dass sie »der Anzeige keine Folge« geben werde. Sie hätte ihm auch ganz unjuristisch lapidar schreiben können: Junge, vergiss es! Gut, das enge Schriftbild der Strafanzeige ist auf den ersten Blick wenig gefällig, und die aufgezählten Vorwürfe klingen in dieser Fülle übertrieben: »Steuerhinterziehung, Steuerumgehung, Geldwäsche, Anstiftung und Beihilfe dazu, Insidergeschäfte, Schwarzarbeit in Hunderten, ja Tausenden Fällen«. Dann ist die Rede von »Körperverletzung, Verdunkelung, Verschleppung, Falschanzeige, Nötigung«. Zugegeben, vielleicht ein bisschen viel auf einmal.

Knapp ein Jahrzehnt später weiß man allerdings, dass viele der Vorwürfe stimmen, die Gustl Mollath damals in seiner Strafanzeige erhoben hat. Es hat sehr wohl Schwarzgeldgeschäfte mit der Schweiz gegeben. Auch gegen das Geldwäschegesetz wurde dort offenkundig verstoßen. Es gibt auch zumindest Hinweise auf verbotene Insidergeschäfte mit Aktien. All das weiß man heute, weil Ende 2012 der bereits erwähnte, interne Revisionsbericht der Bank an die Öffentlichkeit gelangte, der genau diese Punkte enthält. Vieles von dem, was Mollath noch als Verdacht formuliert, sehen die Prüfer der HVB intern als erwiesen an, für anderes finden sie zumindest Verdachtsmomente, Spuren, Hinweise und Indizien. Die Nürnberger Staatsanwältin begründet ihr Nicht-Ermitteln am 19. Februar 2004 so: »Der Anzeigeerstatter trägt nur pauschal den Verdacht vor, dass Schwarzgeld in großem Umfang in die Schweiz verbracht wird. Aus diesen unkonkreten Angaben ergibt sich kein Prüfungsansatz, der die Einleitung eines Ermittlungsverfahrens rechtfertigen würde.« Neun Jahre später wird der Nürnberger Generalstaatsanwalt Hasso Nerlich immer wieder sagen, dass Mollath damals keine Beweise für seine Anschuldigungen und Behauptungen auf den Tisch gelegt habe.

Wie? Ist es nicht Aufgabe der Ermittlungsbehörden wie Polizei und Staatsanwaltschaft, Vorwürfen nachzugehen, sie zu überprüfen und herauszufinden, ob die Anschuldigungen stimmen oder nicht, ob sie Substanz haben oder nicht? Zumindest also Vorermittlungen einzuleiten?

»Die Einleitung eines Ermittlungsverfahrens erfordert nach dem Gesetz das Vorliegen von ›zureichenden tatsächlichen Anhaltspunkten‹ für eine Straftat«, heißt es in einer Stellungnahme des Generalstaatsanwalts vom 26. November 2012. Auf Mollaths Strafanzeige vom 9. Dezember 2003 sei allein deshalb zu Recht kein Ermittlungsverfahren eingeleitet worden, weil die von ihm genannten Anhaltspunkte nicht zureichend gewesen seien. »Geldtransfers von Deutschland in die Schweiz sind nicht automatisch strafbar und Tatsachen dafür, dass es sich um Schwarzgeld gehandelt habe (Geld, dessen Erträge den deutschen Steuerbehörden nicht offenbart wurden), wurden nicht dargelegt«, lautet ein zentraler Satz in der Erklärung der Nürnberger Staatsanwaltschaft.

Das kann man in diesem konkreten Fall auch ganz anders sehen. Mollaths Verteidiger Strate hat einmal nachgezählt: In seiner Strafanzeige vom 9. Dezember 2003 nennt Mollath die Namen von 24 möglichen Schwarzgeldkunden seiner Frau, der HVB-Vermögensberaterin. Unter der Überschrift »Zeugen und Täterliste« nennt er 39 weitere Personen samt ihren Funktionen und teilweise mit genauen Anschriften. Gleiches gilt für sieben weitere Personen in der Schweiz und elf Menschen, die bei einer namentlich genannten Investment Services GmbH arbeiten, welche nach seinen Angaben in die dubiosen Geldgeschäfte involviert sind. Mollath gibt den Ermittlern sogar den Tipp, über die Kundenlisten dieser Investmentfirma könnte man die Schwarzgeldschieber ausfindig machen.

Vor allem aber beschreibt Mollath in seiner Strafanzeige ein Geldverschiebungssystem, wie es seit Jahrzehnten typisch ist für den Schwarzgeldverkehr mit Steueroasen wie der Schweiz. Er nennt angebliche Kontaktleute seiner Frau und bietet sich sogar selbst mit seinen Unterlagen und seinem Insiderwissen als Zeuge an. Es geht um angebliche Kurierfahrten seiner Frau mit Schwarzgeld von Kunden in die Schweiz (wöchentlich, immer freitags), und er beschreibt unter Angabe des Hotelnamens und anderer konkreter Daten, wie »in einem der besten Hotels in Zürich« die Nürnberger Banker »eingehend zur weiteren Vermögensverschiebung geschult« worden seien. In »Steuerrecht, Strafrecht, im Verhalten bei Entdeckung« hätten die Schweizer Banker seine Frau und andere deutsche Helfer unterrichtet. Mollath weiter: »Es wurde weiter verwaltet und hin und her geschoben, je nach Bedarf und Gusto.«

Einen Kunden habe seine Frau nach dessen Tod sogar beerbt, angeblich inklusive Schweizer Schwarzgeldkonto mit dem Decknamen »Monster«. Das Erbe findet sich übrigens auch im HVB-Revisionsbericht erwähnt. Mollath nennt in seiner Strafanzeige viele solcher Zusammenhänge und beschreibt die zentrale Rolle, die ein Schweizer Banker bei den illegalen Geschäften gespielt haben soll. Er benennt zwei Banken in Zürich als Schauplätze. Und hätte man Mollaths Schnellhefter gelesen, hätte man sogar die Überweisungsaufträge gefunden.

Viele Namen und Daten, viele Ansätze, wenn man ermitteln will.

»Es kann keinerlei Zweifel daran geben, dass es sich bei

dem Schreiben des Gustl Ferdinand Mollath nicht nur formal, sondern auch materiell um eine Strafanzeige gehandelt hat, die die Staatsanwaltschaft Nürnberg zu weiteren Ermittlungen hätte veranlassen müssen«, schreibt der Hamburger Rechtsanwalt Strate am 22. November 2012 in einer gutachterlichen Stellungnahme, mit der ihn die Freien Wähler im bayerischen Landtag beauftragt haben. Strate ist zu diesem Zeitpunkt noch nicht Mollaths Anwalt. Das Mandat übernimmt er erst wenige Wochen danach, nachdem er, wie er später sagt, »schon bei der ersten Beschäftigung mit diesem Fall in unglaubliche Abgründe geblickt« hat.

Strate steht nicht in dem Ruf, so mir nichts, dir nichts Gefälligkeitsstellungnahmen zu erstellen. Der Strafrechtler genießt in Justizkreisen bundesweit einen hervorragenden Ruf – den er wohl nicht für hanebüchene Behauptungen aufs Spiel setzt. Er hat bekannte Mandanten in spektakulären Fällen vertreten; in den 1990er Jahren etwa Monika Böttcher, besser bekannt als »Mutter Weimar«, die wegen der Ermordung ihrer beiden Kinder vor Gericht stand. Strate gilt als Spezialist für Wiederaufnahmeverfahren. Ein solches strebt er im Februar 2013 auch für Gustl Mollath an.

Über Mollaths ignorierte Strafanzeige vom 9. Dezember 2003 sagt Strate: »Die Glaubhaftigkeit der Darstellung wird maßgeblich durch ihre Detailliertheit und innere Schlüssigkeit bestimmt.« So verlangt es das Gesetz von einer Strafanzeige, so lauten die einschlägigen Rechtskommentare, so war es nach Strates Überzeugung auch bei der Mollath-Anzeige. So sieht das auch der Regensburger Strafrechtsprofessor Henning Ernst Müller. Auch der am Verfahren nicht beteiligte Jurist verweist darauf, dass Mollath präzise Angaben mit Namen, Beträgen und Schweizer Konten gemacht habe: »Viel konkreter hätte man es nicht darstellen können.« Der Anfangsverdacht der Steuerhinterziehung und Beihilfe wäre begründet gewesen, ist Müller überzeugt. Die Staatsanwältin, die Ermittlungen ablehnte, könnte sich nach Auffassung des Regensburger Hochschullehrers sogar möglicherweise des Anfangsverdachts der Strafvereitelung im Amt schuldig gemacht haben. Diese Einschätzung wies der Nürnberger Generalstaatsanwalt Hasso Nerlich jedoch umgehend zurück: Es habe sich »kein Anfangsverdacht im Sinne der Strafprozessordnung« ergeben. »Die bloße Behauptung illegaler Geldgeschäfte genügt nicht.« Vieles in der Juristerei ist sicher Bewertungssache, lässt den Beteiligten Interpretations- und Spielräume. Im Fall Mollath kann das wohl nicht als Erklärung für die haarsträubende Entwicklung dienen, welche aus einem Routinefall eine Affäre machte, die manche auch schlicht für einen Justizskandal halten. Zu klar waren Mollaths Angaben, die man, warum auch immer, aber offenbar nicht zur Kenntnis nehmen wollte. Auch der Regensburger Strafrechtsprofessor Müller liegt mit seiner Bewertung nicht weit davon entfernt. »Die Strafsache Mollath ist eine bisher von mir nie gesehene Ansammlung von vorsätzlichen Gesetzesverletzungen, gravierenden Verfahrensfehlern, gepaart mit schweren Verteidigungsfehlern und Versagen der kontrollierenden Instanzen. Hinzu kommt eine – angesichts der (sachlich formulierten) Schreiben Mollaths – geradezu unmenschlich erscheinende Ignoranz der jeweiligen Adressaten.«

Hasso Nerlich dürfte diese Einschätzung mindestens als falsch, vermutlich sogar als ehrenrührig empfinden. Seit Anfang Oktober 2011 ist er Generalstaatsanwalt in Nürnberg, und er hat nie einen Zweifel daran gelassen, dass er die Vorgänge im Fall Mollath für absolut in Ordnung oder, besser: für rechtlich einwandfrei hält. Vor seiner Beförderung zum »General«, wie es umgangssprachlich heißt, war Nerlich Nürnberger Amtsgerichtsdirektor und in dieser Eigenschaft persönlich Adressat von Schreiben des Gustl Mollath, die wirkungslos im Justizapparat verpufften.

So am 23. September 2004. Er habe, schreibt Mollath in dem vierseitigen Brief an Nerlich, ihm etliche Anzeigen übermittelt, aber auch sechs Wochen danach noch kein Wort darüber gehört, wie weiter verfahren werde. »Ich bestehe weiterhin auf Gerechtigkeit, auch wenn es meinen Kopf kosten sollte.« Und dass ihn seine Frau »mit ihren Schwarzgeldverschieberfreunden perfide fertigmachen« wolle. Mollath will von Nerlich wissen, warum die Nürnberger Justiz ihn ins Leere laufen lässt und seine Anzeigen offenkundig ignoriert. Er fordert den Amtsgerichtsdirektor auf, »meine Fragen ordentlich, schriftlich« zu beantworten.

Er sei nicht zuständig gewesen und habe diesen und andere Briefe des Gustl Mollath damals an die richtige Stelle weitergeleitet, sagt Nerlich Jahre später auf unsere Anfrage hin. Nämlich an die Staatsanwaltschaft.

Nerlich ist seit 1977, von einem kurzen Intermezzo in der nahen Oberpfalz abgesehen, ununterbrochen in Diensten des Nürnberger Justizapparates. Man kennt sich gut unter den Juristen in der Halbmillionenstadt. Einmal im Jahr trifft man sich im beschaulichen, für den Hopfenanbau bekannten Städtchen Spalt inmitten einer idyllischen fränkischen Hügellandschaft zu einem gemeinsamen Fußballturnier mit anschließendem gemütlichem Beisammensein. Auch Anwälte sind darunter – und lokale Gerichtsreporter. Alle halt. Langjähriger Organisator der fröhlichen Kickerei samt anschließendem Fest: Hasso Nerlich.

Als Generalstaatsanwalt habe er weniger Stress, verrät Nerlich nach wenigen Wochen im Amt der *Nürnberger Zeitung (NZ)*. »Es ist ein ruhigeres Arbeiten und man hat Zeit, die Dinge zu durchdenken.« Vor seiner Beförderung zum »General« war er Präsident des Nürnberger Amtsgerichtes, dessen Rhythmus vom »schnelllebigen Tagesgeschäft« bestimmt sei, wie er sagt. Fast gleichzeitig mit seiner Beförderung wird Peter Küspert zum Präsidenten des Nürnberger Oberlandesgerichts gewählt. Er und Nerlich kennen sich seit Jahrzehnten. Nerlich sagte der *NZ*-Reporterin, er freue sich auf die gute und harmonische Zusammenarbeit mit Küspert. Man sei einer Meinung, dass sich in Nürnberg wieder alles so fügen solle, wie es früher einmal war. Jahrelang hätten schließlich die armen Justizmitarbeiter unter den »Disharmonien« gelitten, so die Reporterin, welche zwischen den beiden Amtsvorgängern von Küspert und Nerlich geherrscht hätten. Da ist es doch schön, mag man hinzufügen, dass die zwei Neuen so kuschelig miteinander umgehen wollen, obwohl sie im Rechtsapparat doch eigentlich völlig unterschiedliche und streng getrennte Rollen spielen sollten: der OLG-Präsident als oberster der neutralen Richter und der Generalstaatsanwalt als Chef der Ankläger. Dass man diese strikte Trennung nicht gar so strikt interpretiert wissen will, darauf lässt eine gemeinsame Dienststelle schließen: Der Nürnberger OLG-Präsident und der Generalstaatsanwalt teilen sich gemeinsam einen Pressesprecher. Praktisch.

Auf der Internetseite der *Nürnberger Zeitung* kommentiert ein Leser dieses wohlige Miteinander so: »Man kennt sich, man schätzt sich, man schützt sich. Ein Richter (Jurisdiktion) wird Staatsanwalt (Exekutive), ein Staatsanwalt wird Richter. Man spielt zusammen Fußball und pflegt private Kontakte. Die Gewaltenteilung wird vollständig aufgehoben.« Gewaltenteilung ist zwar der falsche Begriff, aber ein vermutlich nicht nur in der Nürnberger Justiz vorhandenes Problem hat der Leser treffend beschrieben.

Die Auftritte von Generalstaatsanwalt Hasso Nerlich in der Affäre Mollath werden von Beobachtern im Landtag durchaus kritisch bewertet. »Er argumentiert selbst wie ein Politiker und nicht so, wie hohe Beamte dies normalerweise vor Landtagsausschüssen tun«, fällt einem Landtagskorrespondenten auf.

Von Anfang an übt Hasso Nerlich den Schulterschluss mit der bayerischen Justizministerin Beate Merk. Seite an Seite sitzt der Generalstaatsanwalt mit seiner Dienstvorgesetzten im Landtag und verteidigt monatelang vehement das Vorgehen der Nürnberger Justiz. Bis es nicht mehr geht. Nachdem Ende 2012 immer mehr Details ans Tageslicht gekommen sind, die immer größere Zweifel am Umgang von Staatsanwälten, Gutachtern und Richtern mit Gustl Mollath aufkommen ließen, greift Ministerpräsident Horst Seehofer ein. »So schnell wie möglich« müsse geklärt werden, »ob die Unterbringung des Herrn Mollath auch unter Berücksichtigung aller neuen Informationen gerechtfertigt ist«, verlangt er öffentlich.

Also kündigt Beate Merk ein Wiederaufnahmeverfahren an. Hasso Nerlich als zuständigem Generalstaatsanwalt ist es vorbehalten, den Wunsch der Ministerin umzusetzen. In einem nur wenige Zeilen umfassenden Schreiben weist er die ihm unterstellte Regensburger Staatsanwaltschaft an, beim zuständigen Gericht einen Antrag auf Wiederaufnahme zu stellen. Hasso Nerlich dürfte das nicht leichtgefallen sein – nach all der Vehemenz, mit der er das Vorgehen der Nürnberger Justiz bis dahin verteidigt hat. Sowohl das fragwürdige Urteil des Landgerichtes vom 8. August 2006 als auch das Nicht-Einleiten von Ermittlungen in Sachen Schweiz-Connection und Schwarzgeld durch die Staatsanwaltschaft. Denn Hasso Nerlich vermittelt den Eindruck, dass nach seiner Überzeugung im Fall Gustl Mollath offenkundig alles rechtsstaatlich völlig korrekt verlaufen sei.

Doch kaum müssen er und Justizministerin Merk unter dem Druck der breiten Öffentlichkeit und des Ministerpräsidenten dafür sorgen, dass der Fall Mollath wieder aufgerollt wird, kommt es erneut zu Vorfällen, die nicht geeignet sind, Vertrauen zu den handelnden Personen zu fassen.

Die mit der Wiederaufnahme befasste Staatsanwaltschaft Regensburg geht zweifellos mit Eifer und Sorgfalt ans Werk. Sie vermittelt den beruhigenden Eindruck, die Causa Mollath unvoreingenommen und seriös neu zu untersuchen. Gegenüber den Medien betont die Regensburger Staatsanwaltschaft dies immer wieder, hält sich ansonsten aber mit Details der Ermittlungen zurück. Ganz so, wie es Ermittlungsbehörden landauf, landab tun. Dann aber verpasst ihr Hasso Nerlich plötzlich einen Maulkorb.

Mitte Februar 2013 zieht der Nürnberger Generalstaatsanwalt ohne einen für die Öffentlichkeit ersichtlichen Grund das Auskunftsrecht in Sachen Wiederaufnahmeermittlungen an sich. Die Regensburger Staatsanwälte dürfen ab sofort nichts mehr über ihre Arbeit im Fall Mollath sagen. Rückschlüsse? »Müssen Sie selber ziehen«, sagt ein beteiligter Staatsanwalt. Als Dienstherr der Regensburger Staatsanwaltschaft darf Nerlich das Auskunftsrecht zwar formal an sich ziehen. Konkret aber ist das höchst ungewöhnlich.

Dass er nun die Deutungshoheit an sich ziehe, sei völlig in Ordnung, schließlich sei er der Dienstvorgesetzte, antwortet Nerlich auf eine Anfrage von uns. »Was daran ungewöhnlich sein soll, vermag ich nicht nachzuvollziehen«, schreibt er. Was aber weit bedenklicher ist und aufhorchen lässt, ist ein anderer Satz in seinem Antwortschreiben: »Nach meiner Kenntnis hat die Regensburger Staatsanwaltschaft bisher lediglich erklärt, die Voraussetzungen für einen eigenen Antrag auf Wiederaufnahme des Verfahrens zu prüfen.«

Was heißt das? Dass ein Wiederaufnahmeantrag nur geprüft wird? Lautet nicht die klare Ansage von Justizministerin Merk und von Nerlich selbst in seiner schriftlichen Anweisung an die Regensburger, einen Wiederaufnahmeantrag zu stellen? Wird also lediglich geprüft (mit dem möglichen Ergebnis, dass man doch kein Wiederaufnahmeverfahren anstreben wird), oder müssen die Regensburger den Antrag bei Gericht definitiv stellen? Es sind Widersprüche wie dieser, die Nerlichs Rolle in diesem Fall so angreifbar machen.

Denn letztlich ist klar, dass es nicht nur um die öffentliche Deutungshoheit geht, als Nerlich den Regensburger Staatsanwälten einen Maulkorb verpasst und darauf besteht, fortan als Einziger darüber öffentlich reden zu dürfen. In Wirklichkeit geht es darum, dass die Regensburger ihre Erkenntnisse beim Generalstaatsanwalt in Nürnberg vorlegen müssen. Mithin also in letzter Konsequenz in Nürnberg, und nicht in Regensburg, entschieden wird, ob und unter welchen Umständen ein Wiederaufnahmeverfahren beantragt wird, welche möglicherweise aufgedeckten und für einen Antrag relevanten Verfahrensfehler dort erwähnt sind. Vor allem aber: welche nicht. Für sein Vorgehen handelt sich Nerlich reichlich Protest ein.

Und das zum ersten Mal nicht nur von der Landtags-Opposition.

Er habe es prinzipiell gut und richtig gefunden, dass mit Regensburg eine Staatsanwaltschaft sich des Themas annahm, die bislang nicht befasst war und deshalb einen unverstellten Blick hat, meint der CSU-Landtagsabgeordnete Ernst Weidenbusch, selbst Jurist. Deswegen sei es »mehr als unglücklich, dass nun wieder in Nürnberg geprüft wird, ob das eigene Verhalten korrekt war oder nicht«. Weidenbusch: »Das geht nicht.«

Grüne und Freie Wähler sehen das ähnlich. Gerade Hasso Nerlich sei bisher »durch erschreckende Einseitigkeit zu Lasten von Gustl Mollath aufgefallen«. Er gehöre zu denen, die das Nicht-Vorgehen der Ermittlungsbehörden nach dessen Anzeigen und Hinweisen bis zum heutigen Tag richtig fänden. Dass ausgerechnet Nerlich nun über den Wiederaufnahmeantrag entscheide, sei »absolut inakzeptabel«. Er müsste nun »über die Überprüfung seines eigenen Handelns entscheiden«.

Justizministerin Beate Merk springt angesichts dieser Kritik dem Generalstaatsanwalt zur Seite. Ihr Ministerium verwahre sich dagegen, »einen Staatsanwalt öffentlich zu diskreditieren«, ohne »auch nur den geringsten Beweis für Befangenheit« Nerlichs vorzulegen. Grüne und FW überzeugt das nicht. Sie bringen einen gemeinsamen Dringlichkeitsantrag in den Landtag ein mit dem Ziel, Generalstaatsanwalt Hasso Nerlich wegen Befangenheit vom Fall Mollath zu entbinden.

Die Begründung dafür liegt auf der Hand. Im Rechtsausschuss des Landtages hat Nerlich behauptet, der Sonder-Revisionsbericht der Hypovereinsbank von 2003 habe keine Belege für steuerstrafrechtliche Verstöße geliefert. »Das war eindeutig die Unwahrheit«, sagt der Grünen-Fraktionschef Martin Runge, der den Bericht kennt.

Dann war da noch jener Artikel in der *Zeit* vom 28. Februar 2012. Darin heißt es wörtlich: »Ruft man dieser Tage in der Generalstaatsanwaltschaft Nürnberg an, um nach Mollaths

Erfolgsaussichten zu fragen, erreicht man reservierte Gesprächspartner. Die Staatsanwälte räumen zwar ein, das Urteil
[gemeint ist jenes vom Landgericht vom 8. August 2006, bei
dem Mollath dauerhaft in die Psychiatrie eingewiesen wurde;
Anm. der Verf.] sei mit einer gewissen ›Schludrigkeit‹ zustande gekommen, bleiben aber bei ihrer Überzeugung, es sei ›im
Ergebnis richtig‹. Werde der Fall jetzt auf politischen Druck
hin wegen ›Flüchtigkeitsfehlern‹ – so heißt es beschönigend –
neu verhandelt und komme es zu einem Freispruch, dann sei
das eine Katastrophe für das bayerische Volk, denn die Justiz
werde gezwungen, ›einen gefährlichen Mann auf die Straße zu
entlassen‹«.

Das Dementi folgt prompt. In einer schriftlichen Stellungnahme weist Nerlich diese Darstellung scharf zurück. Richtig
sei, dass er einer *Zeit*-Redakteurin gesagt habe, die Urteilsbegründung im Prozess gegen Mollath enthalte Unrichtigkeiten. Er habe auch darauf hingewiesen, dass bei der Vorbereitung eines Wiederaufnahmeantrags zu prüfen sei, inwieweit sich diese Unrichtigkeiten auf das Ergebnis einer
Entscheidung des Landgerichts auswirken könnten. Weder er
selbst noch einer seiner Mitarbeiter habe sich aber in »irgendeiner Weise dahin geäußert, dass auf politischen Druck hin die
Justiz gezwungen werde, einen gefährlichen Mann zu entlassen«, sagt Nerlich. Man kann das glauben oder nicht – eine
Richtigstellung Nerlichs in der *Zeit* hat es bislang nicht gegeben.

KAPITEL 5

Das Versagen
der bayerischen Politik

Ein filmisches Dokument der Verbohrtheit, der Widersprüchlichkeit und auch der Hilflosigkeit. Zu Beginn sind die Gesichtszüge von Beate Merk noch einigermaßen entspannt. In den folgenden 15 Minuten und 39 Sekunden werden sie sich immer mehr verhärten, und der Zuschauer sieht, die bayerische Justizministerin hat extreme Mühe, ruhig und sachlich zu bleiben. Diese verkniffene Beate Merk, so scheint es, möchte am liebsten lospoltern, aufspringen, brüllen und die hartnäckige Journalistin, die ihr gegenübersitzt, hinauswerfen. Schließlich beendet die Ministerin abrupt das Interview. »Eine letzte, allgemeine Frage noch«, sagt Monika Anthes, Reporterin des ARD-Politmagazins *Report Mainz*. »Nein«, fällt ihr Merk schneidend und knapp ins Wort. »Ich bin jetzt mit meinen Dingen am Ende.« Die Ministerin steht auf und reißt dabei fast das Mikrofonkabel heraus, das an ihrer Kleidung befestigt ist. Ein kurzer, kalter Händedruck mit Anthes – und weg ist sie. Professionelles Krisenmanagement sieht anders aus.

Die Redaktion von *Report Mainz* hat die Langfassung dieses für die Affäre Mollath sehr aussagekräftigen Interviews auf ihre Internetseite gestellt. In der Sendung selbst wurde nur ein kleiner Ausschnitt gesendet, denn schließlich hat die Ministerin inhaltlich nicht viel gesagt. Gebetsmühlenhaft wiederholte eine von Anthes' bohrenden Fragen zunehmend angefressene Beate Merk ihr Mantra im Fall Mollath: »Herr Mollath ist gefährlich.« »Er sitzt in der Psychiatrie, weil er gefährlich ist.«»Seine Gefährlichkeit ist der Grund dafür, dass er untergebracht ist.«

Mollaths Anzeigen, Briefe und andere Hinweise in Sachen Schwarzgeld und anderer illegaler Geldgeschäfte hätten mit dieser Unterbringung selbstverständlich nichts, aber auch rein gar nichts zu tun. Wann immer Anthes beharrlich nachhakt, Merk mit ihren eigenen, früheren Aussagen zum Fall Mollath im Landtag konfrontiert und sie auf Widersprüche in ihrer Argumentation hinweist, zieht sich die Politikerin auf ihr Mantra zurück. Übersetzt lautet die zentrale Botschaft der Beate Merk: Die bayerische Justiz hat alles richtig gemacht – und ich als Ministerin sowieso.

Dieses Video, sagt ein hochrangiger Vertreter der weißblauen Gerichtsbarkeit,»dürfte so ziemlich jeder Vertreter der bayerischen Justiz schon mal auf seinem Computer gehabt haben«. Er selbst, räumt der Jurist ein, habe es sich bereits mehrfach angeschaut. Merk genießt in den Justizbehörden Bayerns keinen ausschließlich positiven Ruf. Vornehm gesprochen. Nicht *was* sie in die Kamera sagt, sondern *wie* sie sich unsouverän von einer Wiederholung ihrer»Mollath ist gefährlich«-Aussagen zur nächsten hangelt, verstärkt den Eindruck, dass in der Affäre auch politisch vieles nicht mit rechten Dingen zugegangen ist.

Beate Merk ist seit 14. Oktober 2003 bayerische Justizministerin. Zuvor war die 1957 im niedersächsischen Nordhorn als ältestes von vier Kindern geborene Merk acht Jahre lang Oberbürgermeisterin der Stadt Neu-Ulm. Als stellvertretende Vorsitzende der CSU gehört sie zum innersten Führungszirkel der Partei. Die Affäre Mollath kratzt im Winter 2012/2013 gewaltig am Ruf der promovierten Juristin. Sogar bei der»Fastnacht in Franken« verfolgt sie das Thema.

Die Karnevalsshow aus dem unterfränkischen Veitshöchheim ist die quotenstärkste Sendung aller dritten Programme in Deutschland. Deswegen kommen die Politiker gern zu der Livesendung und geben sich, mehr oder minder einfallsreich kostümiert, vor den Kameras betont leutselig und humorvoll.

Am 1. Februar 2013 reist Beate Merk als Indianerin verkleidet nach Veitshöchheim, mit opulentem Federschmuck auf dem Kopf. Das Lachen wird ihr allerdings bald vergehen, denn selbst für die Fastnachtskünstler auf der Bühne ist der Fall Mollath zum Thema geworden.

Der Schweinfurter Peter Kuhn gilt seit Jahren als einer der profiliertesten politischen Büttenredner Deutschlands. Er gibt diesmal einen Banker, der, zum Penner abgestiegen, auf der Parkbank sitzt und in gereimter Form über sein Leben räsoniert. Kuhns Auftritt endet so: »Genug gejammert und geklagt, / ich hab schon fast zu viel gesagt, / denn falls ich einmal dieser Tage / hier irgendwie die Wahrheit sage, / dann steckt man mich vor Hysterie / vielleicht auch in die Psychiatrie. / Aus solch einem Irrenhaus / kommt man ja so leicht nicht raus. / Das sind tatsächlich schlimme Zeiten – so voller Merk-Würdigkeiten.« Applaus, Bravo-Rufe. Die Kamera des Bayerischen Rundfunks zoomt auf Beate Merk. Ihre Gesichtszüge wirken in dem Moment ähnlich eingefroren wie beim Interview mit SWR-Journalistin Monika Anthes zweieinhalb Monate vorher.

Zum Lachen ist das alles in der Tat schon lange nicht mehr. Dabei wusste Beate Merk doch von Anfang an immer alles ganz genau. Zum Beispiel im Rechtsausschuss des bayerischen Landtages am 8. März 2012. Auf Antrag mehrerer Abgeordneter soll Beate Merk den Parlamentariern über den Fall Mollath Auskunft geben, der zu dieser Zeit in der Tat noch mehr als Verschwörungsgeschichte denn als tatsächliche Affäre durch Medien und Internet geistert. Dazu wird er erst im November 2012 werden, wenn der Inhalt des Sonder-Revisionsberichtes der Hypovereinsbank bekannt wird. Und in der Folgezeit immer mehr Ungereimtheiten, Widersprüche und haarsträubende Fehler, Versäumnisse und andere Merkwürdigkeiten aufgedeckt werden. Und zwar ohne das Zutun der bayerischen Justiz oder gar ihrer Ministerin.

Es ist nicht das erste Mal, dass sich der bayerische Landtag an jenem 8. März 2012 mit Mollath befasst. Bereits vier

Monate zuvor, am 15. Dezember 2011, ist er Thema im Plenum des Parlaments. Das Ergebnis dieser Debatte fällt nicht sehr ermutigend aus für den damals schon seit mehr als fünf Jahren in die Psychiatrie zwangseingewiesenen Maschinenbauer aus Nürnberg. *Report Mainz* hat die Debatte maßgeblich angestoßen, mit einem Beitrag, der sehr viele unangenehme Fragen aufgeworfen hat. Auch in den *Nürnberger Nachrichten* hat Journalist Michael Kasperowitsch über Mollaths Schicksal schon berichtet, in anonymisierter Form.

Sitzt da einer seit Jahren in geschlossenen Anstalten, weil er unbequeme Wahrheiten über Schwarzgeldgeschäfte beim Namen genannt hat? Dem Landtag ist das kurz vor Weihnachten 2011 offenkundig zu viel Verschwörungstheorie. Nicht nur Bayerns Justizministerin Merk wehrt sich vehement, auch die Staatsanwaltschaft Nürnberg verwahrt sich scharf gegen diese »Unterstellung«. Mit am deutlichsten aber fiel die Kritik der SPD aus, deren Rechtsausschuss-Chef Franz Schindler es an diesem 15. Dezember 2011 für völlig »unmöglich« erklärt, »wie dieser Fall hier ins Plenum gezogen« werde. Die Medienresonanz auf all dies hält sich ebenfalls in sehr engen Grenzen. Die damals bekannten Argumente sind offenkundig zu schwach, um einen so schweren Verdacht zu erhärten.

Die Position derer, die erklären, in dem Fall sei alles mit rechtsstaatlichen Mitteln zugegangen, scheint hingegen gut zu sein: ein rechtskräftiges Urteil des Landgerichts Nürnberg-Fürth aus dem Jahr 2006, sogar vom Bundesgerichtshof bestätigt. Die Strafvollstreckungskammern verschiedener Gerichte in Bayern haben die Unterbringung Jahr für Jahr bestätigt. Es gibt psychiatrische Gutachten, auf die sich Ministerin und Justiz berufen, und diese stammen zum Teil von Koryphäen der Sachverständigenszene.

Und auf der anderen Seite? Steht ein Mann, der rechtskräftig für krank und gemeingefährlich erklärt ist – seit Jahren in der Psychiatrie sitzt und jegliche Therapie oder medikamentöse Behandlung verweigert. Da muss man sehr stichhaltige

Fakten dafür finden, dass an der Sache möglicherweise etwas nicht stimmt.

Trotzdem schafft es der Fall am 8. März 2012 erneut ins Parlament. Und was Ministerin Merk an diesem Tag den Abgeordneten im Rechtsausschuss des bayerischen Landtages erzählt, wirft ein bezeichnendes Licht auf ihren Umgang und den anderer Politiker mit dem Fall. Gleich zu Beginn bekräftigt sie wortreich eine Selbstverständlichkeit: die Unabhängigkeit von Richtern und Gerichten. Das betreffe vor allem die gerichtliche Beweiserhebung und Beweiswürdigung. Sie referiert aus den Gerichtsakten, inklusive des fragwürdigen und fehlerhaften Landgerichtsurteils: Mollath habe seine Frau schwer misshandelt, habe Autoreifen von Widersachern zerstochen und sei deswegen in die Psychiatrie eingewiesen worden. Der Bundesgerichtshof habe das Urteil bestätigt und einen Revisionsantrag verworfen. Auf Fragen, welche Beweise das Gericht erhoben oder nicht erhoben hat, geht Merk nicht ein. »Als Justizministerin setze ich mich nicht an die Stelle des unabhängigen Gerichts.«

Das ist auch gut so. Niemand kann sich wünschen, dass eine Politikerin Urteile übergeht und in rechtsstaatliche Prozesse eingreift. Dass am Ende gar ein Politiker entscheidet, wer in der Psychiatrie sitzen muss und wer nicht. Aber darum geht es im Fall Mollath auch gar nicht. Was man Beate Merk persönlich vorwerfen muss und was ihr Handeln fragwürdig macht, ist die Art und Weise, wie sie über Jahre hinweg blindlings und mit beleidigter Attitüde alles für richtig und korrekt erklärt, was Gerichte, Staatsanwälte und Gutachter im Fall Mollath getrieben haben. Und zwar starrsinnig und hauptsächlich mit dem Argument, dass alles rechtskräftig entschieden und damit richtig sein muss. Dass die CSU-Politikerin über Monate hinweg keinerlei Bereitschaft zeigt, auch nur kritisch zu hinterfragen, geschweige denn selbst zu überprüfen. Dass sie neue Fakten und Erkenntnisse wie ein störrisches Kind nicht zur Kenntnis nehmen will. Dass sie den Eindruck erweckt, einfach nur aus Prinzip zu handeln, politisch taub und blind zu sein. Dass erst der öffentliche Druck übermächtig werden und Ministerpräsident Seehofer eingreifen muss, ehe sie sich bewegt. Man könnte auch sagen: dass Beate Merk erst dann ins Laufen kommt, als es um ihren eigenen Ministerposten geht.

Denn nicht nur Seehofer hat die Geduld mit ihr verloren und ist durch die vielen öffentlich gewordenen Ungereimtheiten und Fragen in dieser Affäre beunruhigt. Auch in der CSU bröckelt der Rückhalt für die Ministerin. Merk hat nie auch nur den Anschein erweckt, dass es ihr um die Klärung von Vorwürfen geht, sondern immer nur um die kompromisslose Verteidigung der bayerischen Justiz. So versagt sie nicht nur monatelang als Krisenmanagerin. Sie trägt dazu bei, dass aus einer Verschwörungsgeschichte Mollath der Fall Mollath wird, und aus dem Fall Mollath die Affäre Mollath, die die Glaubwürdigkeit und das Vertrauen in den Rechtsstaat untergräbt. Es ist auch die Affäre der Beate Merk. Nicht nur im Interview mit *Report Mainz,* sondern auch politisch und in der Öffentlichkeit hält sie verbissen und starr daran fest, dass nicht falsch sein kann, was nicht falsch sein darf. Dabei kennt sie längst die neuen Fakten. Das macht sie angreifbar, das rechtfertigt tatsächlich Rücktrittsforderungen gegen sie. Zumal die Ministerin sich widersprüchlich verhält.

Einerseits argumentiert sie, sich »als Politikerin nicht an die Stelle des unabhängigen Gerichts« oder der Staatsanwaltschaften stellen zu dürfen. Wer das sagt, muss dann jedoch auch tatsächlich neutral sein. Er darf sich im Umkehrschluss nicht verhalten und äußern, wie sie das getan hat. Als sie beispielsweise die Verteidigungsschrift in eigener Sache von Gustl Mollath arrogant als »abstruses Sammelsurium« abtut. Nein, Beate Merk ist im Fall Mollath weder neutral noch die Aufklärerin, als die man sich eine Justizministerin in einem Fall wie diesem wünscht, wo ständig neue, eklatante Widersprüche, Ungereimtheiten und Fakten auftauchen, die – rechtskräftige Urteile hin oder her – nach Aufklärung schreien. Denn das bedeutet nicht, dass man deshalb gleich die

Unabhängigkeit der Justiz in Frage stellt. Diesen Unterschied wird ihr Ministerpräsident Horst Seehofer noch öffentlich erklären.

Beate Merk stellt jedoch keine Fragen – sie stellt fest. Die Behauptung, sagt sie in besagter Rechtsausschusssitzung am 8. März 2012 im bayerischen Landtag, Gustl Mollath sei mundtot gemacht worden, um Steuerhinterzieher und die Hypovereinsbank zu schützen, sei absurd. Sie sagt: »Wenn anonyme Anzeigen ohne jegliche fundierte Angaben für Fahndungsmaßnahmen genügen sollen, dann gute Nacht, Rechtsstaat.« Mollaths Anzeigen waren aber nicht anonym, sie enthielten seinen Namen und seine Adresse. Sie enthielten überdies Dutzende Namen, beschrieben Situationen aus eigenem Erleben heraus, enthielten Kopien von Überweisungsaufträgen, die ganz offenkundig Tarnnamen für Nummernkonten enthielten, wie sie Steuerbetrüger und andere dunkle Geldgeschäftemacher aus der ganzen Welt nutzen: »Pythagoras«, »Laim 1112«, »Klavier 2285«. Ausgerechnet die bayerische Justiz erkennt ein solches System nicht?

Sie kennt es natürlich doch. Als die Regensburger Staatsanwaltschaft nach langem, auch politischem Gezerre im März 2013 endlich ihr Wiederaufnahmegesuch im Fall Mollath stellt, ist eine Passage in ihrem mehr als 150 Seiten starken Antrag diesbezüglich besonders aufschlussreich: »Es ist allgemein bekannt, dass gerade in den neunziger Jahren von deutschen Anlegern immense Bargeldbeträge in die Schweiz verbracht worden sind, um sie der Besteuerung zu entziehen. Dass es sich dabei auch um Schwarzgeld gehandelt hat, also Geld, das bereits in der Bundesrepublik insbesondere der Einkommens-, Umsatz-, Gewerbe-, Erbschafts- oder Schenkungssteuer entzogen worden war, konnten die Strafverfolgungsbehörden nahezu täglich in ihrer Ermittlungsarbeit feststellen.«

Beate Merk scheint sich das nicht vorstellen zu können oder zu wollen, zumindest nicht im Fall Mollath. Bezogen auf dessen von der Staatsanwaltschaft nicht verfolgte Strafanzeigen sagt die bayerische Justizministerin am 8. März: »Es werden in keinem einzigen Fall konkrete tatsächliche Anhaltspunkte vorgetragen, dass eine bestimmte Person ein bestimmtes Vermögen in Deutschland nicht versteuert hat und dieses nicht versteuerte Vermögen mit Hilfe von Frau Mollath in die Schweiz transferiert und auch die dort erlangten Zinsen nicht versteuert wurden.« Auch hier legt sich die Ministerin also fest.

Tatsächlich schrieb Gustl Mollath in seiner Strafanzeige vom 20. Dezember 2003: »Meine Frau beerbte dann auch noch einen Kunden [es folgen dessen Vor- und Nachname, sein Geburts- und sein Sterbedatum sowie die genaue Adresse bis zu seinem Tod; d. Verf.]. Außer der offiziellen Erbschaft erbte sie noch dessen Schwarzgeldvermögen in der Schweiz bei der AKB Bank Zürich Kontoname ›Monster‹.« Er nennt auch weitere Namen und wirft diesen Personen vor, Schwarzgeld bei konkret benannten Schweizer Banken liegen zu haben.

Das sind genügend Anhaltspunkte, einen Vorgang nachzuvollziehen – wenn man nur will. In seiner Strafanzeige schildert Mollath haarklein, wie seine Frau ein angeblich zuvor veruntreutes UBS-Vermögen zurückholte. Und anschließend angeblich »erst bei der AKB Zürich, dann bei der Bank von Ernst in Zürich, jetzt bei der Bank Leu« verwaltete. Wieder nennt er den Namen und die Funktion eines Schweizer Bankers, an den auch die Überweisungsaufträge von den Nummernkonten »Pythagoras«, »Laim 1112« usw. gingen. All das sind für Justizministerin Merk ebenso wenig »konkrete Anhaltspunkte« wie Jahre zuvor für die Staatsanwaltschaft. Stattdessen lästert sie herablassend im März 2012 im Landtag, dieser Mollath habe eben »eine sehr eigene Sicht der Dinge«.

Dabei hätte die Ministerin längst hellhörig sein müssen. Am 13. Dezember 2011 sendete *Report Mainz* einen ersten Beitrag zur Causa, in dem die Hypovereinsbank einräumt, dass sich Mollaths Exfrau und einige ihrer Kollegen »in Zusammenhang mit Schweizer Bankgeschäften weisungswidrig verhalten haben«. Was genau sich hinter dieser Formulierung verbirgt, bleibt für die Öffentlichkeit noch lange Zeit völlig offen. Jedoch tritt daraufhin die Nürnberger Staatsanwaltschaft an die Bank heran und fordert Aufklärung. Am 29. Dezember 2011 erhält sie von der Bank jenen internen Sonder-Revisionsbericht, dessen genauer Inhalt erst im November 2012, neun Monate nach Merks Auftritt im Landtag, an die Öffentlichkeit gelangt. Hat Merk ihn am 8. März 2012 bereits gekannt? Angeblich nicht. In einer Antwort auf eine Landtagsanfrage der Grünen erklärt Merk Monate später, der Sonder-Revisionsbericht sei dem Justizministerium erst am 9. November 2012 zugegangen – am Tag des legendären Merk'schen *Report*-Interviews.

Das klingt unglaubwürdig. Da geht Ende Dezember 2011 ein höchst brisantes Dokument bei der Nürnberger Staatsanwaltschaft ein. Es betrifft einen Fall, der vorher und nachher den Landtag beschäftigt und zu dem sich die Ministerin nicht nur im Parlament mehrfach äußern muss. Das Dokument ist geeignet, den Fall in einem anderen Licht erscheinen zu lassen. Doch das zuständige Justizministerium samt der Ministerin erhalten diesen Bericht angeblich erst elf Monate später, im November 2012. Das ist aber ein langer Dienstweg. Oder kannte sie ihn doch früher schon?

Darauf deutet zumindest eine andere Aussage hin. Vor den Abgeordneten sagt Merk am 8. März 2012 ausweislich des Sitzungsprotokolls:»Der interne Revisionsbericht hat eine Reihe von bankinternen und arbeitsrechtlichen Verstößen von [Frau Mollath] und weiteren Mitarbeitern festgestellt, aus denen die HVB arbeitsrechtliche Konsequenzen gezogen hat.« Die Bank habe, so Merk weiter,»auch das strafrechtlich relevante Verhalten ihrer Mitarbeiter überprüft.« Herausgekommen sei, dass es »von Anfang bis Mitte der neunziger Jahre bei der Hypobank die Möglichkeit von Geldanlagen in der Schweiz gegeben« habe.»Diese Praxis«, so die Ministerin weiter, sei »jedoch Mitte der 1990er Jahre eingestellt worden.« Der Sonder-Revisionsbericht bestätige nicht den Verdacht, »dass diese Praxis nach 1998 weitergeführt wurde oder dass Wertpapiere oder Bargeld von Mitarbeitern der Bank persönlich in die Schweiz gebracht worden sind«. Kurzum: Der Bericht habe »nur Hinweise auf möglicherweise strafrechtlich relevante Verstöße einzelner HVB-Mitarbeiter« ergeben, die freilich nichts mit Mollaths Vorwürfen oder gar den Geschäften seiner Ehefrau zu tun gehabt hätten.

Was Beate Merk den Abgeordneten vorenthält, ist das »Zusammenfassende Ergebnis« des Sonder-Revisionsberichtes: »Die Anschuldigungen des Herrn Mollath klingen in Teilbereichen zwar etwas diffus, unzweifelhaft besitzt er jedoch Insiderwissen. Alle nachprüfbaren Behauptungen haben sich als zutreffend herausgestellt.«

Die Ministerin berichtet auch nicht von der im Revisionsbericht fixierten Angst der Bank, dass all das auffliegen könnte: »Es ist nicht auszuschließen, dass Herr Mollath die Vorwürfe des Transfers von Geldern von Deutschland in die Schweiz in die Öffentlichkeit bringt.« Und einige Zeilen später heißt es, es bestünde durchaus die konkrete »Gefahr, dass er eventuell versucht, sein Wissen zu verkaufen. Hinzu kommt, dass Herr Mollath möglicherweise noch über vertrauliche Belege/Unterlagen aus dem Besitz seiner Frau verfügt.«

Von alledem sagt Beate Merk im Landtag kein Wort.

Ganz abgesehen davon stimmt auch der Eindruck nicht, den die Ministerin mit der Bemerkung erweckt, dass die Schweiz-Geschäfte bereits 1998 eingestellt worden seien. Auf Seite sieben des Sonder-Revisionsberichtes sind drei mutmaßlich illegale Geldgeschäfte für eine »allgemein bekannte Persönlichkeit« beschrieben, bei denen es sich »um Schwarzgeld handelte«, wie die Prüfer herausfanden. Dabei wurden Schweizer Franken in D-Mark bzw. Euro getauscht. »Um die Aufzeichnung gemäß Geldwäschegesetz zu umgehen«, habe ein Kollege von Frau Mollath bei der Hypovereinsbank »ein Geschäft künstlich aufgesplittet«. Mit anderen Worten: Der Betrag wurde verbotenerweise so gestückelt, dass er nach den Vorgaben des Geldwäschegesetzes nicht mehr meldepflichtig gegenüber den Behörden war. Ein »bewusster und gravierender Verstoß gegen das Geldwäschegesetz«, schreiben die Revisoren.

Von wegen also, 1998 war alles vorbei. Die beschriebenen Geschäfte spielen sich lange nach 1998 ab: Der Euro wurde zum 1. Januar 2002 überhaupt erst eingeführt. Von wegen, es habe nur oberflächliche Hinweise auf strafrechtlich relevante Vorgänge gegeben. Geldwäsche ist ein Kapitaldelikt. Wer verurteilt wird, dem drohen bis zu fünf Jahre, in schweren Fällen sogar bis zu zehn Jahre Freiheitsstrafe. Auf den Seiten sieben bis neun des Revisionsberichtes vollziehen die HVB-Revisoren diesen und andere fragwürdige Vorgänge exakt nach. Genau genug, dass ein Staatsanwalt allein bei der Lektüre des Revisionsberichtes hellhörig hätte werden müssen.

Die Abgeordneten wissen zum fraglichen Zeitpunkt nicht, was im Sonder-Revisionsbericht der HVB steht. Anders als bei der ersten Beratung des Falles ergeben sich nun jedoch neue Fragen. Skeptisch sind nach ihrem Auftritt im Rechtsausschuss einzig die Grünen und die Freien Wähler. Ansonsten verlässt die Ministerin den Sitzungssaal mit der Rückendeckung der Regierungsparteien CSU und FDP, aber auch der SPD. »Es gibt nicht den Hauch eines Anfangsverdachts, dass die Psychiatrie hier missbraucht wurde«, sagt Franz Schindler, SPD. »Wir können uns da nicht einmischen. Herr Mollath hat alle Rechtsmittel dieser Welt zur Verfügung.«

Sozialdemokrat Schindler, Jahrgang 1956, ist bis zum heutigen Tag im Fall Mollath einer der treuesten Vasallen an der Seite der CSU-Justizministerin. Seit 1990 sitzt der Rechtsanwalt aus der Oberpfalz als Abgeordneter im Landtag. Als Aufklärer oder gar oppositioneller Kritiker tat sich Franz Schindler im Fall Mollath nie hervor. Selbst dann nicht, als immer mehr Ungereimtheiten, Fehler, Pannen und Merkwürdigkeiten dieser Affäre ans Tageslicht kamen. Für Schindler ist im Fall Mollath anscheinend alles korrekt gelaufen. Auch er zeigt nicht die geringste Bereitschaft, das Handeln der Justiz kritisch zu hinterfragen.

Geradezu bizarr geriet ein Auftritt in der Sendung *Münchner Runde* des Bayerischen Fernsehens am 11. Dezember 2012. Als Oppositionspolitiker und damit als vermeintliches Gegengewicht zu Ministerin Merk geladen, verteidigte der SPD-Mann in der Talkshow das Vorgehen der bayerischen Justiz auf Biegen und Brechen. Die neben ihm sitzende Ministerin Merk dürfte es dankbar zur Kenntnis genommen haben. BR-Moderatorin Ursula Heller kann selbst mit kritischen Fragen kaum verhindern, dass die Sendung zur Rechtfertigungsshow für eine zu diesem Zeitpunkt bereits politisch angezählte Ministerin wird.

Einem Faktencheck der *Süddeutschen Zeitung* halten Merks Aussagen in der *Münchner Runde* nur bedingt stand. Die Ministerin behauptet in der Sendung, es komme »keiner in eine psychiatrische Klinik, wenn nicht Fachärzte den Probanden untersucht haben«. Das ist falsch. Weder der Gutachter 2005, dessen Expertise die Grundlage für das verhängnisvolle Landgerichtsurteil von 2006 bildete, noch ein weiterer externer Gutachter des Jahres 2008 haben Gustl Mollath je untersucht. Von allen Gutachtern, die Mollaths Einweisung in die Psychiatrie für notwendig halten, hat nur jener aus dem Jahr 2011 ihn tatsächlich exploriert. Der einzige Gutachter, der Mollath in den fünf Jahren zuvor persönlich untersucht hat, kam hingegen zum Ergebnis, er leide weder unter Wahnideen, noch gebe es Hinweise auf eine Psychose.

Und in noch einem Punkt erweckt die Ministerin einen falschen Eindruck: Zumindest in den seriösen Medien hat niemand ernsthaft behauptet, dass Mollath in der Psychiatrie landete, weil er über dubiose Bankgeschäfte geredet hat. Wohl aber wurde ihm von Gutachtern und im für ihn fatalen Landgerichtsurteil von 2006 ein paranoides Gedankensystem unterstellt und dieses wesentlich damit begründet, dass er »unkorrigierbar« der Ansicht sei, Personen aus dem Umfeld seiner Exfrau seien in Schwarzgeldgeschäfte verwickelt. Entsprechende Hinweise finden sich auch in anderen gerichtlichen Beschlüssen, mit denen Mollath in den Folgejahren seine Unterbringung in der geschlossenen Psychiatrie bestätigte. So etwa das Oberlandesgericht Bamberg im August 2011. Es beruft sich auf eine »überzeugende« Stellungnahme des Bezirkskrankenhauses Bayreuth. Dort heißt es, Mollath sei unverändert der Überzeugung, er solle aus dem Weg geräumt werden, weil er Schwarzgeldverschiebungen, in die seine damalige Frau verwickelt gewesen sei, aufdecken wollte. Ihr ganzes Verhalten trägt dazu bei, dass es Ende November 2012 sehr einsam wird um die bayerische Justizministerin. Frank Müller und Mike Szymanski, die beiden Landtagsreporter der *SZ*, kennen Merk aus der täglichen Arbeit. Ihre Beobachtungen formulieren sie so: »Es ist gerade keine einfache Zeit für eine nie ganz einfache Ministerin. Der Fall des seit fast sieben Jahren unter fragwürdigen Umständen in der Psychiatrie eingesperrten Gustl Mollath weitet sich zu einer Justizaffäre aus. Merk sitzt in ihrem Büro und hält sich an einer Tasse fest. Sie sagt, sie sei entsetzt darüber, dass man der Justiz so etwas auch nur zutrauen würde. Aber fast jede Woche kommen neue Ungereimtheiten ans Licht, und Merk wundert sich, dass das Thema nicht verschwindet. Sie kann es einfach nicht wegsperren.«

Beate Merk ist das dienstälteste Mitglied in der Bayerischen Staatsregierung. Nun gerät sie immer mehr unter Beschuss, vor allem durch die Grünen und die Freien Wähler. Bei Letzteren profiliert sich besonders Florian Streibl, pikanterweise der Sohn des früheren CSU-Ministerpräsidenten Max Streibl. Merks Entlassung, welche die Grünen mit einem Dringlichkeitsantrag fordern, lehnt der Landtag mehrheitlich ab; sie selbst will unter keinen Umständen zurücktreten.

Am 27. November befasst sich auch Heribert Prantl, Mitglied der Chefredaktion der *Süddeutschen Zeitung* und selbst ehemaliger Staatsanwalt, in einem Leitartikel mit dem umstrittenen Paragraphen 63 des Strafgesetzbuches. Überschrift: »Der dunkle Ort des Rechts«. Ein solcher sei nämlich jener Paragraph 63 seit langem, denn er bildet die rechtliche Basis dafür, um einen Straftäter schnell und auf unbestimmte Zeit in die Psychiatrie einzuweisen. Prantl: »Die Anzahl derer, die in die Psychiatrie geschickt werden, hat sich binnen zwanzig Jahren mehr als verdoppelt. Mehr als zehntausend sitzen heute in der Psychiatrie oder der Entziehungsanstalt; jeder Zehnte lebenslang. Was ist passiert? Die Sicherheitserwartung der Gesellschaft ist massiv gestiegen. Im Zweifel wird – von Richtern und Gutachtern, und oft ohne Federlesens – gegen den Angeklagten entschieden. Nach seriösen Schätzungen sind fast die Hälfte der Eingangsgutachten falsch, die hohe Gefährlichkeit prognostizieren.« Folgegutachten seien oft miserabel mit der Folge: Wer einmal in der Anstalt sitzt, kommt kaum noch raus. Prantls Leitartikel schließt mit dem Satz: »Eine Justiz, die Menschen ohne gründlichste Prüfung einen Wahn andichtet, ist selber wahnsinnig.«

Daran etwas zu ändern wäre Aufgabe der Politik. Aufgabe von Leuten wie Beate Merk. Denn die Politik macht die Gesetze, und sie hat die Pflicht, Gesetze zu ändern, zu modifizieren, wenn in der Praxis offenkundige Fehlentwicklungen auftauchen. In der Affäre Mollath jedoch verwenden maßgebliche Rechtspolitiker wie Beate Merk und Franz Schindler ihre Energie ausschließlich darauf, die Unterbringung Gustl Mollaths auf Biegen und Brechen zu rechtfertigen. Sei sie noch so fragwürdig, seien noch so viele Ungereimtheiten und neue, bis dato unbekannte Fakten auf dem Tisch.

Am selben Tag, an dem Prantls Leitartikel erscheint, gibt Horst Seehofer bekannt, dass der Fall Mollath neu untersucht wird. Von nun an ist klar: Beate Merk braucht einen Anlass, um ein Wiederaufnahmeverfahren anzustreben und damit ihr Gesicht nicht zu verlieren.

Drei Tage später berichten die *Nürnberger Nachrichten* von einem Anruf eines Richters bei der Nürnberger Steuerfahndung 2004, also zwei Jahre vor dem verhängnisvollfragwürdigen Landgerichtsurteil gegen Gustl Mollath. Der Richter soll den Steuerfahndern ausgeredet haben, Mollaths Anzeigen gegen seine Frau, deren Kollegen und Kunden wegen angeblicher Schwarzgeldgeschäfte weiterzuverfolgen, weil dieser Mollath doch nicht klar bei Verstand sei. Das Blatt beruft sich dabei auf »Behördenkreise«, ein publiziertes Dokument gibt es zu diesem Zeitpunkt noch nicht. Für Beate Merk liefert der Bericht in diesem Moment aber die Steilvorlage, um ihren Hals zu retten und sich politisch Luft zu verschaffen. Mit dem Bericht über den angeblichen Anruf begründet sie noch am selben Tag ihre Entscheidung, den Nürnberger Generalstaatsanwalt Hasso Nerlich anzuweisen, eine Wiederaufnahme des Falles Mollath zu betreiben. Ein Vorwand.

Der Anruf als solcher, der sich Monate später durch die *SZ* verifizieren lässt, ist ohne Zweifel ein Skandal. Er taugt aber nicht zur ernsthaften Begründung, weshalb in diesem Fall ein Wiederaufnahmeantrag geboten war. Selbst Mollaths Verteidiger Strate sieht das so. »Der Anruf war bestenfalls ein Beleg für die Befangenheit des Richters Brixner, aber niemals ein Wiederaufnahmegrund im Sinne der Strafprozessordnung.« Tatsächlich ist er vor allem eines: der letzte Anker für Beate Merk. Denn in diesen Tagen war der politische Druck auf die bayerische Justizministerin immens geworden, der öffentliche und vor allem jener Seehofers.

Denn anders als die Justizministerin hat der Ministerpräsident und CSU-Chef die politische Brisanz der Affäre Mollath wenige Monate vor der Landtagswahl begriffen. Er muss nur in die Internetforen, die Leserbriefspalten und die Medien blicken, um zu erkennen, dass viele Bürgerinnen und Bürger empört sind über die Vorgänge – und das Verhalten der Ministerin. Am 1. Dezember 2012 sagt Seehofer in einem Interview mit der *Passauer Neuen Presse (PNP)*, was Beate Merk schon längst hätte sagen müssen. Sätze, mit denen keineswegs die Unabhängigkeit der Justiz in Frage gestellt wird, mit denen er aber demonstriert, dass das Hinterfragen auch rechtskräftiger gerichtlicher Entscheidungen und Verfahren in einem demokratischen Staat weder verboten noch ehrenrührig ist. Sondern schlichtweg notwendiger Bestandteil eines freiheitlichen Gemeinwesens. Und geboten in einem Fall wie dem von Gustl Mollath, wo es inzwischen viele neue Fakten und Zeugen gibt.

Gewaltenteilung, unabhängige Justiz – natürlich respektiere man das, sagt Seehofer in der *PNP*. »Wenn aber ernsthafte und begründete Zweifel aufkommen, ob ein Fall richtig bewertet wurde, und Informationen nicht in ein Verfahren eingebracht wurden – wie hier die bankinterne Untersuchung –, dann darf man das ansprechen. Hinzu kommt die Dauer des bisherigen Freiheitsentzugs – sieben Jahre. Da muss man besonders genau hinschauen.«

Es gehe darum, so Seehofer weiter, »unter Berücksichtigung der neuen Gegebenheiten den Fall noch einmal zu überprüfen«. Immerhin gehe es um einen langen Freiheitsentzug und »ernsthafte Zweifel«, die laut geworden seien. »Es gehört zu einem starken Rechtsstaat«, sagt Seehofer, »dass er auch sich selbst überprüft. Das ist ja auch im Interesse der Glaubwürdigkeit der Justiz.« Der Frage, ob Merk hätte früher handeln müssen, weicht Seehofer in dem Interview elegant aus.

Während man in der CSU in diesen Tagen Seehofers Machtwort und Merks Einknicken erleichtert zur Kenntnis nimmt, mag ein anderer diese Sicht der Dinge überhaupt nicht teilen: Franz Schindler, Merks sozialdemokratischer Vasall. Als die Ministerin die Staatsanwaltschaft anweist, eine Wiederaufnahme des Mollath-Prozesses zu betreiben, findet Schindler das skandalwürdig. Er tut, was sich nicht einmal Beate Merk traut. Er geißelt Seehofers längst überfällige Forderung nach Klarheit als »einen schweren Eingriff« in die Unabhängigkeit der Justiz, der »keineswegs stilbildend sein« dürfe. Die Politik habe sich »weder in Form des Landtags noch der Justizministerin und schon gar nicht in Form des Ministerpräsidenten hier einzumischen«. Wohl dem Minister, der es mit einem solchen Oppositionellen zu tun hat. Die größte bayerische Oppositionspartei versagt glatt im Fall Mollath.

Dabei läuft in der bayerischen Justiz offenkundig schon länger einiges schief. Es gab früher schon Probleme, die es nicht nur wert wären, von der Politik (und gerade einer Opposition) hinterfragt und angegangen zu werden, sondern die sogar in ihren ureigensten Aufgabenbereich fallen würden.

Exkurs:
Christine Stahl wundert sich. Während der Beratungen für den bayerischen Doppel-Staatshaushalt 2009/2010 stolpert die Abgeordnete der Grünen und Landtagsvizepräsidentin aus Nürnberg über einen seltsamen Etatposten: jährlich 5,3 Millionen Euro für Haftentschädigungen. Die Summe kommt ihr reichlich groß vor. Warum muss der Freistaat von Haus aus so viel Geld einplanen, um Menschen zu entschädigen, die unschuldig ins Gefängnis kommen, fragt sich Stahl. Sie will es genau wissen. Zusammen mit ihrem Kollegen Thomas Mütze richtet sie eine Anfrage an das Justizministerium. Die Ergebnisse sind nicht nur aus Sicht der Grünen alarmierend.

Praktischerweise ist es so, dass in Deutschland seit 1998 keine amtliche Statistik mehr geführt wird, wie viele Entschädigungsleistungen der Staat an unschuldig Eingesperrte bezahlen musste. Dementsprechend wird dies auch in Bayern nicht mehr erfasst. Auf den parlamentarischen Vorstoß von Stahl und Mütze hin durchforsten Beamte im Justizministerium jedoch die Haushaltsüberwachungslisten der bayerischen Generalstaatsanwaltschaften. Und stoßen dabei auf besorgniserregende Zahlen:

2007 saßen 122, 2008 sogar 130 Männer und Frauen unschuldig in Gefängnissen des Freistaates. Allein im Oberlandesgerichtsbezirk Nürnberg saßen 34 bzw. 49 Unschuldige im Knast. Rechnet man die unschuldig verbüßten Hafttage zusammen, waren es allein im Jahr 2008 insgesamt 14504 – rund 40 Prozent mehr als im Jahr zuvor. Für den Anstieg hatte das Ministerium keine rechte Begründung. Dafür wusste ein Sprecher umso genauer, dass es sich »um extreme Ausnahmefälle« handele. Stahl hatte da eine ganz andere Interpretation: »In Bayern sperrt man besonders schnell weg.«
Zwei besonders krasse Fehlurteile trieben die deutsche

Öffentlichkeit noch lange vor dem Fall Mollath ganz besonders um. Am 14. April 2009 saßen die beiden Nürnberger Justizopfer zusammen in der ZDF-Talkshow von Johannes B. Kerner: Jens Schlegel und Donald Stellwag. Schlegel wurde Ende der 1990er Jahre von einer Jugendkammer wegen schweren Raubes und gefährlicher Körperverletzung zu zweieinhalb Jahren Haft verurteilt. Das Gericht sah es als erwiesen an, dass er einen Taxifahrer überfallen, ins Bein gestochen und ausgeraubt hat. Schlegel sieht jenem Phantombild ähnlich, mit dem nach dem Täter gesucht wurde. Der Taxifahrer glaubte, ihn wiederzuerkennen. Zwei Polizisten, die zufällig am Tatort waren, äußerten allerdings klare Zweifel. Trotzdem wird Schlegel verurteilt. Er sitzt unschuldig in Haft – bis sich der wahre Täter stellt.

Donald Stellwag wurde zu acht Jahren Haft verurteilt, weil er 1991 eine Nürnberger Sparkassenfiliale ausgeraubt haben soll. Mehrere Zeugen hatten den schwergewichtigen und schwerkranken Mann entlastet. Ein Gutachter glaubte jedoch, ihn anhand eines unscharfen Überwachungsfotos an seinem Ohr (!) zu erkennen. Dem Gericht reichte das. Stellwag saß die Haft ab; erst nach Verbüßung der acht Jahre wird der wahre Täter überführt. Der Gutachter darf übrigens trotz dieses folgenreichen Fehlers weiter als Sachverständiger vor Gericht auftauchen.

Einzelfälle?

Es sind bedenkliche Einzelfälle, und es ist fraglich, ob daraus immer die richtigen Lehren und Konsequenzen gezogen werden. Es wäre Aufgabe der Politik, solche Entwicklungen zu hinterfragen. Zumal die Urteile nicht die einzigen Vorgänge sind, deretwegen binnen weniger Jahre Teile des Nürnberger Justizapparates in Verruf gerieten.

Im Juli 2008 wird durch einen Bericht der *SZ* bekannt, dass ein Mitarbeiter der Asservatenkammer bei der Nürnberger Staatsanwaltschaft über Jahre hinweg Bargeld gestohlen hat, das bei Tatverdächtigen beschlagnahmt worden war und als Asservat hätte aufbewahrt werden sollen. Mehr als 6700 Euro steckte er in die eigene Tasche. Im Schreibtisch des Mannes wurde nebenbei eine Original-Akte gefunden, die justizintern seit zwei Jahren als verschollen galt. Ein alkoholkranker Justizbediensteter wurde in der Asservatenkammer beschäftigt, wo Drogen, Sprengstoff und Alkohol lagerten. Jahrelang war sein Treiben keinem Vorgesetzten aufgefallen, beziehungsweise war niemand eingeschritten. Sämtliche Kontrollmechanismen hatten versagt.

Ein Monat später sorgt der Fall einer Frau für Kopfschütteln. Sie war verurteilt worden und stotterte in diesem Zusammenhang 32 000 Euro Gerichtskosten ab. Eines Tages erhielt sie von der Nürnberger Staatsanwaltschaft auf amtlichem Briefpapier und unter Angabe des korrekten Aktenzeichens ein Schreiben, in dem ihr die Restzahlung erlassen wurde. Der Fall sei nun erledigt. Die Frau freute sich. Vielleicht wäre nie mehr etwas aufgefallen, hätte sie nicht Jahre später darum gebeten, eine Sicherungshypothek im Grundbuch zu löschen, mit der die Justiz die Zahlung der Gerichtskosten abgesichert hatte.

Nun stellte sich heraus, dass der Justizmitarbeiter, welcher der Frau die Zahlung der noch offenen Gerichtskosten erlassen hatte, dies eigenmächtig getan hatte, wohl um sich kurz vor seinem Ruhestand Arbeit vom Hals zu schaffen. Obwohl die Schuld also eindeutig bei der Staatsanwaltschaft lag, setzte diese dennoch bei der Frau die Daumenschrauben an und forderte ultimativ die restliche Zahlung. Ihr Hinweis darauf, dass man sich doch auf amtliche Schreiben verlassen können müsse, nutzte nichts. Die Frau zog vor Gericht – und unterlag. Ihre Anwältin sagt, sie habe vom ersten Moment an gespürt, dass ihr das Gericht »keine Chance lässt«. Der Prozess sei »das Schlimmste gewesen, was ich in meiner Laufbahn als Anwältin erlebt habe«.

Im August 2008 wird bekannt, dass ein Gerichtsvollzieher aus dem Raum Nürnberg Geld, das er bei Schuldnern eingetrieben hatte, veruntreut hatte. Jahrelang war das niemandem in der Justiz aufgefallen.

Am 8. September 2008 notierte ein Nürnberger Staatsanwalt in einem als »intern« gekennzeichneten Vermerk haarklein, wie er monatelang innerhalb der Strafverfolgungsbehörde dem Verbleib von 20 600 Euro nachgespürt habe, die vier Jahre zuvor bei einem Tatverdächtigen beschlagnahmt worden waren. Schon am 9. März 2007 hatte der Staatsanwalt angeordnet, das Geld beim Nürnberger Amtsgericht zu hinterlegen. Es dauerte jedoch anderthalb Jahre und bedurfte der Intervention eines Vorgesetzten, bis die Asservatenstelle der Staatsanwaltschaft das Geld tatsächlich herausrückte. Versehen? Schlamperei?

Gleichzeitig kommt ans Tageslicht, dass bei der Nürnberger Justiz zeitweise bis zu 6000 Verfahren zum Teil einfach monatelang liegenblieben. Sie wurden EDV-technisch nicht erfasst. Woraufhin man hauptsächlich Söhne und Töchter von Behördenmitarbeitern engagierte, um die Fälle im EDV-System zu registrieren.

Richtig peinlich war die »Generalschlüssel-Affäre«, die durch einen Bericht der *Nürnberger Nachrichten* aufflog. Ein Mitarbeiter der Staatsanwaltschaft hatte zwei Häftlingen aus der benachbarten Justizvollzugsanstalt einen Generalschlüssel übergeben, mit dem diese wochenlang Zugang zu allen Büros im Justizpalast hatten.

Im März 2009 sorgt in Nürnberg für Schlagzeilen, dass eine Betrügerbande nach einem Jahr und vier Monaten aus der Untersuchungshaft entlassen werden musste, weil die Hauptverhandlung gegen sie zu spät angesetzt wurde.

Und dann war da noch die peinlichste Affäre von allen, die Auto-Affäre.

Zwei Nürnberger OLG-Präsidenten und zwei Generalstaatsanwälte ließen über Jahre hinweg ihre Privatautos in der Dienstwerkstatt warten. Justizbedienstete wechselten die Reifen, mal für ein Trinkgeld in der Mittagspause, mal während der Dienstzeit. Praktischerweise wurden die Sommer- und Winterreifen auch gleich in der Dienstwerkstatt gelagert. Das spart schließlich Zeit und Geld. Ein OLG-Präsident ließ seinen Privatwagen sogar vom Chauffeur in die Justizwerkstatt fahren. Außerdem musste ihn der Fahrer im Dienstwagen zu den wöchentlichen Rotarier-Treffen chauffieren – etwa 40 Mal im Jahr, also fast jede Woche. Schließlich kommt man viel bedeutender und wichtiger rüber, wenn man die Karre nicht selbst fährt, sondern kutschiert wird.

Diese Vorgänge sind zu einem großen Teil nachzulesen in einem Sonderbericht der beiden Leitenden Oberstaatsanwälte Rüdiger Hödl und Helmut Vordermayer. Nachdem vornehmlich von *SZ* und *NN* eine Affäre nach der anderen publik gemacht wurde, hatte Justizministerin Merk die beiden Spitzenjuristen aus München und Traunstein nach Nürnberg geschickt. Am 8. Oktober 2009 legte die Ministerin den Untersuchungsbericht im Landtag vor, nebst einer eigenen, elfseitigen Bewertung.

»Überwiegend«, so ihr eigenwilliges Fazit, hätten sich »die in den Medien erhobenen Vorwürfe als unberechtigt herausgestellt«. Strukturelle Schwachstellen bei der Nürnberger Justiz gebe es nämlich nicht; es handele sich vielmehr um Pannen oder Fehler Einzelner. So weit möglich habe man diese inzwischen abgestellt. Hödl und Vordermayer beklagten in ihrem Untersuchungsbericht »teilweise unwahre und ehrverletzende Behauptungen und Andeutungen« in den Medien, die sich »erheblich auf das Befinden, die Motivation und sogar die Gesundheit« der Nürnberger Justizmitarbeiter auswirken würden. Das passt zu den wehleidigen Klagen des Leitenden Nürnberger Oberstaatsanwaltes, nachdem die Verfehlungen scheibchenweise und nicht durch eigenes Zutun der Justiz, sondern durch Medienberichte bekannt geworden waren. Darüber hatte sich der Chef der Staatsanwaltschaft zornig mokiert, dass Totschlag verjähre, nicht aber Reifenwechsel in der Dienstwerkstatt.

Mit Verve zog er zugleich über jene Mitarbeiter in den eigenen Reihen her, welche er als Informanten der Medien vermutete. Man könne sich seine Leute halt nicht aussuchen. Der Zorn galt also den Überbringern der schlechten Nachrichten, nicht ihren Verursachern. Hatte da ein ranghoher Jurist nicht begriffen, dass es nicht um Bagatellen und Ehrpusseligkeiten geht? Ganz abgesehen davon offenbarten viele der Äußerungen eine erschreckend unterentwickelte Selbstkritik. Das Agieren führender Juristen in Frage zu stellen, sie gar zu kritisieren, empfinden manche der Betroffenen offenbar als eine Form von Majestätsbeleidigung: eine ganz offenkundige Parallele zwischen der Dienstwagenaffäre von damals und dem Fall Mollath von heute.

Dabei, und das übersehen Gerichtspräsidenten und Generalstaatsanwälte gerne, benötigt auch die Justiz die Akzeptanz der Bevölkerung. Gerade wer über andere richtet, darf sich selbst nicht angreifbar machen. Das ist eine Frage der Glaubwürdigkeit. Auch muss sich eine unabhängige Justiz kritischen Fragen stellen – sowohl aus den Reihen der Politik als auch der Medien und der Öffentlichkeit. Das höhlt auch weder ihre Unabhängigkeit aus, noch stellt es das Justizwesen als solches in Frage.

Doch zurück zur Affäre Mollath, die trotz aller widrigen und hässlichen Umstände keineswegs als symptomatisch für die Justiz in Gänze steht, ja nicht einmal speziell für jene in Bayern oder die in Nürnberg. Die Mehrzahl der Richter und Staatsanwälte macht einen seriösen und sauberen Job nach bestem Wissen und Gewissen. Im Freistaat haben sich vor allem Staatsanwälte, aber auch Richter zudem vielen politischen Einflüssen entzogen, die vor einigen Jahrzehnten noch gang und gäbe waren. Bayern und seine Justiz sind zu Beginn des dritten Jahrtausends nicht mehr das Bayern und die Justiz etwa zu Zeiten des Franz Josef Strauß. Vieles hat sich zum Positiven gewendet.

Ermittlungen wie im Siemens-Korruptionsfall von 2006 an wären im Bayern der sechziger, siebziger oder achtziger Jahre des vorigen Jahrhunderts mutmaßlich im Keim erstickt worden. Vermutlich hätte kein bayerischer Staatsanwalt sich getraut, gegen diesen mächtigen Konzern vorzugehen, er hätte damit seine Karriere ruiniert. Zu Urteilen wäre es vermutlich überhaupt nicht gekommen. Auch die Nürnberger Staatsanwaltschaft erwies sich in der Causa Siemens als ausgesprochen professionell, entschlossen und unbestechlich in ihrer Arbeit. Ihr war es vorbehalten, die illegale und heimliche Finanzierung einer von Siemens illegal finanzierten, arbeitgeberfreundlichen »Anti-Gewerkschaft« namens AUB aufzuklären und die Verantwortlichen vor Gericht zu stellen. Die dabei federführende Nürnberger Oberstaatsanwältin Antje Gabriels-Gorsolke erwies sich dabei als eine ebenso unvoreingenommene wie akribische und korrekte Ermittlerin und Anklägerin.

Denn politisch heikel war die Siemens-Affäre im Freistaat allemal. Es gab leibhaftige Minister der Bayerischen Staatsregierung, die sich hinter vorgehaltener Hand auch Journalisten gegenüber massiv darüber ausließen, man könne mit einem für Bayern so wichtigen Unternehmen nicht so umspringen, wie die Staatsanwaltschaften in München und Nürnberg sowie die Medien dies täten.

Aber: Es gibt nach wie vor politisch heikle Verfahren, deren Ablauf Zweifel zulassen. Dazu gehört der Steuerfall Diehl, das politisch brisanteste Verfahren in der Nürnberger Justiz seit langem.

Die Firma Diehl ist ein inhabergeführter Nürnberger Technologiekonzern, der sein Geld zu einem großen Teil mit Waffen verdient. Diehl stellt unter anderem Lenkflugkörper, Munition und Zünder« her. Ein Unternehmen, das sich selten in die Öffentlichkeit drängt, tatsächlich aber im politischen Nachkriegsdeutschland immer bestens verdrahtet war. Karl Diehl, der Anfang 2008 im Alter von fast 101 Jahren verstarb, galt als enger Freund und Vertrauter von Franz Josef Strauß.

Das Verfahren, von dem hier die Rede sein soll, begann damit, dass eine Betriebsprüferin der Oberfinanzdirektion Nürnberg Gewinne aus Geschäften des Unternehmens mit Rheinmetall- und Krauss-Maffei-Aktien nachversteuert haben wollte. Es ging um 60 Millionen D-Mark. Diehl beschwerte sich gegen eine entsprechende Nachforderung und fand Gehör bei den Vorgesetzten der Finanzbeamtin. Diese wiesen die Frau schließlich an, ihre Betriebsprüfung abzuschließen und keine Forderung gegen Diehl zu erheben. Die Betriebsprüferin wehrte sich dagegen; daraufhin wurde ihr die Causa Diehl ganz entzogen.

Die Beamtin stellte deshalb Strafanzeigen wegen Steuerhinterziehung und Beihilfe dazu gegen den damaligen Seniorchef Karl Diehl – und Verantwortliche bei der Oberfinanzdirektion, ihre Vorgesetzten also. Ein Geheimgutachten soll damals die Position der Betriebsprüferin gestützt haben. Von angeblich fingierten Darlehen in Zusammenhang mit den Aktiengeschäften war die Rede. Auch in der Oberfinanzdirektion war die Steuerbefreiung für Diehl keineswegs unumstritten. Ein zweifellos kompliziertes und noch dazu ausgesprochen heikles Verfahren für die Nürnberger Staatsanwältin Carola D. (Name geändert), auf deren Tisch die Anzeigen landeten. Im Februar und April 2004 wurden die Ermittlungen in der Diehl-Sache eingestellt.

Später wird sich herausstellen, dass Diehl-Anwälte während des Verfahrens Einsicht in Ermittlungsakten erhielten, die sie nie hätten sehen dürfen. Angeblich nur »ein Versehen«, so Ministerin Merk damals.

Die Sache entwickelt allerdings einen faden Nachgeschmack. Denn pikanterweise trat die Schwägerin von Staatsanwältin Carola D. wenige Monate, nachdem die Ermittlungen eingestellt worden waren, im Dezember 2004 eine Stelle in der Firma Diehl an. »Zwei Jahre später«, so fanden die *Nürnberger Nachrichten* 2009 heraus, »wurde die damals 35-jährige Betriebswirtin Prokuristin und stieg in den Vorstand der Diehl-Verwaltungs-Stiftung auf«. Alles nur Zufall?

Die Firma äußerte sich dazu nicht. Das eine habe mit dem anderen überhaupt nichts zu tun, erklärte ein Nürnberger Justizsprecher. Die Einstellung der Ermittlungen und der Aufstieg der Schwägerin von Staatsanwältin Carola D. seien völlig ohne Bedeutung. Denn sie »stand in keinem Verhältnis zu einem der Verfahrensbeteiligten, das geeignet gewesen wäre, ihre Objektivität in Zweifel zu ziehen«.

Was das alles mit dem Fall Mollath zu tun hat? Der Fall Diehl hat damit nichts zu tun, es gibt aber eine pikante personelle Überschneidung an einer neuralgischen Stelle. Kurz bevor Staatsanwältin Carola D. die Ermittlungen in Sachen Diehl zugunsten des Rüstungskonzerns einstellte, flatterten ihr Ende 2003 auch die Strafanzeigen von Gustl Mollath auf den Tisch, in denen er seine Frau, ihre damaligen Kollegen und deren reiche Kundschaft der illegalen Geldgeschäfte und der Schwarzgeldtransfers in die Schweiz beschuldigte. Staatsanwältin D. war es, die ohne substanzielle Prüfung der Vorwürfe Mollaths sofort wusste, dass an dessen Anschuldigungen nichts dran sein konnte. Am 9. Februar 2004 stellte sie daher das Verfahren ohne nähere Untersuchung ein.

Nun muss man wissen, dass Nürnberg zwar eine halbe Million Einwohner hat, jedoch wie eine zu groß gewordene Kleinstadt funktioniert. Selbst dann, wenn man die etwa 250000 Einwohner der unmittelbar angrenzenden Städte Fürth, Erlangen und Schwabach hinzurechnet. Man kennt sich, man läuft sich über den Weg. Richter Brixner etwa, der bereits 2004 der Steuerfahndung Ermittlungen auf Mollaths Anzeigen hin ausredete und zwei Jahre später Mollath mit einem fehlerdurchtränkten Landgerichtsurteil auf unbestimmte Zeit in die geschlossene Psychiatrie einwies, jener Brixner also war lange Zeit auch aktiver Handballspieler und -trainer. Und zwar in dem Klub, in dem auch der heutige Ehemann von Mollaths Exfrau demselben Hobby nachging. 1980 war Brixner nach eigenen Angaben sogar sein Trainer. Er versichert, danach habe man sich nicht mehr gesprochen.

Noch aufschlussreicher für das Nürnberger Beziehungsgeflecht ist der Blick in die Mitgliederlisten der dortigen Rotary-Clubs. Führende Staatsanwälte und Richter saßen in den für Mollaths Leben entscheidenden Jahren und sitzen größtenteils bis zum heutigen Tag als rotarische Freunde an einem Tisch. Und zwar mit ranghohen Bankern, hohen Tieren in

Finanzbehörden und ebenso bekannten wie einflussreichen Nürnbergern, wie zu Lebzeiten auch Karl Diehl einer war. Verwaltet werden die meisten Nürnberger Rotary-Clubs übrigens damals wie heute – in der Geschäftsstelle der Nürnberger Hypovereinsbank. Dort also, wo Mollaths Exfrau und deren Kollegen ihren Schweiz-Geschäften nachgingen. Dort also, wo die Angst besonders groß war, es könnte etwas an die Öffentlichkeit durchsickern von dem, was die HVB-Revisoren aus München in ihrem geheimen Bericht an Unregelmäßigkeiten und Fragwürdigkeiten zutage gebracht hatten.

Um nicht missverstanden zu werden: Die Mitgliedschaft in einem Rotary-Club ist per se genauso wenig verdächtig wie jene in einem Handballverein. Rotarier tun auch viele gute soziale Werke. Es hinterlässt jedoch einen merkwürdigen Beigeschmack, wenn Menschen ihre rotarischen Freundschaften pflegen (auf welche man in diesen Kreisen große Stücke hält), die kraft ihrer Rollen eigentlich diametral unterschiedliche Interessen verfolgen. Zudem widerspräche es jeder menschlichen Erfahrung, wenn in den Zirkeln nicht bisweilen auch über Vorgänge gesprochen würde, die gleich mehrere Mitglieder gerade beschäftigen.

Zum Beispiel über einen renitenten Quälgeist, der bei der Staatsanwaltschaft Strafanzeigen stellt, Richtern, Politikern und Bankern drängende Briefe schreibt, sich als Angeklagter vor Gericht nicht minder unbequem verhält und bei alledem auch noch jene Hypovereinsbank mit Schwarzgeldvorwürfen traktiert, bei der die rotarischen Fäden zusammenlaufen. Jene Bank, in deren Räumen man sich gerade unter guten rotarischen Freunden über justament so einen »Spinner« oder »Querulanten« austauscht. (Um hier mal den offenbar offiziellen Aktenvermerks-Duktus jener nordbayerischen Finanzbehörden wiederzugeben, die ja, ausweislich der Rotary-Listen, ebenfalls mit am Sekttischchen stehen.)

Könnte es sein, dass da einmal im trauten Kreis ein Banker über Mollath geklagt hat oder ein Staatsanwalt? Und zwar in einer Weise, dass der hohe Finanzbeamte oder der Banker auch einiges dazu zu sagen wussten? Oder befinden wir uns hier bereits im Bereich der wahnhaften Spekulation? Was also wäre zu tun? Gut, es wäre schon ein Fortschritt, wenn sich jemand, der Gerichtspräsident, Chef einer Finanzbehörde oder Staatsanwaltschaft würde, nicht auch noch in seiner Freizeit über eng geschnittene Vereine wie Rotary oder Lions mit denen vernetzte, über die er im Zweifelsfall zu richten oder gegen die er zu ermitteln hätte. Vielleicht täte da mehr Distanz gut anstatt ehrpusseliger Eitelkeit, weil man doch nun auch zur rotarischen Elite dazugehört. Oder noch klarer formuliert: Gerichtspräsidenten, Leitende Staatsanwälte, Chefs von Finanzbehörden haben in solchen Bünden nichts zu suchen. Was übrigens eine Frage der Berufsehre sein müsste. Aber offenkundig nicht ist.

Warum? Welche Möglichkeit hatte einer wie Mollath, um persönlich auf seine missliche Lage hinzuweisen? Er schrieb Eingaben, Briefe, Anzeigen. Alles blieb ungehört. Das Schlimmste aber war für ihn, so schildert er es selbst: dass er »nie persönlich« zu seinen Vorwürfen gehört wurde, zumindest nicht von Staatsanwaltschaft oder der Finanzverwaltung. Es meldete sich keiner, dem er auf Nachfragen hätte Details erläutern können. Den er hätte auffordern können, zu erläutern, was an Dokumenten eigentlich noch notwendig ist, um einen Nachweis führen zu können.

Wie anders stellt sich die Situation für, sagen wir, einen Banker dar, der – wenn er mag – jede Woche Staatsanwälte, hohe Beamte der Steuerverwaltung oder auch Richter sprechen kann. Abends, im trauten Kreis. Bei einem Sekt. Und in einem Kreis, in dem man sich untereinander explizit als »rotarischer Freund« anspricht.

Der Fall Mollath wäre im Übrigen die Steilvorlage schlechthin für die Politik, um daraus auch strukturelle Reformen im bayerischen Justizsystem abzuleiten. Mit dem Ziel, die Unabhängigkeit der Justiz zu stärken und ihr zugleich mehr Transparenz zu verschaffen. In Bayern entscheidet ausschließlich das Justizministerium und in letzter Konsequenz der Minister oder, wenn es besonders wichtig ist, der Ministerpräsident, wer Chef einer Staatsanwaltschaft oder Generalstaatsanwalt wird. Eine CSU-Mitgliedschaft ist für einen ambitionierten Bewerber heute womöglich nicht mehr so zwingende Karrierevoraussetzung wie noch zu Zeiten eines Strauß. Sie ist aber in einem Land, das seit Jahrzehnten von dieser Partei regiert wird und durchdrungen ist, ganz sicher alles andere als hinderlich. Im Gegenteil, Querdenker und Unbequeme tun sich da deutlich schwerer.

Es böte sich an, was Richterverbände schon lange fordern und was andere Bundesländer bereits praktizieren: Wer Gerichtspräsident oder Chef einer Staatsanwaltschaft wird, sollte keine alleinige (politische) Entscheidung eines Ministeriums sein. Sinnvoll wäre es, eine Selbstverwaltungsstruktur aufzubauen, wo entsprechende Wahl-Fachausschüsse von Juristen und Politikern (auch von Nicht-Regierungsparteien) über solche Besetzungen entscheiden, und in denen das Ministerium nur eine von vielen Stimmen hat. Das wäre zumal dann transparent, wenn der Berufung eine entsprechende öffentliche Ausschreibung vorangehen würde.

Eine andere Möglichkeit wäre es, Spitzenposten in einem Rotationssystem zu besetzen, also führende Staatsanwälte und Gerichtspräsidenten alle paar Jahre auszuwechseln. Und noch etwas müsste in der Justiz des Freistaats dringend geändert werden: Zwischen Richtern und Staatsanwälten herrscht ein munteres Hin und Her. Die beiden Felder sind schon in der Ausbildung extrem eng verzahnt. Wer heute noch als Ankläger im Gerichtssaal sitzt, urteilt dort schon morgen als Richter – oder umgekehrt. Juristen sagen, es sei nicht schlecht, beide Seiten zu kennen. Mag sein. Andererseits trägt dieses System dazu bei, dass sich Seilschaften bilden können, ein unguter Korpsgeist. Man kennt sich, und das womöglich zu gut. Im Fall Mollath drängt sich der Eindruck auf, dass er als Querulant im gesamten Nürnberger Justizapparat verschrien war und deshalb kein Richter und kein Staatsanwalt sich mehr unbefangen anhören wollte, was er zu sagen hat.

KAPITEL 6

Der moralische Bankrott
der Hypovereinsbank

Wolfgang Sprißler, Jahrgang 1945, ist nicht irgendwer im deutschen Bankenwesen. 1976 heuerte der promovierte Betriebswirt bei der Bayerischen Vereinsbank in München an, zwanzig Jahre später wurde er in deren Vorstand berufen, verantwortlich unter anderem für Finanzen, Controlling und innere Revision. Als die Bayerische Vereinsbank 1997 über einen Aktientausch mit der Hypo-Bank zur Hypovereinsbank (HVB) verschmolz, war Sprißler einer der wichtigsten Architekten des Deals im Hintergrund. Auch nach der Fusion blieb er im Vorstand.

Ähnlich war es im Jahr 2005, als die HVB von der italienischen Unicredit geschluckt wurde. Zum 1. Januar 2006 stieg Wolfgang Sprißler, der zeitweilig auch Vorsitzender des Bayerischen Bankenverbands und Mitglied im Bundesverband deutscher Banken war, zum Vorstandschef der HVB auf. Obgleich Ableger einer italienischen Großbank, ist die HVB, für sich genommen und gemessen an der Bilanzsumme, bis heute die drittgrößte deutsche Privatbank nach der Deutschen Bank und der Commerzbank. Ein großes, mächtiges Haus also, und im Zeitalter der globalen Geldströme naturgemäß ein international tätiger Finanzkonzern.

Im März 2003, noch vor der Übernahme durch die Unicredit, ist das HVB-Vorstandsmitglied Wolfgang Sprißler, laut Verteiler, ranghöchster Adressat eines höchst brisanten Dokuments. Siebzehn DIN-A4-Seiten, überschrieben mit »Sonder-Revisionsbericht« und dem Vermerk »vertraulich« auf dem

Deckblatt. Gut anderthalb Monate hatten interne Revisoren Vorgänge in der Nürnberger Niederlassung der HVB untersucht. Dabei waren sie auf allerhand Fragwürdiges gestoßen. Die Untersuchung mit der Prüfungsnummer 20546 hätte es nie gegeben, hätte nicht Gustl Mollath verschiedene Briefe in die Chefetage der HVB geschickt. Am 27. November 2002 schreibt er an Dieter Rampl persönlich, den damaligen Vorstandschef der Hypovereinsbank. »Da ich alle Möglichkeiten ausgeschöpft habe, folgendes Problem zu bewältigen, muss ich Sie ansprechen, mit der Bitte um Hilfe und Klärung.« Seine Frau sei Anlageberaterin für vermögende Privatkunden bei der HVB in Nürnberg: »Das Problem begann Anfang der neunziger Jahre«, schildert Mollath, damals hätten deutsche Anleger begonnen, ihr Geld von der Hypobank auf deren damalige Schweizer Tochter AKB zu übertragen. Seine Frau habe ihnen dabei geholfen. An anderer Stelle schreibt Mollath, die AKB sei im Steuerparadies Schweiz »der Schwarzgeldhafen« der Hypobank für reiche Kundschaft gewesen. Ein Vertreter der AKB sei regelmäßig aus Zürich nach Nürnberg gekommen, um behilflich zu sein. Später sei der Mann zur Bank Leu gewechselt. Viele seiner Kundenverbindungen habe er mitgenommen. »Auch meine Frau brachte ihre Kunden mit deren Vermögenswerten zu einem großen Teil mit ein«, schreibt Mollath an Rampl.

Die Bank Leu ist eines der kleinen, aber ältesten Geldhäuser der Schweiz. Im Sommer 2000 gerät die Bank jedoch nicht ihrer Vergangenheit wegen in die Schlagzeilen. »Bank Leu fliegt auf«, schreibt das Finanzmagazin *Focus Money* am 24. August unter dem Stichwort »Steuerhinterziehung«. Deutschen Kunden drohen Hausdurchsuchungen. Sie haben ihr Geld bei der Luxemburger Dependance der Schweizer Bank angelegt, am deutschen Fiskus vorbei. »Eine Liste mit Informationen über diese Kunden ist der Düsseldorfer Staatsanwaltschaft zugespielt worden«, zitiert *Focus Money* einen Anwalt. In der Folgezeit wird nicht viel über die Ermittlungen und deren Ergebnisse bekannt – Steuergeheimnis.

Warum bringt jemand sein Geld ins Ausland? Vor allem in Steueroasen wie Luxemburg, die Schweiz oder Liechtenstein? Man könne das niemandem verbieten, wird im Fall Mollath Jahre später die bayerische Justizministerin Beate Merk sagen. Auch die Generalstaatsanwaltschaft Nürnberg wird darauf verweisen, dass Überweisungen in die Schweiz per se nicht illegal seien.

Jahrzehntelang galt Steuerhinterziehung als Kavaliersdelikt, fast schon als der Normalfall, und zwar nicht nur bei sehr reichen Menschen. Kaum ein selbständiger Handwerksmeister oder Händler, der nicht das ein oder andere Geschäft ohne Rechnung abwickelte, schwarz also. Wer sein unversteuertes Geld nicht unterm Kopfkissen verstecken wollte, schickte es – wenn genug beisammen war – auf die Reise ins Ausland. Nicht selten wurde es bar in Länder wie Luxemburg, Liechtenstein oder die Schweiz geschafft, die Anleger nicht in erster Linie mit besonders guten Konditionen, sondern vor allem mit ihrer Verschwiegenheit locken. Was einmal dort lag, warf ordentliche Erträge ab, von denen das deutsche Finanzamt in der Regel nichts mehr erfuhr.

Hunderte Milliarden Euro deutscher Privatvermögen landeten in Steueroasen. Die Schätzungen, wie viel Schwarzgeld aus der Bundesrepublik heute noch in solchen Ländern gebunkert ist, gehen weit auseinander. 2012 äußerten Experten die Ansicht, dass allein in der Schweiz 130 Milliarden Euro Schwarzgeld aus Deutschland versteckt sind. Weltweit sollen in Steueroasen bis zu sagenhafte 32 Billionen US-Dollar versteckt sein. Anfang April 2013 erregt Material über Steuerhinterzieher weltweites Aufsehen, das dem internationalen Journalistennetzwerk ICIJ zugespielt wurde: 2,5 Millionen Dokumente über 120 000 Briefkastenfirmen, Offshore-Konten und andere Schwarzgeldanlagen. Für Deutschland werten die *Süddeutsche Zeitung* und der Norddeutsche Rundfunk das Material aus. Das Magazin *Focus* berichtet, dass 100 000 Deutsche, weit mehr als bis dato vermutet, heimlich unversteuertes Vermögen im Ausland verstecken. Nicht nur Millionäre seien darunter, Unternehmer und andere Geschäftsleute, sondern auch ganz normale Rentner.

Die Wahrscheinlichkeit, als Steuerhinterzieher oder gar -betrüger mit Guthaben im Ausland aufzufliegen, war in Deutschland viele Jahre relativ gering. Bayern zum Beispiel legte lange Zeit nur wenig Fahndungseifer an den Tag. Dementsprechend hielt sich die Angst, erwischt und hart bestraft zu werden, sehr lange in sehr engen Grenzen. Das änderte sich schlagartig am 14. Februar 2008.

Die Bilder scheuchten damals nicht nur in Deutschland viele Schwarzgeldbesitzer auf. Fernsehleute waren rechtzeitig vor Ort, und so sah die ganze Nation zu, als im feinen Kölner Stadtteil Marienburg eine Ikone der deutschen Wirtschaft stürzte: Klaus Zumwinkel, Chef der Deutsche Post AG. Wenige Stunden später trat er von seinem Posten zurück. In fünf Jahren, so stand es später im Urteil des Landgerichts Bochum, hatte Zumwinkel via Liechtenstein fast eine Million Euro an Steuern hinterzogen. Das Gericht verurteilte ihn in einem der spektakulärsten Steuerprozesse der deutschen Rechtsgeschichte im Januar 2009 zu zwei Jahren Haft auf Bewährung und einer Million Euro Strafe. Zumwinkel und Tausende anderer Steuerhinterzieher und -betrüger aus vielen Ländern waren aufgeflogen, weil ein Mitarbeiter der Liechtensteiner Fürstenbank LGT ihre Daten gestohlen und an die jeweiligen Staaten verkauft hatte. Die eigentlichen Folgen des Datenklaus reichten jedoch weiter. Liechtenstein trocknet seither als Steueroase langsam, aber sicher aus. Die internationale Politik setzte das Thema auf ihre Tagesordnung. Man werde die Steueroasen trockenlegen, kündigten Regierungschefs an. Vor allem die Amerikaner machen Druck.

Von alledem kann Gustl Mollath eine Dekade zuvor noch nichts ahnen. Doch ihn beschleicht schon in den späten 1990er Jahren ein schlechtes Gefühl. Er sorgt sich in diesem Zusammenhang um seine Ehefrau. Seit Jahren versuche er, seine Frau »zu einem durchweg legalen Handeln« im Hinblick auf ihre Geldgeschäfte zu bewegen, schreibt Mollath an Rampl.

Im Übrigen würden »etliche Kollegen« im Umfeld seiner Frau ähnlich handeln. »Seit Jahren belasten mich diese Geschäfte, seelisch und dadurch auch körperlich«, notiert Mollath. »Über die vielen rechtlichen Probleme gar nicht zu reden.«

Tatsächlich waren die Geldgeschäfte wohl jahrelang Thema im Hause Mollath. Das ging so weit, dass das Gebaren der Ehefrau als Vermögensberaterin die Ehe belastete und im erbitterten Rosenkrieg eine Rolle spielte. Gustl Mollath hat das immer wieder niedergeschrieben und erzählt. Wie ihn moralische Zweifel geplagt hätten angesichts des Tuns seiner Frau für reiche Kunden, die noch dazu ihr Geld bisweilen mit fragwürdigen Geschäften verdienen würden. Mit Waffen zum Beispiel. Außerdem habe er seine Frau auch schützen wollen, damit sie nicht noch weiter auf die schiefe Bahn gerate. Wie die Schweiz-Geschäfte angeblich liefen, erzählt Mollath auch dem psychiatrischen Gutachter Friedemann Pfäfflin, als dieser ihn im November 2010 im Bezirkskrankenhaus Bayreuth besucht. Da sitzt Mollath bereits mehr als vier Jahre in der Psychiatrie.

Mollath, so notiert Pfäfflin in seinem Gutachten für das Gericht, habe ihm von regelmäßigen Kurierfahrten seiner Frau in die Schweiz berichtet. »Wenn wir mal einen vierzehntägigen Italienurlaub machten, fuhr ich sie auch hin nach Zürich und konnte dann den schönen Jugendstil-Tresorraum im Keller besichtigen, der schon für viele Filme als Kulisse herhielt«, zitiert Pfäfflin Mollath. Der hat nach eigenen Angaben seiner Frau irgendwann untersagt, die eigenen Autos zu benutzen. Daraufhin sei sie mit dem Zug gefahren. »Weil in den Zügen immer mehr Kontrollen durchgeführt wurden, hat sie sich dann hergerichtet, sich bescheiden gekleidet, ein Rucksäckle mitgenommen, damit sie nicht auffällt«, erzählt Mollath dem Gutachter. Seine Frau bestritt solche Kurierfahrten gegenüber den HVB-Revisoren. Auf Nachfragen durch uns machte sie dazu keine Angaben.

In seinen Briefen an Rampl Ende 2002 bittet Mollath den

HVB-Chef um Unterstützung, am liebsten um einen Gesprächstermin. Der Vorstandsvorsitzende reagiert schnell. Bereits wenige Tage später kommt es zu einem Treffen zwischen Mollath und zwei Mitarbeitern der HVB in Nürnberg. »Die waren nicht überrascht«, schildert Mollath seine Eindrücke des Gesprächs. Doch er traut den beiden Bankern nicht. »Die wollten in dem Gespräch nur prüfen, welche konkreten Beweise ich in der Hand habe, um zu klären, ob sie sich Sorgen machen müssen oder nicht. So offen und ehrlich, wie ich zu denen war, waren sie mir gegenüber nicht. Ich war sehr enttäuscht. Mir hätte es genügt, wenn die gesagt hätten, gut, wir halten Ihre Frau an.«

Gustl Mollath empfindet die Reaktion der HVB-Mitarbeiter, von denen mindestens einer vom Rang her Direktor war, als zu verhalten. Er könne da nicht viel tun, soll einer der Banker gesagt haben. Mollath wird skeptisch. Wieder jemand, den er mit seinen Vorwürfen konfrontiert und von dem er das Gefühl hat, nicht nur nicht ernst genommen zu werden. Bei ihm wächst weiter die Überzeugung, dass man seine Angaben gar nicht erst aufarbeiten will. Auch aus diesem nachvollziehbaren Misstrauen werden ihm später die bayerische Justizministerin Beate Merk und der Nürnberger Generalstaatsanwalt Hasso Nerlich einen Strick drehen. Sie werden ihm vorwerfen, er hätte ja nur mit der HVB zusammenarbeiten müssen, dann hätte sich alles aufgeklärt, dann wäre alles gut geworden.

Mollaths Wahrnehmung ist eine ganz andere: »Ich bin enttäuscht, dass von Ihrer Seite wohl keine Hilfe zu erwarten ist«, schreibt er am 6. Dezember 2002 an Vorstandschef Rampl in einem weiteren Brief. Am nächsten Tag wendet sich Mollath an den Compliance-Officer der HVB in München, den Mann also, der in der Bank für korrekte Einhaltung sauberer Spielregeln zuständig ist. Dieser Brief dürfte die Alarmglocken in der Hypovereinsbank endgültig zum Schrillen gebracht haben. Von »Insidergeschäften« schreibt er nun, von »illegalen Kurierfahrten meiner Frau in die Schweiz«, »hochspekulativen Geschäften« und von »illegalen Schweizer Geschäften«.

Vor allem aber schreibt er von Schriftstücken, die in seinem Besitz seien und seine Angaben beweisen würden. Offenkundig hatte seine Frau eine Vielzahl ihrer Schweiz-Geschäfte von zu Hause aus abgewickelt. »Für die letzten zwei Jahre habe ich Berge von Belegen gefunden, obwohl meine Frau schon mit einem Lkw Belege abtransportiert hatte«, teilt Mollath dem HVB-Compliance-Chef mit. Und wohl wissend, dass amerikanische Behörden bei illegalen Geldgeschäften im Ausland besonders humorlos reagieren, warnt Mollath die HVB: Auch US-Bürger seien an den krummen Geschäften beteiligt. »Das heißt, auch amerikanisches Recht spielt eine Rolle.« Es ist ein Wink mit dem Zaunpfahl. Alle internationalen Großbanken sind auch in den Vereinigten Staaten prominent vertreten. Werden ihre Geschäfte dort unterbunden oder behindert, schlägt das massiv auf die ganze Bank durch. Außerdem: Kein europäisches Geldinstitut möchte in den USA einen Prozess verlieren angesichts der horrenden Summen, die bei Schuldsprüchen dort häufig fällig werden.

Berge von Belegen? Mollath scheint damals im Besitz vieler Unterlagen zu sein, die es wert wären, dass sich nicht nur die Bank, sondern vor allem die Staatsanwaltschaft ihrer annimmt. »Unser halbes Haus war voll von solchem Zeug«, sagt er später. An manchen Tagen sei der ganze Boden seines Büros davon übersät gewesen, und unablässig habe seine Frau das Faxgerät bedient. Zum Beispiel mit jenen immer von Hand geschriebenen Papieren, wenige Zeilen nur. Als Adressat taucht in der Regel der Name eines Schweizer Bankers auf, offenkundig der eidgenössische Widerpart von Mollaths Frau in solchen Dingen. »Bitte überweisen Sie von Konto ›Klavier 2285‹ DM 40 000 auf Konto ›Selingstadt 2986‹«, heißt es da, dazu Datum, Unterschrift. Die Schweizer Konten tragen alle solche Tarnnamen. »Der Klassiker«, sagt ein in der Schweiz lebender Wirtschafts- und Bankenjurist knapp. »Die Art und Weise der Verschlüsselung deutet eindeutig auf Geldgeschäfte hin, von denen kein Dritter und vor allem kein Finanzamt etwas erfahren sollte.«

Die Codes von Schwarzgeldgeschäften in Steueroasen tragen von jeher konspirative Züge. Mit Tarnnamen zu operieren gehört zum Repertoire. Eine Urlaubspostkarte aus einem Schweizer Skiparadies mit vermeintlich unverfänglichen Hinweisen wie »Tante Martha lässt dich herzlich grüßen. Sie würde sich sehr freuen, wenn du sie bis Ende Mai besuchen würdest« waren in solchen Fällen nichts anderes als die Bitte des eidgenössischen Schwarzgeldverwalters an seinen Kunden, doch bitte bis spätestens Ende Mai bei ihm vorbeizuschauen, weil es etwas zu besprechen gibt.

So wie Kurierfahrten mit Bargeld in die Schweiz ein untrügliches Indiz sind, dass eben nicht sauber versteuertes Geld in der Alpenrepublik angelegt wird. Gustl Mollath behauptet, er sei selbst bei solchen Kurierfahrten seiner Frau dabei gewesen. Dafür habe sie sogar ihre Arbeitszeit bei der HVB in Nürnberg reduziert, um immer freitags in die Schweiz fahren zu können. Auf Anfragen von uns macht sie dazu keine Angaben; gegenüber den HVB-Revisoren bestritt sie solche Fahrten.

Für die internen Ermittler erweist sie sich als harter Knochen. »Man hat kaum etwas über ihre Schweizer Geschäfte aus ihr herausgebracht«, sagt einer, der den Vorgang gut kennt. Die Prüfer beklagen, dass sich die Frau Mollaths »wenig kooperativ« zeige, als es um die Aufarbeitung ihrer Tätigkeit geht. Sie habe verlangt, ihr alle Fragen schriftlich vorzulegen, um diese vorab juristisch zu prüfen, ob sie überhaupt antworten müsse. »Erst nach intensiven Gesprächen zeigte sie sich überhaupt bereit, einen Teil unserer Fragen zu beantworten«, heißt es im Revisionsbericht.

Mollaths Briefe an Rampl und den Compliance-Officer haben die HVB zum Handeln veranlasst. Am 15. Januar 2003, etwa anderthalb Monate nach Mollaths Brief-Bombardement an die HVB-Spitze, rücken die internen Revisoren in der Nürnberger Filiale an. Bis zum 5. März dauert ihre Untersuchung. Parallel zu ihren Untersuchungen vor Ort nehmen die Revisoren auch Kontakt zur Bank Leu in Zürich auf. Die

HVB erkennt also die Brisanz der Mollath'schen Vorwürfe, und sie legt sich ins Zeug, um diese aufzuklären. Naturgemäß bekommt Gustl Mollath von alledem im Detail nichts mit. Die Überprüfung ist schließlich eine Art geheime Kommandosache. Immerhin teilt die Bank mit, dass sie ihre innere Revision eingeschaltet hat, die ihre Ermittlungen bereits aufgenommen hat. Der entsprechende Brief des Zentralbereichs Recht der HVB an Mollath datiert vom 2. Januar 2003. Das Schreiben ist wohl in erster Linie dazu bestimmt, Mollath ruhigzustellen – und ihn vorsichtshalber in die Schranken zu weisen.

Denn der hat nicht den Eindruck, dass seine Hinweise irgendetwas bewegen. Es kommt, um es vorsichtig auszudrücken, zu erheblichen Kommunikationsproblemen. Immer heftiger und wütender wirft Mollath der Bank Untätigkeit vor. Die HVB wiederum betont, sie habe häufig vergeblich versucht, zu Mollath Kontakt aufzunehmen, um weitere Details zu erfahren, womöglich auch die Belege zu sehen oder zu erhalten, die in seinem Haus lagern. Doch der habe nicht reagiert und sich weiteren Gesprächen verweigert. Am 19. Februar 2003 erklärt er der Bank, zu keiner Zusammenarbeit mehr bereit zu sein.

Mollath sagt, die HVB habe nicht adäquat reagiert, und er zweifelt an ihrem Aufklärungswillen. Er reagiert verärgert, die Bank auf ihre Weise: »Wir haben bislang keinerlei Anhaltspunkte, dass Frau Mollath in illegale Geschäfte verwickelt ist«, schreibt die HVB-Rechtsabteilung am 2. Januar 2003 an ihren Mann. Etwas voreilig, denn die Revision soll schließlich erst dreizehn Tage später beginnen. Doch obwohl man nichts weiß – für eine Drohung an Gustl Mollath reicht es: »Wir haben Sie aufzufordern, von weiteren unbewiesenen Anschuldigungen gegen unsere Bank und die Bankmitarbeiter abzusehen, insbesondere, sofern diese gegenüber weiteren Banken oder anderen unbeteiligten Personen geäußert werden. Andernfalls sehen wir uns gegebenenfalls gezwungen, gerichtliche Schritte gegen Sie einzuleiten, um Ihre Behauptungen – zumindest solange sie nicht bewiesen sind – zu unterbinden«, heißt es in dem Schreiben der HVB-Rechtsabteilung.

Ein Einschüchterungsversuch? Eine Vorsorgemaßnahme, damit sich gegebenenfalls falsche Anschuldigungen nicht ausbreiten? Wohl beides. Die Bank fürchtet von Anfang an massiv um ihren Ruf. Womöglich ist das ein Grund, weshalb man den Revisionsbericht geheim halten wird. Mögliche staatsanwaltschaftliche Ermittlungen, noch dazu gegen angesehene Kunden, wären wenig imagefördernd gewesen und hätten die reiche, aber scheue Kundschaft insgesamt verschreckt.

Die HVB-Revisoren nehmen derweil ihre Prüfungsaufgabe durchaus ernst. Sie sammeln Belege und Unterlagen, verfolgen und dokumentieren Zahlungsströme und konfrontieren die Beschuldigten mit ihren Erkenntnissen. Fünf Mitarbeiter sind es am Ende, denen die Prüfer in ihrem vertraulichen Abschlussbericht Nr. 20546 »Versäumnisse und Verfehlungen« vorhalten. Auch Mollaths Frau ist darunter. Schnell erweist sich, dass viele der später von psychiatrischen Sachverständigen und Richtern immer wieder als »Teil eines paranoiden Gedankensystems« bezeichneten Geschichten des Gustl Mollath der Wahrheit entsprechen.

Die internen HVB-Ermittler enttarnen ein kleines, aber vitales Netzwerk innerhalb der Nürnberger Filiale, das offenkundig über Jahre hinweg fragwürdige Geldgeschäfte für reiche Kunden abwickelte. Offenbar schleusten Mitarbeiter Kundengelder von der eigenen Schweizer HVB-Tochterbank Ernst & Cie. zur Bank Leu. Auch das hat Mollath behauptet, und auch das sind keine Hirngespinste: »Die von Herrn Mollath in seinem Brief angedeuteten Depoterträge vom Bankhaus Ernst & Cie zum Bankhaus Leu fanden tatsächlich statt«, notieren die Prüfer in ihrem Abschlussbericht.

Allein vom März 1999 bis März 2000 wurden auf diese Weise insgesamt 18,5 Millionen Mark von Kunden aus dem Raum Nürnberg zur Bank Leu übertragen. Die Prüfer nehmen mit der Bank Leu Kontakt auf. Ihr Gesprächspartner dort lässt »unzweifelhaft durchblicken«, dass die Nürnberger HVB-Leute dafür an ihrem Arbeitgeber vorbei Provisionen von der Bank Leu kassiert haben. »Wir sehen den Verdacht der Provisionsannahme als erwiesen an«, schreiben sie. Wenn aber Provisionen gezahlt wurden, heißt das, dass es die von Mollath beschriebenen Geldgeschäfte auch tatsächlich gegeben hat. Je tiefer die Revisoren graben, desto mehr finden sie. So stoßen sie darauf, dass Frau Mollath 1996 ihren Kunden Werner S. beerbt hat. Als der Mann stirbt, hat er dem Revisionsbericht zufolge allein bei der HVB-Vorgängerin Hypobank 1,2 Millionen Mark Vermögen liegen. Frau Mollath bezifferte ihren Erbanteil auf 800 000 Mark. Landete das Geld in der Schweiz? Sie streitet dies energisch ab. Die Prüfer können rekonstruieren, dass sie sich zwischen 1996 und 1999 mindestens einmal jährlich in der Schweiz aufhielt. Ein kleines Indiz, mehr aber auch nicht. »Ein Zusammenhang mit den Vorwürfen ist nicht nachweisbar«, heißt es im Revisionsbericht.

Gegenüber den Revisoren ist Frau Mollath weitgehend schweigsam. Zum Thema Schweiz verweigert sie die Aussage. So bleibt auch offen, was mit dem Vermögen der Familie K. geschah. Gustl Mollath stellt der HVB eine Vollmacht zur Verfügung, aus der hervorgeht, dass seine Frau Gelder der Familie K. in der Schweiz verwaltet. Die HVB-Revisoren geben sich damit offenbar zufrieden und haken nicht weiter nach.

Am Ende ist es tatsächlich nicht so wahnsinnig viel, was die Revisoren Frau Mollath konkret zur Last legen können. Trotzdem ist es genug, um ihr bereits am 25. Februar 2003, noch während also die Revision läuft, außerordentlich zu kündigen. Sie wehrt sich dagegen – mit Erfolg. Das Berliner Arbeitsgericht spricht ihr knapp 20 000 Euro Abfindung zu, die außerordentliche Kündigung wird aufgehoben.

Dass seine Frau im Revisionsbericht verhältnismäßig glimpflich wegkommt, entkräftet Gustl Mollaths Vorwürfe von Schwarzgeld- und anderen krummen Schweiz-Geschäften jedoch keineswegs. Vor allem ist es Unsinn zu behaupten, dass im Revisionsbericht nicht explizit von Schwarzgeld die Rede sei, wie unter anderem von Justizministerin Merk immer wieder gerne vorgebracht. Denn ganz abgesehen davon, dass das Wort im Revisionsbericht durchaus mehrfach vorkommt: Die Art und Weise, wie die von den Prüfern offengelegten Geldgeschäfte mit der Schweiz abgewickelt wurden, legt zwingend nahe, dass Geld am Fiskus vorbeigeschleust wurde. »Es wurde Bargeld in Millionenhöhe in die Schweiz transferiert und der Transfer erfolgte, wie von Mollath geschildert, als Schmuggel«, sagt dessen Anwalt Gerhard Strate. »Anhand des Berichtes lässt sich klar belegen, dass es solche Bargeldtransporte gab.« Geld in bar dorthin zu schaffen ist ein klares Indiz dafür, dass es vor dem Finanzamt verheimlicht werden soll. Und es gibt dafür einen Augenzeugen, der sich anbot, den aber keiner hören will: Gustl Mollath.

Der Sonder-Revisionsbericht der HVB gibt Gustl Mollath auch in einem anderen, wesentlichen Punkt recht: Von Anfang an hat er gegenüber Bank und Staatsanwaltschaft klar darauf hingewiesen, dass nicht nur seine Frau allein, sondern auch deren Kollegen in solche Geschäfte involviert seien. »Etliche Kollegen« seiner Frau würden fragwürdig handeln. Wolfram K. (Name geändert) erweist sich in diesem Zusammenhang für die HVB-Revisoren als Volltreffer. Die Erkenntnisse über seine Schweiz-Connection sind es auch, die die Spekulationen darüber befeuern, weshalb die HVB den Revisionsbericht so schnell und in der Hoffnung auf Nimmerwiedersehen verschwinden lässt. Denn bei K. werden die internen Ermittler fündig. Zwischen 2001 und 2002 wickelt er drei Sortengeschäfte über sein Privatkonto ab. Dabei werden 70 000 Schweizer Franken in Mark und Euro getauscht. Es habe sich, so Wolfram K., um einen Gefallen für eine Kundin gehandelt – »eine allgemein bekannte Persönlichkeit«, wie die Prüfer in Klammern hinzufügen. Die prominente Kundin habe »beim Umtausch nicht persönlich in Erscheinung treten wollen, zumal es sich um Schwarzgeld handelte«, heißt es im Revisionsbericht.

Damit nichts auffällt und man unter den Grenzen bleibt, von denen an laut Geldwäschegesetz eine Meldepflicht besteht, wird das Devisengeschäft gesplittet. Smurfing nennen Experten das. Dabei wird der Betrag so in einzelne Häppchen gestückelt, dass die jeweiligen Summen unter den Grenzwerten für die Meldepflicht liegen – ein Verstoß gegen das Geldwäschegesetz. So verfuhr Wolfram K. auch bei fünf weiteren Geldtransfers zwischen dem 28. Oktober und dem 20. November 1998. Um seine prominente Kundin zu schützen, ging Wolfram K. so weit, dass er angab, auf eigene Rechnung zu handeln. Die Prüfer stießen aber darüber hinaus auf reichlich andere und ebenfalls fragwürdige Sortengeschäfte. K. redete sich damit heraus, es habe sich um Gefälligkeiten für Verwandte und Freunde gehandelt. Auf konkrete Nachfragen der HVB-Prüfer beschlichen ihn große Erinnerungslücken.

Fazit der Revisoren: »Herr K. hat bewusst und gravierend gegen formelle Vorschriften des Geldwäschegesetzes verstoßen.« Bei seinen Sortengeschäften handele es sich um »eine unzulässige Vermischung von Angestellten- und Kundengeschäften«. Das Geldwäschegesetz sieht in schlimmen Fällen Freiheitsstrafen von fünf, in sehr schlimmen Fällen sogar bis zu zehn Jahren vor.

Tatsache ist: Der Schweiz-Connection innerhalb der HVB geht es gut bei alledem. Materiell betrachtet. HVB-Beraterin Birgit M. (Name geändert) erhält am 24. September 2001 von einer Kundin eine Gutschrift über 25 589,20 Mark auf ihr Privatkonto. Verwendungszweck: »Reise Südafrika für zwei Personen«. Die Kundin hat M. dazu eingeladen. Womöglich als Dankeschön für diskrete Dienste in heiklen Gelddingen? Birgit M. behauptet, zwischen ihr und der reichen Kundin bestünde eine Art Großmutter-Enkelin-Beziehung. Dann taucht allerdings noch ein Scheck über 25 000 Mark auf. Der sei, so die HVB-Revisoren, »eine Anerkennung« für den Einsatz von Birgit M. »in geschäftlicher und persönlicher Hinsicht«.

Eine Bankkundin zahlt freiwillig fünfstellige Summen nur deshalb, weil ihre Vermögens- und Anlageberaterin ihren Job gut macht? Der Hintergrund eines weiteren 10 000-Mark-Schecks für Birgit M., auf den die Prüfer stoßen, blieb ungeklärt.

Ein anderer Kollege von Frau Mollath, nennen wir ihn Paul M., muss einräumen, dass er für seine Dienste von einem Kunden »eine Ferienwohnung zu verbilligten Konditionen in Marbella angemietet« habe, dem spanischen Luxus-Ferienort. Paul M. tätigt zudem zahlreiche, zum Teil hochspekulative Aktiengeschäfte. Dabei verstößt er nach den Erkenntnissen der HVB-Fahnder gegen das Wertpapierhandelsgesetz. Hat nicht Gustl Mollath in seinen Briefen an die HVB-Spitze explizit von »hochspekulativen Geschäften« geschrieben? Auch hier sagt Mollath also die Wahrheit.

Sowohl im Fall von Birgit M. als auch bei Paul M. hegen die HVB-Prüfer den Verdacht, dass bei den fragwürdigen Transaktionen auch Steuerhinterziehung im Spiel ist. Er habe diesbezüglich eine reine Weste, entgegnet Paul M. den Revisoren. Deren lakonische Replik im Revisionsbericht: »Dies erscheint zumindest fraglich.«

Fassen wir also zusammen: Vermögensberater, die gegen klare interne Vorgaben der Bank verstoßen. Die heimliche, unerlaubte Provisionen einer Schweizer Bank kassieren. Die zu ihren Tätigkeiten dort keine genauen Angaben machen wollen. Die zum Teil rätselhaft viel Geld ihrer reichen Kunden dafür kassieren, dass sie eigentlich nur ihren Job machen. Die dafür auch mit Luxusreisen belohnt werden. Die gegen das Geldwäschegesetz und das Wertpapierhandelsgesetz verstoßen. Die sich vielleicht der Steuerhinterziehung oder der Beihilfe dazu strafbar gemacht haben. Die Schwarzgeldgeschäfte tätigen. Letzteres sei durch den Bericht nicht erwiesen, argumentieren die Bank und auch Justizministerin Beate Merk immer wieder. Es ist der klägliche Versuch, davon abzulenken, dass Gustl Mollath in ein Wespennest gestochen hat und seine Angaben in vielen Punkten stimmen.

Tatsächlich kommt das Wort »Schwarzgeld« an mehreren Stellen des Revisionsberichtes vor. Vor allem aber beschreibt der Revisionsbericht in Zusammenhang mit Schweiz-Geschäften etwa der »prominenten Kundin« genau das System, wie es beim Transfer vom Geld am Fiskus vorbei jahre- und jahrzehntelang praktiziert wurde. Insofern sind die Interpretationen von Ministerin und Bank reichlich gewagt. Aber lassen wir die Revisoren selbst zu Wort kommen. Auf Seite fünfzehn ihres vertraulichen Sonder-Revisionsberichtes formulieren sie ein zusammenfassendes Ergebnis, das wenig Interpretationsspielraum zulässt:

»Die Anschuldigungen des Herrn Mollath klingen in Teilbereichen zwar etwas diffus, unzweifelhaft besitzt er jedoch Insiderwissen. Alle nachprüfbaren Behauptungen haben sich als zutreffend herausgestellt.« Alle nachprüfbaren Behauptungen – nach Bekanntwerden dieser Erkenntnisse neun Jahre später machen bizarre Interpretationsversuche dieser Formulierung die Runde. In schneller Einigkeit interpretieren Beate Merk und die Hypovereinsbank diesen Halbsatz: Nachprüfbar heiße doch nur, dass sich einige der Mollath'schen Angaben als richtig erwiesen hätten. Nämlich die, welche man überhaupt habe überprüfen können.

Wenn aber doch angeblich so wenig überhaupt nachprüfbar gewesen sei – warum hat die HVB dann vor Gustl Mollath so viel Angst? »Es ist nicht auszuschließen, dass Herr Mollath Vorwürfe bezüglich des Transfers von Geldern von Deutschland in die Schweiz in die Öffentlichkeit bringt«, warnen die Revisoren. Er selbst spricht in diesem Zusammenhang auch vom »größten und wahnsinnigsten Steuerhinterziehungsskandal«, in den auch die HVB verstrickt sei. Explizit warnen sie »vor der Gefahr, dass er eventuell versucht, sein Wissen zu ›verkaufen‹. Hinzu kommt, dass Herr Mollath möglicherweise noch über vertrauliche Belege/Unterlagen aus dem Besitz seiner Frau verfügt.«

Es gibt in dem Sonder-Revisionsbericht jedoch auch Passagen, die darauf schließen lassen, dass die Revisoren womöglich in ein für die HVB selbst gefährliches Wespennest gestoßen hätten, so sie noch konsequenter und tiefer gebohrt hätten: Nämlich bei der Schilderung der Schweiz-Geschäfte, die nicht von den Mitarbeitern an der Bank vorbei, sondern ganz regulär über Jahre hinweg von der Bank selbst getätigt wurden.

Auf Seite drei des Berichtes wird beschrieben, wie Bargeldtransfers jahrelang von Deutschland in die Schweiz angeblich gelaufen sind. Per Wertpost sollen sie unter anderem abgewickelt worden sein. Mollath-Verteidiger Strate hält das für absurd. »Das ist schon deshalb unsinnig, weil diese Wertpostsendungen hätten versichert werden müssen«, sagt der Hamburger Anwalt. »Die Höhe der Versicherungsprämie hätte jedoch jede Renditeerwartung für das in der Schweiz angelegte Geld auf lange Sicht zunichtegemacht. Außerdem geht der Wertpostversand von Hand zu Hand und jeder, der die Wertpostsendung bis zum Empfänger in der Hand gehabt hat, wird auf dem Wertpostzettel namentlich notiert.« Das, so Strates nachvollziehbare Bewertung, »hätte den Zweck der Übung, nämlich möglichst spurenlos den Geldtransfer in die Schweiz zu vollziehen, gerade in Frage gestellt«. Mit anderen Worten: Die HVB-Revisoren lassen sich von ihren eigenen Leuten mit einer unglaubwürdigen Geschichte zu den Bargeldtransfers abspeisen.

Bis 2000 sind Bargeldtransfers in die Schweiz bei vielen deutschen Banken üblich, auch bei der Hypovereinsbank, wie man aus dem Revisionsbericht erfährt. Dann jedoch macht der Bundesgerichtshof am 1. August 2000 klar, »dass diese Sitte nicht nur eine Unsitte, sondern kriminelles Unrecht ist« (Strate). Allein die im Revisionsbericht unbestrittene Tatsache erheblicher Bargeldtransfers von Nürnberg nach Zürich hätte »einen unmittelbaren Anfangsverdacht der Steuerhinterziehung begründet«. Warum schafft jemand große Mengen Bargeld in ein anderes Land, fragt sich nicht nur Gerhard Strate, wenn nicht zu dem Zweck, »Spuren zu verwischen und die Erträge der dort vorgenommenen Kapitalanlage weiterhin dem deutschen Fiskus vorzuenthalten«?

Was sind die Konsequenzen aus all diesen Erkenntnissen der internen Revisoren? Wie verfährt die HVB mit dem brisanten Dokument? Laut Verteiler geht der vertrauliche Bericht an ein Dutzend Adressaten, zwei davon aus der Bethmann-Bank. Denn bereits vor Abschluss der Prüfung hat sich Wolfram K., der Betreuer der prominenten Schwarzgeldkundin, zur Bethmann-Bank abgesetzt, womit er nur seinem fristlosen Rauswurf zuvorgekommen sei, wie die Revisoren vermerken. Zehn Adressaten des Sonder-Revisionsberichtes sind bei der HVB angestellt, zwei davon sitzen ganz oben in der Spitze des Geldkonzerns: die Vorstände Wolfgang Sprißler und Stefan Jentzsch.

Jentzsch, 1960 in Ludwigshafen geboren, arbeitete unter anderem als Investment-Banker bei Goldman Sachs, ehe er 2001 in den Vorstand der Hypovereinsbank berufen wurde. 2005 wechselte er zur Dresdner Bank und schließlich 2009 als Partner zum Finanzinvestor Perella Weinberg nach London. Anders als sein damaliger Vorstandskollege Sprißler weicht er beim Fall Mollath im Nachhinein nicht aus. Ja, er könne sich zumindest noch vage an den Vorgang erinnern, lässt Jentzsch Anfang 2013 auf unsere Anfrage hin einen Sprecher mitteilen. Was auch belegt, dass der angeblich so wenig konkrete Sonder-Revisionsbericht Anfang 2003 tatsächlich in der Spitze der HVB ankam, mithin also ganz oben ein Thema war.

Stefan Jentzsch war zur fraglichen Zeit im HVB-Vorstand sechs Monate lang kommissarisch für die Sparte Retail zuständig. Daher, so sein Sprecher, »legte die Innere Revision ihren Bericht auch ihm vor. Herr Jentzsch erinnert sich zwar noch an den Bericht, nach rund zehn Jahren aber verständlicherweise nicht mehr an alle Details.« Er habe, so der Sprecher weiter, »die vom damaligen Prüfungsleiter vorgeschlagenen disziplinarischen Maßnahmen aber mitgetragen: Seiner Erinnerung nach wurden mehrere der gravierend belasteten Mitarbeiter außerordentlich gekündigt, andere hingegen abgemahnt.«

Man beachte: Ein Vorstand empfand die Erkenntnisse des Sonder-Revisionsberichtes als »gravierend belastend« für einige HVB-Mitarbeiter. Und was sagt Wolfgang Sprißler dazu? Nichts. Er taucht beim Thema Mollath völlig ab. Bis heute ist Sprißler bei der Hypovereinsbank in Amt und Würden. Nach seinem Ausscheiden als Vorstandsvorsitzender fungiert er seit 2009 als stellvertretender Aufsichtsratsvorsitzender. Ein mächtiger Mann im Hintergrund also. Mächtig war Sprißler auch 2003, als der Revisionsbericht über die Mollath-Vorwürfe vorlag. Trotz mehrmaliger Anfragen hat sich Sprißler bislang zum Fall Mollath nicht geäußert. Mehrere Anfragen unsererseits an ihn direkt blieben von ihm unbeantwortet. So bleibt letztlich offen, ob er die Entscheidung traf, den brisanten Revisionsbericht in der Registratur verschwinden zu lassen. Denn genau das geschah. Die HVB trennte sich ebenso diskret wie schnell von Mollaths Frau und allen anderen im Bericht beschuldigten Mitarbeitern. Gustl Mollath wurde über die Ergebnisse der von ihm angestoßenen Sonderprüfung nicht informiert. Heute argumentiert die Bank lapidar, er habe doch automatisch davon Wind bekommen, schließlich habe damals auch seine Frau ihren Arbeitsplatz verloren. Das müsse er doch mitbekommen haben.

Was aber noch wichtiger ist, weil es weitreichende Konsequenzen hatte: Die Bank informiert auch die Staatsanwaltschaft nicht über den Revisionsbericht. Formal muss sie das auch nicht. Paragraph 138 des Strafgesetzbuches nennt für den juristischen Laien erstaunlich wenige, besonders schwere Delikte, bei denen eine Pflicht zur Strafanzeige besteht. Die Vorbereitung eines Angriffskrieges zum Beispiel, Mord oder das Fälschen von Geld. Ein Unternehmen, das mögliche Straftaten von Mitarbeitern feststellt, muss nicht zwangsläufig die Staatsanwaltschaft einschalten.

Etwas ganz anderes ist jedoch die Moral oder, wenn man so will: menschliches Mitgefühl. Kann es sein, dass eine Großbank jahrelang tatenlos zusieht, wie ein Mensch in die Psychiatrie gesperrt wird, obwohl sie längst weiß, dass vieles von

dem, was er sagt, keineswegs krankhaftes Zeug ist? Dass die
Schwarzgeld- und anderen illegalen Geldgeschäfte, von denen
er redet und schreibt, keineswegs Hirngespinste sind, mit denen Gutachter und Richter zwar nicht nur, aber ganz wesentlich seine angebliche Gefährlichkeit über Jahre hinweg begründen? Wenn schon keine juristische, hätte es dann nicht
wenigstens eine moralische, eine menschliche Pflicht der Hypovereinsbank gegeben, der Justiz die eigenen Erkenntnisse,
den Revisionsbericht also, mitzuteilen?

Die Hypovereinsbank weist bis heute jede Verantwortung
von sich. Mehr noch: Sie fühlt sich zu Unrecht angegriffen.
Und sie gibt sich auf eine geradezu groteske Art und Weise
unwissend.

»Im Jahr 2003 war für niemanden abzusehen, dass unser
Revisionsbericht in einem späteren Strafverfahren gegen
Herrn Mollath und bei seiner Einweisung in eine psychiatrische Einrichtung im Jahre 2006 eine Rolle spielen könnte«,
erklärt ein Sprecher der Bank im Februar 2013. »Herr Mollath wurde wegen Straftaten verurteilt, mit denen unsere Bank
ersichtlich nichts zu tun hatte und die in keinem Zusammenhang mit den Sachverhalten im Revisionsbericht stehen. Dass
Vorwürfe des Herrn Mollath, die bei uns zu einer Revisionsprüfung und diversen Maßnahmen führten, im Strafverfahren
thematisiert wurden, war uns nicht bekannt.«

Diese Antwort geht haarscharf an der Sache vorbei. Man
kann der HVB natürlich nicht vorwerfen, sie hätte 2003 bereits absehen müssen, dass Gustl Mollath 2006 verurteilt werden würde. Wobei – was heißt verurteilt? Von den Vorwürfen
der Körperverletzung, deretwegen er vor dem Landgericht
Nürnberg stand, wurde er freigesprochen. Stattdessen wurde
Mollath aber als gefährlicher Wahnkranker in die geschlossene Psychiatrie eingewiesen. Seine angebliche Krankheit wurde ganz wesentlich mit den Schwarzgeldvorwürfen begründet. Eine Begründung, die sich seither laufend wiederholte.
Wie kann die HVB nun also so tun, als hätten die »Sachverhalte im Revisionsbericht« damit nichts zu tun? Und wie

kann es sein, dass die HVB nicht mitbekommen haben will, dass im Verfahren um Mollath just jene Vorgänge eine Rolle spielten, die auch Thema im Revisionsbericht waren? Letzteres erscheint höchst zweifelhaft. Der Fall Mollath geistert seit Jahren durch das Internet, und einige Medien berichteten frühzeitig. Über den Prozess gegen Mollath 2006 durch das Landgericht Nürnberg erschienen Artikel in den dortigen Lokalzeitungen, die sicher auch in der HVB-Filiale gelesen wurden. Die *Nürnberger Nachrichten,* der SWR-Hörfunk und vor allem das ARD-Politikmagazin *Report Mainz* wiesen bereits lange bevor der Inhalt des Revisionsberichtes am 14. November 2012 im Detail bekannt wurde, auf Widersprüchlichkeiten und Ungereimtheiten hin. Dass die HVB von alledem nichts mitbekommen haben will, darf angezweifelt werden. Vielmehr liegt der Verdacht nahe, dass die Banker um den eigenen Ruf fürchteten. Und unter allen Umständen verhindern wollten, dass ihre reiche Kundschaft Ärger mit der Staatsmacht bekam.

Nehmen wir einmal an, die HVB hätte den Bericht dem Gericht zur Kenntnis übergeben. Dann hätte dieses sicher die Staatsanwaltschaft eingeschaltet. Vor allem aber wären, diese Vermutung sei erlaubt, wohl kaum ein Gutachter nach dem anderen und ein Richter nach dem anderen so ohne weiteres zur Erkenntnis gelangt, dass Mollaths Gerede über Schwarzgeld- und andere illegale Geldgeschäfte Ausdruck eines krankhaften Wahns seien. Zumindest aber hätten die Erkenntnisse aus dem Revisionsbericht Eingang in die gutachterlichen und richterlichen Bewertungen finden können. Anders formuliert: Die Hypovereinsbank hätte Gustl Mollath helfen können, wenn sie den Inhalt des Revisionsberichtes der Justiz zur Kenntnis gebracht hätte.

So aber erfährt die Staatsanwaltschaft Nürnberg erst Ende 2011 von der Existenz des bankinternen Papiers, nachdem sie durch einen Medienbericht stutzig geworden war. Daraufhin fordert man das Dokument bei der HVB an. Am 29. Dezember 2011 geht der Bericht bei der Staatsanwaltschaft ein. Nach Durchsicht stellten die Ermittler fest, dass sämtliche mutmaßlichen Straftaten inzwischen verjährt wären. Mithin also Ermittlungen nicht mehr in Betracht kommen. Das Schweigen der Banker hat sich also gelohnt. »Er enthält zwei komplexe illegale Handlungen, einerseits Steuerhinterziehung, andererseits verbotene Bankgeschäfte«, sagte der Steuerrechtsexperte Johannes Fiala dem ARD-Politmagazin *Report Mainz.* Der Sonder-Revisionsbericht »bestätigte genau das, was Mollath angezeigt hatte: dass die Bank bis 1998 die von ihm beschriebene Beihilfe zu Steuerhinterziehung durch klandestine Verbringung deutscher Vermögen in die Schweiz und Bearbeitung von Schweizer Konten deutscher Kunden durch eigene Mitarbeiter oder durch anreisende Mitarbeiter der Schweizer Tochterbank vollzogen hatte – und dass auch für die Bank der begründete Verdacht bestand, daß nach bankseitiger Abstellung dieser Praxis Frau Mollath und andere Mitarbeiter diesen Kundenservice, unter Abziehung von Nürnberger Kundenvermögen in Höhe von 18,5 Millionen von der Schweizer Tochterbank, gemeinsam mit der Schweizer Bank Leu, auf eigene Kappe fortgesetzt hatten.« Zu diesem unmissverständlichen Urteil kommt Gabriele Wolff in ihrem Internet-Blog, die ehemalige und langjährige Staatsanwältin. Man darf also voraussetzen, dass Gabriele Wolff in der Lage ist, den Sonder-Revisionsbericht auf Ansätze für etwaige strafbare Handlungen hin zu analysieren.

Die Hypovereinsbank lässt sich von solchen Tönen nicht irritieren. Sie findet ihr Vorgehen nach wie vor völlig in Ordnung, wie aus einer Antwort eines HVB-Sprechers im Februar 2013 auf unsere Fragen angeht: »Der Umgang mit dem Revisionsbericht im Fall Mollath entsprach und entspricht der üblichen Verfahrensweise in unserem Haus, die sich von der in anderen Häusern nicht unterscheiden dürfte. Die Erkenntnisse aus Revisionsprüfungen werden mit den fachlich und organisatorisch zuständigen Fachabteilungen besprochen und die zu treffenden Maßnahmen sodann diskutiert und beschlossen. Die Erkenntnisse aus jeder Revisionsprüfung und die beschlossenen Maßnahmen werden im Revisionsbericht zusammengefasst, der als internes Dokument und mit Blick auf die geltenden rechtlichen Rahmenbedingungen vertraulich behandelt wird. Der Revisionsbericht wird schließlich den Leitern der betroffenen Abteilungen bzw. Filialen sowie den zuständigen Vorständen zur Kenntnis und eben gerade nicht zur Entscheidung gegeben. Nach Abschluss der Maßnahmen wird der Revisionsbericht zu den Akten genommen.«

So ist die Hypovereinsbank bemüht, ungeachtet ihrer trüben Rolle in der Affäre Mollath möglichst schnell zum Tagesgeschäft überzugehen. Aufsichtsratsvize Sprißler schweigt, andere mit dem Sonder-Revisionsbericht Befasste dürfen bzw. wollen nicht reden oder sind längst in Pension. Der amtierende Vorstandschef Theodor Weimer, zum Zeitpunkt des Prüfberichtes noch nicht in Verantwortung, konnte sich bislang nur zu einem Satz durchringen: »Ich würde uns allen empfehlen, dass wir uns auf den juristischen und medizinischen Sachverstand der zahlreich eingeschalteten Behörden und Sachverständigen verlassen sollten«, sagte er lapidar Ende 2012 auf einer Telefonkonferenz mit Journalisten.

Was definitiv bleibt, ist die Erkenntnis, dass Gustl Mollaths Angaben es durchaus wert gewesen wären, staatsanwaltschaftlich näher untersucht zu werden. Und dass der Revisionsbericht zweifellos genug Beweise und Anhaltspunkte geboten hätte, um zumindest zu ermitteln. Das scheint übrigens die Steuerfahndung ähnlich zu sehen. Denn sie begann 2012 damit, den Schweiz-Geschäften einiger derer, die im Revisionsbericht vorkommen, auch nachzugehen.

So schreibt die Steuerfahndungsstelle des Finanzamts Nürnberg-Süd am 2. Juli 2012 Rainer L. (Name geändert) beziehungsweise dessen Rechtsanwalt. »Nach den Erkenntnissen der Steuerfahndungsstelle« habe Rainer L. genauso wie »weitere Personen« Kapitalanlagen in der Schweiz. Nun fordert die Finanzbehörde L. auf, Auskunft über all seine

Anlagen bei insgesamt sieben namentlich genannten Banken in der Schweiz zu machen.

Der Anwalt von Rainer L. handelte schnell. Er forderte Gustl Mollath zu einer Art schriftlicher Ehrenerklärung für seinen Mandanten auf. Denn er vermutet dahinter eine Anzeige Mollaths bei den Steuerbehörden. Außerdem soll der Mann, der seit sieben Jahren finanziell völlig abgebrannt in der Psychiatrie sitzt, »als Zeichen von Einsicht und Reue«, das Anwaltshonorar von fast 800 Euro übernehmen. Grotesk.

KAPITEL 7

Der Psychiatrie hilflos ausgeliefert

Sieben Psychiater sind es, die sich zwischen 2003 und April 2011 an Gustl Mollath abarbeiten und deren Expertisen in diesem bizarren Fall eine Rolle spielen. Wir wollen sie in diesem Kapitel chronologisch dokumentieren. Es sind solche Sachverständige dabei, die Mollath nie gesehen haben und dennoch eine feste Meinung über dessen Geisteszustand abgeben. Andere haben ihn zwar gesehen, aber nie mit ihm gesprochen. Zwischen den tatsächlichen Untersuchungen des Patienten vergehen zum Teil Jahre. Das zeigt, wie wenig es braucht und wie verblüffend schnell es gehen kann, dass jemand auf unbestimmte Zeit in der Psychiatrie landet. Und wie bisweilen das bloße Studium noch dazu in Teilen fehlerhafter Akten reicht, um jemanden in eine Anstalt zu sperren. Im Fall Gustl Mollath reichten nie überprüfte Schilderungen und Aussagen der Ehefrau aus, um eine Lawine in Gang zu setzen.

Bezirkskrankenhaus Erlangen, Donnerstag, 18. September 2003

»Ärztliche Stellungnahme« ist ein Attest betitelt, das eine Fachärztin der Institutsambulanz des Bezirksklinikums Erlangen auf dem offiziellen Briefpapier der psychiatrischen Klinik schreibt. Die Ärztin Dr. Claudia G. (Name geändert) hält fest, es sei davon auszugehen, dass Gustl Mollath »mit großer Wahrscheinlichkeit an einer ernstzunehmenden psychiatrischen Erkrankung leidet«.

Woher will sie das wissen? Sie hat Gustl Mollath noch nie

gesehen, geschweige denn untersucht. Die einzige Quelle, auf die sie sich für ihre »ärztliche Stellungnahme« berufen kann, ist die Ehefrau Mollaths. Ihre bloße Schilderung über die angeblichen Verhaltensweisen ihres Noch-Ehemannes reicht Dr. Claudia G. offenbar aus. Eine Diagnose vom bloßen Hörensagen, eigentlich unglaublich. Es geht hier um die Frage, ob ein Mensch eine Gefahr für die Allgemeinheit darstellt, weil er womöglich geisteskrank ist. Die Schilderung der Ehefrau sei »von psychiatrischer Seite in sich schlüssig«, schreibt die Medizinerin. Von Mollath sei »eine erneute Fremdgefährlichkeit zu erwarten«. Wie gesagt: Das schreibt eine Fachärztin auf bloße Erzählung hin so auf offiziellem Briefpapier der Klinik.

Nicht nur, dass sie damit einen Mann für krank erklärt, den sie nie gesprochen, geschweige denn je gesehen oder untersucht hat. Sie hat diese Stellungnahme auch nicht als Sachverständige wenigstens nach einem eingehenden Aktenstudium im Auftrag eines Gerichtes oder einer anderen staatlichen Institution abgegeben. Sondern lediglich auf Anfrage einer Privatperson. Und ihre einzige Quelle ist ebendiese Privatperson. Allein aufgrund von deren Schilderung glaubt die Ärztin von einer »glaubhaften« und »in sich schlüssigen Anamnese« ausgehen zu können.

Entspricht so etwas den Regeln eines psychiatrischen Fachkrankenhauses in Deutschland? Wenn dem so wäre, dann könnte in einem Rosenkrieg praktischerweise jeder Ehepartner eine solche Klinik aufsuchen, dort über angebliche Auffälligkeiten seines sich angeblich ungut aufführenden Partners schwadronieren und mit ein bisschen Überzeugungskraft das Krankenhaus mit einem ärztlichen Dokument verlassen, auf dem etwas von »großer Wahrscheinlichkeit« und »ernstzunehmender psychiatrischer Erkrankung« steht.

Die Erklärung der Erlanger Klinik kommt dürr daher, ist aber eindeutig: »Ohne Beauftragung einer berechtigten Institution (z. B. Gerichte) und ohne Entbindung von der ärztlichen Schweigepflicht geben die Bezirkskliniken Mittelfranken keine Stellungnahme an Dritte ab.« Außerdem sei »eine medizinische Stellungnahme über Dritte ohne persönliche Visitation« in den Bezirkskliniken Mittelfranken »generell nicht üblich«. Mit anderen Worten: Die Fachärztin Claudia G. hat eklatant gegen die Gepflogenheiten einer Bezirksklinik verstoßen. Sie stieg trotzdem zur Oberärztin auf.

Amtsgericht Nürnberg, Donnerstag, 22. April 2004

Angesichts der Stellungnahme von Dr. Claudia G. entscheidet das Nürnberger Amtsgericht, Gustl Mollaths Geisteszustand und Gefährlichkeit von einem Sachverständigen überprüfen zu lassen, und beauftragt damit Thomas Lippert. Seit 1991 ist er als Facharzt für Psychiatrie und Psychotherapie durch die Bayerische Landesärztekammer anerkannt; erst 2005, zwei Jahre nach dem Auftrag durch das Amtsgericht, erteilt ihm die Kammer die Bezeichnung Facharzt für forensische Psychiatrie.

Lippert kommt zum Ergebnis, bei Gustl Mollath liege eine gravierende psychische Erkrankung vor, vermutlich eine Psychose. Die Prognose sei ungünstig, da keine Einsicht vorliege. Auch dieses Wort wird sich im Laufe des Ganges Mollaths durch die psychiatrischen Institutionen zum fatalen Topos entwickeln: Weil er keine Einsicht zeigt, ist seine Prognose ungünstig. Weil seine Prognose ungünstig ist, muss er wohl in Behandlung bleiben. Nur eine stationäre Behandlung könne weitere Erkenntnisse bringen.

Doch auch Lippert hat Gustl Mollath nicht in einem Explorationsgespräch untersucht, weil Mollath dazu nicht bereit war. So stützt Lippert sein Urteil auf die Beobachtung des Angeklagten während der Verhandlung vor Gericht. Das reicht ihm aus, um eine stationäre Unterbringung für sechs Wochen vorzuschlagen. Lippert gibt an, Mollath sei zu zwei zum Zwecke der psychiatrischen Begutachtung vorgeschlagenen Terminen im Dezember 2003 und im Januar 2004 nicht erschienen. Eine Begutachtung sei daher wohl nur im Rahmen einer polizeilichen Vorführung möglich.

Mollath wird im Juni 2004 festgenommen und ins Bezirkskrankenhaus Erlangen gebracht. Dort wird er eine Woche
lang festgehalten, ehe sich der ihn untersuchende Arzt für
befangen erklärt. Mollath wird entlassen.

Im Februar 2005 wird Mollath gegen seinen Willen ins
Bezirkskrankenhaus Bayreuth gebracht.

Bezirkskrankenhaus Bayreuth, Montag, 25. Juli 2005

Das für Gustl Mollath wohl folgenreichste Gutachten stammt
von Klaus Leipziger, dem Chefarzt der Klinik für Forensische
Psychiatrie am Bezirkskrankenhaus in Bayreuth. Das Urteil
des Landgerichts Nürnberg fußt wesentlich auf seiner 31-sei-
tigen Expertise. Aber auch Leipziger hat selbst nie ein Be-
gutachtungsgespräch mit Mollath geführt. Besonders wichtig
ist er in der Causa deshalb, weil Mollath seit Mai 2009 erneut
Insasse des BKH Bayreuth ist, wo Leipziger Chefarzt ist. Mit
anderen Worten: Sein ehemaliger Erstgutachter ist seither als
Chefarzt ganz maßgeblich an den internen Stellungnahmen
beteiligt, die immer wieder über Mollath erstellt werden. Und
die im Wesentlichen das bestätigten, was der Gutachter Leipziger schon 2005 erkannt zu haben glaubt. Womöglich deshalb, weil Mollath sich keiner Therapie unterzieht und die
Einnahme von Psychopharmaka kategorisch ablehnt. Beides
übrigens mit einem schlichten, aber wohl deshalb nicht weniger einleuchtenden Argument: Das Gutachten von Leipziger
sei aus der Luft gegriffen. Er, Mollath, sei nicht krank und
lehne deshalb Tabletten und Therapien ab.

Grundlage seines Erstgutachtens sind Leipziger zufolge:
die »Gerichtsakten«; die »beigezogenen Akten der Staatsanwaltschaft Nürnberg-Fürth«; der von Mollath in der Ge-
richtsverhandlung übergebene Schnellhefter. Zudem bezieht
Leipziger die »Erkenntnisse«, die Klinikmitarbeiter über
Mollath aufgeschrieben haben, in sein Gutachten mit ein:
also vermeintliche Erkenntnisse, zu denen sie bei einer juristisch höchst fragwürdigen fünfwöchigen Zwangsunterbrin-

gung im Februar 2005 gekommen sind. Untersucht aber hat Leipziger Gustl Mollath nicht. Wie er im Gutachten selbst beschreibt, lehnte es Mollath ab, mit dem Chefarzt unter vier Augen, also ohne Zeugen, zu sprechen. Mollath misstraue ihm, aufgrund des in der Klinik an den Tag gelegten Verhaltens.

Gleich zu Beginn seines Gutachtens bezieht sich Leipziger auf die fragwürdige Stellungnahme aus der Institutsambulanz der Bezirksklinik Erlangen: Die Fachärztin gehe »aufgrund der glaubhaften, von psychiatrischer Seite in sich schlüssigen Anamnese davon aus«, dass Mollath mit großer Wahrscheinlichkeit an einer ernstzunehmenden psychiatrischen Krankheit leide. Worauf sich diese Annahme, diese »Anamnese« und seine Einschätzung einer angeblich »großen Wahrscheinlichkeit« gründen, erwähnt Leipziger nicht. Es weist lediglich darauf hin, dass die Fachärztin »zu einer psychiatrisch-psychotherapeutischen Beratung« hinzugezogen worden sei. Und zwar von der Frau Mollaths.

Es ist ein verstörendes Beispiel, wie sich ein Gutachter auf eine Fachärztin bezieht und damit sein eigenes Gutachten stützt und in eine bestimmte Richtung lenkt, ohne die Angaben der Kollegin auch nur ansatzweise kritisch zu würdigen oder gar zu hinterfragen. Dass es sich um einen Ehestreit handelt, vor dessen Hintergrund die Aussage der Frau fällt, erwähnt Leipziger nicht. Ebenso wenig, dass die Frau die einzige Quelle ist, auf die sich die »Anamnese« bezieht. Und natürlich erst recht nicht, dass die Ärztin den Menschen, dem sie eine »ernstzunehmende psychiatrische Krankheit« quasi attestiert, nie gesehen hat.

Dann ist Leipziger eine Passage aus einem Schreiben Mollaths an das Amtsgericht eine Erwähnung wert. Mollath bittet darum, den Beschluss des Gerichtes, ihn untersuchen zu lassen, aufzuheben. Und zwar, weil die Hinweise auf eine psychiatrische Erkrankung in keiner Weise ausreichend seien, um eine Untersuchung gegen seinen Willen zu rechtfertigen. Wenn man sich erinnert, wie diese Erlanger »Stellungnahme«

zustande gekommen ist, dann ist dieses Bittgesuch Mollaths völlig nachvollziehbar.

Dass Mollath im selben Schreiben an das Amtsgericht den Verdacht äußert, er solle möglicherweise »mit allen Mitteln mundtot« gemacht werden, da er Schwarzgeldverschiebungen in die Schweiz habe aufdecken wollen, scheint ein wichtiges Indiz für Leipzigers Begutachtung zu sein. Ebenso dass er, Mollath, wie er in einem anderen Schreiben ans Gericht formuliert, »andauernde Steuerhinterziehung und Insidergeschäfte« zu unterbinden versucht habe, dass jedoch alle seine Anzeigen »ignoriert« würden und er nun auf seinen Geisteszustand geprüft werden solle: Auch dieses Aufbegehren Mollaths hält Leipziger in seinem Gutachten offenbar für relevant.

Zur Sprache kommt im Gutachten auch, Mollath habe sich bei einem ersten Zwangsaufenthalt in einer psychiatrischen Klinik über die »Vollisolationserzwingungshaft« dort echauffiert. Was wohl nur wenig wundern dürfte, schon gleich, weil es exakt diese Klinik war, die Erlanger Bezirksklinik nämlich, aus der ja die ärztliche Stellungnahme stammt über einen Menschen, den die Ärztin nie gesehen hat. Immerhin: Die Erlanger Klinik lehnte eine weiter Begutachtung nach einer Woche ab. Wegen Befangenheit. Die Begutachtung übernahm deswegen die Klinik für Forensische Psychiatrie in Bayreuth, geleitet von Leipziger.

Dieser hält offenbar auch die »Festnahmeumstände« am 13. Februar 2005 für bemerkenswert. Wohlgemerkt: Das sind die Umstände, in denen Mollath wider seinen Willen in eine geschlossene Anstalt verbracht wurde – und zwar mehr als ein Jahr vor einem rechtskräftigen Urteil. Mollath habe »auf Klingeln die Haustüre des von ihm bewohnten Anwesens nicht geöffnet«. Daraufhin sei die Türe geöffnet worden. Im Haus seien »Anhaltspunkte festgestellt worden«, dass Mollath sich in dem Anwesen befinde. Durch die Beamten sei die versperrte Tür zum Dachboden des Hauses aufgehebelt worden. Mollath sei dann »auf dem Dachboden auf einem

Zwischenboden« aufgefunden worden, wo er sich vor der Polizei versteckt hätte. Ist es so überraschend, dass einer, der schon einmal gegen seinen Willen für eine Woche in einer Psychiatrie gefangen gehalten wurde, nun verängstigt ist, wenn ihm das ohne rechtskräftiges Urteil noch einmal blüht? Bemerkenswert scheint da eine Lücke in Leipzigers Gutachten. Festgestellt wird: dass Mollath auf dem Dachboden sich habe festnehmen lassen, und zwar »durch die Beamten«. Es steht nicht da: gewaltlos. Das wird bei Mollath in den Akten eigentlich nie betont, obwohl es doch durchaus erwähnenswert wäre. Denn immerhin soll hier ein vermeintlicher gemeingefährlicher Gewalttäter gegen seinen Willen abgeführt und in eine geschlossene Anstalt gesteckt werden.

Mollaths Zwangsaufenthalt in Bayreuth – und was der Gutachter Leipziger dazu sagt

Vom 14. Februar bis zum 21. März 2005 war Gustl Mollath bereits gegen seinen Willen im Bezirkskrankenhaus Bayreuth untergebracht. Mollath berichtet davon, dass er über Nacht zunächst in eine Zelle bei der Polizei gesperrt worden, dass ihm kalt gewesen und ihm der Kontakt zu Verwandten verweigert worden sei. Hierauf, auch das findet Erwähnung, habe »der Angeklagte eine langatmige Auslegung des Grundgesetzes gegeben, gegen das die Polizei verstoßen hätte«, notiert Leipziger.

Mollath, der das Grundgesetz zitiert – in seinem Gutachten wird Leipziger so eine Konstellation noch mehrmals beschreiben. Was die Klinikärzte davon halten, kann man bereits an der Formulierung »langatmig« erkennen. Aber ist es tatsächlich psychisch auffällig, dass da einer wie Mollath in seiner Situation mit dem Grundgesetz argumentiert?

Wurden Mollath bei seiner Festnahme im Haus am 13. Februar »aus Eigensicherungsgründen« Handschellen angelegt, so kommt er ins Bezirkskrankenhaus Bayreuth einen Tag später ebenfalls gefesselt. Aus der Dokumentation entnimmt

Leipziger, es seien an Mollaths Handgelenken »Schwellungen und Hautrötungen« festzustellen gewesen. Da scheint einer ziemlich lange oder eng gefesselt gewesen zu sein.

Mollaths Reaktion darauf scheint nun alles andere als auffahrend, irrational oder wahnhaft zu sein: Er macht bei der Ankunft im BKH Bayreuth darauf aufmerksam, dass er »jetzt nicht die Kraft« habe, das »komplexe Geschehen zu erklären«. Er verweist auf die Gerichtsakten, wo sein Fall nachzulesen sei. Er macht darauf aufmerksam, dass der Chefarzt der Klinik für Forensische Psychiatrie in Erlangen – wo er vor Bayreuth eine Woche untergebracht war – befangen gewesen sei. Auch dieser Verweis ist sinnvoll und richtig. Und zwar deshalb, weil Mollath mit dieser Angabe darauf verweist, dass er nicht etwa aus querulatorischen oder sonstigen Gründen nicht in Erlangen untersucht worden ist.

Wie wenig akkurat die Aufzeichnungen der Bayreuther Klinik sind, lässt sich anhand eines Details ermessen: Mollath soll dem aufnehmenden Arzt gesagt haben, dass er in der Anstalt sei, »weil sein Nachbar Kontakte zu Schwarzgeldkreisen« habe, zu welchen auch ein Gerichtsgutachter aus der Bezirksklinik Erlangen gehöre. So übernimmt es jedenfalls der aufnehmende Arzt in seine Dokumentation. Das ist aber Unsinn: Mollath hatte keine Nachbarn, die in Schwarzgeldgeschäfte verwickelt waren. Mollath schreibt dies vielmehr seiner Frau zu. Ein Nachbar spielt in seiner Geschichte aber durchaus eine Rolle. Der Mann ist Vermögensberater und hatte beruflich mit Mollaths Frau zu tun. Nur ist dieser nicht der Nachbar von Mollath, sondern der Nachbar des Erlanger Gutachters, der sich deshalb selbst für befangen erklärt hat. Später wird Mollath unterstellt, er bringe beliebige Personen mit Schwarzgeldvorwürfen in Verbindung. Die Wahrheit ist: Der aufnehmende Arzt hat schlicht nicht verstanden, um was es geht. Dieser Arzt hat damit unterstellt, Mollath habe einem »Nachbarn« von ihm Kontakte zu Schwarzgeldkreisen nachgesagt. Wer stochert hier im Dunkeln? Mollath? Oder die Ärzte der Bayreuther Klinik?

Schon am ersten Tag seines Aufenthalts legt Mollath dar, dass er sich seit Jahren nur von Bio-Lebensmitteln ernähre, weil er Allergien gegen konventionelle Lebensmittel habe. Ein Aussage, die so wirkt, als sei sie kaum von Relevanz. Und die sich trotzdem zu einem der Hauptargumente derjenigen entwickeln sollte, die Mollath eine Wahnerkrankung nachsagen. Aber dazu später.

Jetzt steht Mollath zunächst in der geschlossenen Psychiatrie in Bayreuth. Er hat sein Aufnahmegespräch hinter sich, in dem er aber kaum Aussagen zur Sache gemacht und stattdessen auf die Akten verwiesen hat. Ein »psychischer Befund« findet sich freilich trotzdem in den Akten, und Leipziger zitiert ihn in seinem Gutachten: Auffällig sei das »negativistische Weltbild« des neuen Patienten, in dem dieser »der Benachteiligte ist«. Das muss man sich mal vor Augen halten: Da hat einer von der Fesselung geschwollene Handgelenke. Da blühen ihm offenbar mehrere Wochen in einer psychiatrischen Klinik. Da muss dieser Mann den Eindruck bekommen haben, dass ihm grundsätzlich keiner – schon gar nicht die zuständigen Behörden – zuhören will, wenn er von dubiosen Geldgeschäften berichtet. Außerdem, dass dies ein Grund sein könnte für seine Malaise, die ihn in die geschlossene Anstalt geführt hat. Aber »auffällig« an Mollath in dieser Situation ist sein »negativistisches« Weltbild. Und auffällig ist, dass er sich als »der Benachteiligte« fühlt.

Weiter: »Es mutet an, dass es sich um paranoides Umdenken handelt, insbesondere die ›Schwarzgeldkreis‹-Verschwörung gegen ihn.« Vor dem Hintergrund des Revisionsberichtes der Hypovereinsbank wirkt das wie ein absurder Popanz. Nicht wie eine ärztliche Diagnose.

Offenbar spricht der aufnehmende Arzt Mollath auch darauf an, ob er Stimmen höre. Mollath antwortet darauf: Er höre »eine innere Stimme«, die ihm sage, er sei ein ordentlicher Kerl, er spüre ein Gewissen. Eine schlagfertige Antwort. Im Gutachten des Nervenarztes aber findet sich dazu das Wort: »scheinlogisch«.

Mollath argumentiert auch mit dem Grundgesetz, dort
sei »die Gewissensfreiheit verankert«. Offenkundig aufgrund
dessen, was ihm aktuell widerfahre, komme er momentan
aber zur Einschätzung: Dies hier sei ein »Unrechtsstaat«. Im
Gutachten werden gerade diese Antworten auf die nerven-
ärztliche Frage nach den inneren Stimmen diagnostisch aus-
einandergelegt: »Die Ich-Grenzen wirken verschwommen,
die Ausführungen sind ausufernd, scheinlogisch in Abwechs-
lung mit vernünftigen Gedanken.«

Dass Mollath seine Sätze offenbar nicht mit Ingrimm los-
wird, sondern sich beherrscht und er möglicherweise zu erkennen gibt, dass er die Fragerichtung als reichlich absurd
beurteilt, wird ihm in Bayreuth als auffällig ausgelegt. Es soll
ein Topos seines Zwangsaufenthalts in der geschlossenen Abteilung in Bayreuth werden: Immer wieder wird ihm attestiert, er reagiere merkwürdig wohlgelaunt, humorig, amüsiert,
ja gar sarkastisch auf das Klinikpersonal. Was einem anderes
übrigbleibt in der Situation, in der sich Mollath jahrelang befindet, das wird von den Nervenärzten nicht erörtert.

»Der Affekt ist heiter«, notiert der Aufnahmearzt, »die
Stimmung wirkt grenzwertig gehoben.« Was derselbe Arzt
wohl notiert hätte, wenn sich Mollath anders verhalten hätte?
Ostentativ missgelaunt etwa? Oder gar unterschwellig aggressiv? Nein, in diese Falle beabsichtigt Mollath offenbar
nicht zu tappen. Er bleibt »heiter«. Und bekommt dafür im
»Befund« umgehend eine ärztliche Vokabel zugeteilt: »grenzwertig«.

Als Nächstes streift Leipzigers Gutachten den Komplex
Reinlichkeit. Schon der aufnehmende Arzt hat Mollath, der
die Nacht in der Polizeizelle verbracht hatte, als »ungepflegt«
beschrieben, der Stationsarzt präzisiert dies nun eine Woche
nach der Einlieferung: Mollath weigere sich, sich zu waschen.
Dies tue er »sehr demonstrativ«. Er gebe an, sich nur mit
Kernseife waschen zu wollen, da alles andere Zusatzstoffe
habe. Auch die Nahrungsaufnahme verweigere er. Zusammen
mit der Beobachtung, dass Mollath auch barfuß auf der Sta-

tion umherlaufe, ergibt das für den Stationsarzt ein klares Bild: »Deutlich bizarre Verhaltensmuster« – und das auch noch »mit demonstrativer Komponente«. Bizarr?

Die Begründung für Mollaths Wunsch nach einer Kernseife steht zwar dabei, scheint in der Klinik aber nicht wirklich auf Interesse zu stoßen: Mollath hat offenbar die Erfahrung gemacht, dass seine Haut auf parfümierte Seife allergisch reagiert. Nur bekommt er die Kernseife in der Bayreuther Klinik eben nicht. Stattdessen dienen der Wunsch und die Weigerung, sich mit etwas anderem zu waschen, als Beleg für eine Art krankhafter Renitenz.

Am 28. Februar, zwei Wochen nach der Zwangseinlieferung, hat Mollath schließlich die geforderte Kernseife. An diesem Tag ist in der Klinikdokumentation plötzlich anderes über ihn zu lesen: Er zeige nun »ein äußerlich ordentliches Erscheinungsbild«, trinke viel Tee und Mineralwasser, habe »regen Kontakt zu einem Mitpatienten« und mache mit diesem »Gesellschaftsspiele im Aufenthaltsraum«. Wenn man mit Menschen spricht, die Mollath lange kennen, so entspricht dies so ziemlich dem, was man über ihn hören kann. Ein zugänglicher, sozial eingestellter, humorvoller und an Gesellschaft interessierter Mensch. Was Mollath gefehlt hat, ist offenbar: eine stinknormale Kernseife.

Auf Seite 21 des Gutachtens erfährt der Leser, warum sich Mollath so darüber aufgeregt hat, keine ihm gemäßen Hygieneartikel zur Hand zu haben. Bereits am zweiten Tag seines Zwangsaufenthaltes in Bayreuth habe er sich Leipziger gegenüber darüber beklagt, dass die ihn festnehmenden Polizeibeamten ihm nicht erlaubt hätten, sich seine notwendigen Körperpflegemittel und Nahrungsmittel einzupacken. Er bitte daher um Hilfe, sich »Kernseife und Nahrungsmittel aus biologisch-dynamischem Anbau beschaffen zu dürfen«.

Neun Tage nach der Zwangseinweisung scheint es allerdings auch mit der heiteren Stimmung dahin zu sein. Natürlich ist das nun ebenfalls ein Anlass zur Analyse. Am 23. Februar 2005 zeige sich Mollath »im Kontakt misstrauisch«.

Auch wirke er »häufig abweisend«, »gelegentlich auch offen verbal aggressiv«. Nun ist aus dem Spötter Mollath offenbar einer geworden, der wenig Verständnis dafür hat, als jemand, der nicht rechtskräftig verurteilt ist, weiterhin gefangen gehalten zu werden. Und der in dieser Situation auf das Grundgesetz verweist.

Eine Argumentation, die Strafanwälte und Strafrechtsprofessoren acht Jahre später für nachvollziehbar erklären werden; eine Argumentation aber, die 2005 in der Bayreuther Klinik gar nicht gut ankommt: Als Mollath neun Tage nach der Zwangseinweisung zum Stationsarzt sagt, dieser solle »erst einmal das Grundgesetz lesen und sich über grundlegende Menschenrechte« informieren, wird dies in den Akten mit einer besonders schönen Vokabel belegt: Dieses Verhalten Mollaths sei »paralogisch«. Das meint: vernunftwidrig. Wer im Bayreuther Bezirksklinikum mit dem Grundgesetz argumentiert, scheint sehr leicht in den Verdacht von Vernunftwidrigkeit zu kommen.

Am 23. Februar 2005 erfolgt ein Eintrag in der Klinikdokumentation: Mollath habe während einer Visite erklärt, dass »das meiste, was ihn beschäftige, seine Freiheit sei«. Ist das für einen gefangen gehaltenen Menschen nicht eine pure Selbstverständlichkeit? Aber dann hätte man möglicherweise nichts zu dokumentieren nach dieser Visite. Also wird notiert: Mollath habe dies »in läppischer Weise« getan. Eine Zuschreibung, wodurch auch das logischste Verhalten eines Menschen als anormal oder zumindest auffällig diskreditiert werden könnte. Wer sagt: Ich stehe auf dem Boden des Grundgesetzes, dies aber subjektiv »in läppischer Weise« tut, der ist eben doch psychisch verdächtig.

Der Haken an der Zuschreibung: Es ist nicht erwähnt, auf welche Weise etwas überhaupt »läppisch« gesagt werden kann. Auch was genau den visitierenden Arzt veranlasst, Mollaths Verhalten als »läppisch« zu beschreiben, wird nicht erwähnt. Ist es vielleicht möglicherweise nur ein Eindruck? Was aber hätte dies dann in einer Dokumentation zu suchen? Und was wiederum bewegt den Chefarzt Leipziger dazu, das in sein psychiatrisches Gutachten aufzunehmen? Soll da vielleicht – man ist fast geneigt zu sagen: »in läppischer Weise« – unter allen Umständen irgendetwas Auffälliges gesucht werden?

Die Stimmung Mollaths schwankt im Folgenden. Erst war er gehobener Stimmung, dann verbal aggressiv, nun wechsle »die Stimmung von gereizt über belustigt-überheblich bis zu gehoben«. Mollath verhält sich nun offenkundig: mal so, mal so. Für das Klinikpersonal und für den Gutachter Leipziger scheint das alles hoch relevant zu sein.

Wie Mollath mit anderen Patienten umgeht, ist dem Personal und dem Gutachter Leipziger ebenfalls eine Beschreibung wert. Im Kontakt mit anderen Patienten zeige sich Mollath »recht offen«. Das wäre nun möglicherweise nicht ganz im Sinne der professionellen Beobachter, denen gegenüber sich Mollath ja alles andere als »recht offen« zeigt. Denn das würde ja dafür sprechen, dass es nicht etwa wahnhaftes In-sich-Kreisen ist, das Mollath so wenig kooperativ werden lässt. Sondern schlicht und ergreifend seinem Misstrauen dem Klinikpersonal gegenüber entspringt.

Zum Glück (für das Klinikpersonal) glaubt man Mollaths offenbar umgängliches Verhalten nun allerdings noch mit einer anderen Zuschreibung etikettieren zu können: »Recht offen« den Mitpatienten gegenüber sei sein Verhalten zwar durchaus, »allerdings mit deutlichen Tendenzen zu Distanzlosigkeit«. So wäre also auch das zugewandte und freundliche Verhalten auf einen klinikadäquaten Nenner gebracht: »Distanzlos« offen ist dieser Mann (gegenüber Nicht-Psychiatern) – wenn er nicht gerade »abweisend« und »überheblich« ist (gegenüber den Klinikpsychiatern). Ist das nun schon der Wahn?

Am 2. März erfolgt eine für die Dokumentation auffällige Bemerkung. Es geht um Mollaths Privatleben. In Leipzigers Gutachten liest man dazu nur an einer Stelle, obwohl man darüber bei einem Zwangseingewiesenen schon gerne mehr wissen würde. Läppische drei Zeilen umfasst die Passage: Bei einer Visite habe Mollath geäußert, dass er sich »Gedanken um sein Haus mache, das unversorgt sei«. Keiner würde ihm helfen, obwohl er viele Briefe an das therapeutische Team geschrieben hätte. Dass das Haus unversorgt ist, dass man sich als Hausbesitzer darüber sorgt, zumal dann, wenn man alles stehen und liegen lassen musste, ist nachvollziehbar. Von diesen Sorgen, die etwaiges nervöses oder normabweichendes Verhalten überaus nachvollziehbar machen würden, finden sich in Leipzigers Gutachten drei Zeilen. Hätte eine breitere Behandlung des Themas möglicherweise das Ergebnis – die Diagnose eines Wahns – unschön verwässert?

Am 9. März, mehr als drei Wochen nach der Einlieferung, notiert das Klinikpersonal, Mollath reagiere nun »abweisend« und »aufbrausend«. Außerdem lege er eine »unterschwellige Aggressivität« an den Tag und eine »deutliche Überheblichkeit«. Letztere zeige sich vor allem darin, dass Mollath auf die »Kenntnisse seiner Rechte« verweise. Dass er beginne, »vorwiegend in schriftlicher Form« die Zustände auf der Station mit »kritischen Kommentaren« zu belegen. Bald einen Monat ist Mollath auf dieser Station nun gefangen: Würde er anders reagieren, wäre das auffällig. Dass er Kritik übt, müsste man wohl für ein völlig angemessenes Verhalten eines erwachsenen Menschen halten. Chefarzt Leipziger tut das offenbar nicht. Für ihn sind diese Vermerke seines Personals für sein Gutachten, das Mollath einen Wahn nachsagt, von hoher Relevanz.

Mollath wird am 21. März aus dem Bayreuther Klinikum entlassen und zum Hauptbahnhof gebracht. Im November 2010 erzählt Mollath einem anderen Gutachter, dass er keinen Cent hatte, um nach Hause zu kommen. Man habe ihm auch kein Geld für die Fahrkarte gegeben. Man habe ihm gesagt, das sei »sein Problem«. Ob es so war, ist schwer zu überprüfen. Laut Mollath hat ihm der Bayreuther Pfarrer Reinhard Stauch Geld für eine Zugfahrt geschenkt, zwanzig Euro. Kann das sein?

Deutsche Krankenhäuser stellen »Patienten« nach deren Entlassung aus der Psychiatrie völlig mittellos an Bahnhöfen ab? Pfarrer Stauch kann sich an Mollath erinnern. Dass er ihm Geld gegeben hat, will er nicht bestätigen. Sagt aber, dass er so etwas grundsätzlich tue, wenn ihn einer danach fragt. Auch diese – eigentlich unglaubliche – Geschichte Mollaths dürfte aller Wahrscheinlichkeit nach wahr sein.

Warum hat sich Mollath von Leipziger nicht untersuchen lassen? Man erfährt über die Skepsis Mollaths dem Chefarzt gegenüber aus dessen Gutachten. Er, Mollath, habe wochenlang um Kontakt zu seinen Anwälten gebeten. Er habe mündlich und in neun Briefen seine drängendsten Probleme geschildert und Leipziger und dessen Mitarbeiter um Unterstützung gebeten. Hilfe aber habe er nicht bekommen. Er habe aufgrund dieses Verhaltens »keinerlei Vertrauen« zu Leipziger oder dessen Mitarbeitern entwickelt. In einem Brief an Leipziger, den Mollath am letzten Tag seines (vorläufigen) Aufenthalts in Bayreuth geschrieben hat, bittet er den Chefarzt, seine »Tätigkeiten zu überdenken«. Sich den Menschen gemäß, die ihm anvertraut seien, zu verändern. Mollath schreibt, er halte Leipziger nicht für geeignet, wahrheitsgemäße Gutachten zu erstellen – von »Therapie« oder Heilung der ihm Anvertrauten gar nicht zu reden. Was für ein taktisch unkluger Brief! Andererseits: Konnte Mollath wissen, dass er in dieser Anstalt, geleitet von Chefarzt Leipziger, noch viele Jahre seines Lebens zubringen würde?

Wie die Diagnose Leipzigers zustande kam

Ein längeres Gespräch hat Leipziger mit Mollath, das Ersterer selbst als »informatorisch« bezeichnet. Es findet statt im Arztsprechzimmer, Mollath wird von Leipziger darüber in Kenntnis gesetzt, dass er von ihm begutachtet werden soll und dass es ihm freisteht, gegenüber dem Sachverständigen, also Leipziger, Angaben zu machen. Mollath beschwert sich in diesem Gespräch darüber, dass seine psychiatrische Untersuchung richterlich angeordnet worden ist, und über die Nichtbeachtung seiner Hygiene- und Ernährungswünsche. Kurioserweise notiert Leipziger aus diesem einen informatorischen Gespräch – wie gesagt: exploratorische, also gutachterlich untersuchende Gespräche lehnt Mollath ab – nahezu ausschließlich Positives: Mollath erweise sich als »orientiert, wach und bewusstseinsklar«. Er zeige »situationsadäquates Verhalten«, sei »psychomotorisch ruhig« und »freundlich«. Allerdings seien »sensible Themenbereiche« – wie sie »aus den Akten zu ersehen« seien – nicht berührt worden. Somit seien in diesem Gespräch »paranoide und Größenvorstellungen« Mollaths nicht zur Sprache gekommen.

Das könnte man interessant nennen: Wenn Leipziger sich mit Mollath unterhält, geht es ihm offenbar wie vielen – zum Beispiel inzwischen vielen Journalisten. Mollath wirkt äußerlich freundlich, höflich, ruhig. Aber, so muss man das wohl verstehen: Würde man sich mit Mollath über das Thema Schwarzgeld unterhalten, wäre das, vermutet Leipziger zumindest, anders. Nur hat Leipziger das nie getan. Journalisten, die es inzwischen getan haben, nehmen es anders wahr: Mollath äußert sich auch zu diesem Thema gelassen und ruhig. Und der Wahn? Versteckt der sich womöglich ausschließlich zwischen den Aktendeckeln?

Wie kommt Leipziger zu einer Diagnose in seinem Gutachten? Indem er, in Ermangelung eines Untersuchungsgesprächs, auf die Wichtigkeit der klinikinternen Dokumentation verweist. Dabei fällt allerdings auf, dass Situationen, die zuvor aus der Dokumentation dargestellt wurden, plötzlich wesentlich drastischer erscheinen: Mollath habe »immer wieder Tendenzen und Versuche« gezeigt, »Mitpatienten aufzustacheln« und »gegen vermeintliche Ungerechtigkeiten vorzugehen«. Auf was sich das bezieht, schreibt Leipziger nicht. Handelt es sich etwa um »Schriftstücke«, die Mollath in der Klinik ausgehängt hat? Wurde diese Angabe in der Dokumentation womöglich deshalb nicht mit Inhalt gefüllt, weil es darin um »vermeintliche Ungerechtigkeiten« in der Klinik ging? Und hätte man, das ist nun Spekulation, Mollath womöglich recht geben können oder gar müssen hinsichtlich seiner Kritik daran? Man weiß es nicht.

An anderer Stelle in der Bewertung Leipzigers findet sich die Einlassung, Mollath habe sich in Konfrontationen »gegenüber Mitarbeitern hocherregt, schreiend und verbal aggressiv gezeigt«. Nur: Wenn davon überhaupt die Rede war in der internen Dokumentation, dann ging es zumeist um das Thema: Kernseife. Mollath will lediglich unter Zeugen mit Leipziger sprechen. Das sagt er ihm bereits am zweiten Tag seines Aufenthalts. Drei Tage vor der Entlassung versucht Leipziger noch einmal, eine »gezielte Exploration« durchzuführen. Mollath lässt ausrichten, er werde nicht ins Arztzimmer kommen. Leipziger begibt sich ins Patientenzimmer, er will Mollath von der »Notwendigkeit des Gesprächs in einer geordneten Untersuchungssituation« überzeugen. Mollath erklärt, Leipziger solle mit ihm im Patientenzimmer sprechen, vor Zeugen. Er habe nichts zu verheimlichen.

Das klingt für einen Menschen, der wahrzunehmen glaubt, dass ihn da einer falsch einschätzt, allzu nachvollziehbar. Mollath wird diese Denkfigur acht Jahre später wiederholen. Als Justizministerin Merk in einem ersten Schritt darauf hinwirkt, dass Mollath von einem Sachverständigen erneut begutachtet werden möge, fordert er die Aufnahme des Gesprächs: mindestens als Tonband, am besten per Video. Dieses dürfe man, betont Mollath, auch in der Öffentlichkeit abspielen. Er habe nichts zu verheimlichen.

Klaus Leipziger lässt sich durch die Argumentation Mollaths aber nicht beirren. Mollath habe sich »zusehends erregt« über die Versuche, ihn doch noch von »der Notwendigkeit des Gesprächs« zu überzeugen. Angeblich wird das Gespräch nun unangenehm für Leipziger: Mollath habe ihm Vorwürfe und Vorhaltungen gemacht, so der Gutachter. Was bleibt also für Leipziger? Nur das Ergebnis, dass sich da einer mit ihm nicht unter vier Augen unterhalten will, weil er ihm misstraut.

Für den Nervenarzt ist das eine ungute Situation. Denn er dürfte als Chefarzt einer Forensischen Klinik die aktuelle Rechtsprechung des Bundesverfassungsgerichts im Kopf gehabt haben, dass man Menschen nicht unverhältnismäßig lang gegen deren Willen einsperren darf zum Zwecke der Begutachtung – wenn diese betonen, sich nicht begutachten zu lassen.

Zudem wird ihm natürlich dadurch sehr bewusst, dass er sich in seinem psychiatrischen Gutachten lediglich auf die mäßig informative Dokumentation der Klinik verlassen muss. Der Laienrichter Westenrieder, Schöffe im Mollath-Prozess, hat sich später sehr negativ über das Gutachten Leipzigers geäußert. An etwa sechzig Verhandlungen erinnert sich Westenrieder, ein so offenkundig oberflächliches Gutachten sei ihm aber kaum untergekommen. Der Bonner Psychiatrie-Professor Klemens Dieckhöfer wiederum wird Leipzigers Gutachten in einer methodenkritischen Arbeit regelrecht in der Luft zerreißen.

Überdies ist das Verhalten Mollaths auch unter professionellen Gesichtspunkten eine Niederlage: Psychiater sind auf die Mitarbeit von Patienten und Zwangseingewiesenen angewiesen. Die guten Nervenärzte in geschlossenen Kliniken nehmen für sich in Anspruch, dass es bei den Eingewiesenen fast immer Vorbehalte und zum Teil auch massive Ängste vor den Untersuchungsgesprächen gibt. Denn es will sich keiner nachsagen lassen, dass er geistig nicht gesund ist. Außerdem wissen natürlich die eingewiesenen Menschen, dass es bei diesem Gespräch um ihre Zukunft geht, um die Frage, wo sie ihr Leben künftig verbringen.

Der Verlauf des Gesprächs von Leipziger mit Mollath im Patientenzimmer ist also für Leipziger ungut: Mollath lässt sich nicht auf ihn ein. Man könnte auch sagen, Leipziger erleidet eine professionelle Niederlage. Aber diese wird nicht etwa zuungunsten des Psychiaters ausgelegt. Sondern zuungunsten Mollaths: »Mit überlauter Stimme« habe dieser »sofort« gesprochen, er habe sich im Lauf des Gesprächs

»zusehends erregt«. Nach inzwischen knapp fünf Wochen in der geschlossenen Psychiatrie unterhält sich Mollath mit dem Mann, der mitverantwortlich ist für diesen Aufenthalt. Dieser drängt ihn zu etwas, das Mollath nicht will. Dass da einer laut wird und sich zusehends erregt: Ist das auffällig?

Die Diagnose von Leipziger

Leipzigers Diagnose, die fatale Folgen für Mollath haben sollte, umfasst schließlich sieben Seiten. Er listet auf: ein wechselndes »psychopathologisches Zustandsbild«, was eine imposante fachsprachliche Beschreibung ist für den banalen Befund, dass Mollath ab und an »heiter«, dann wieder »leicht gehoben«, gelegentlich »verbal aggressiv« und mitunter »gereizt«, aber auch »misstrauisch« und »abweisend« und insgesamt »ich-bezogen« sei.

Natürlich bezieht sich Leipziger dann wieder auf das Hygiene-Kernseife-Problem. In der Konfrontation mit realen Gegebenheiten zeige Mollath keine Bereitschaft, seine »rigiden eingenommenen Haltungen zu überprüfen«. Will heißen: Mollath bestand auf Kernseife. Die Formulierung Leipzigers entbehrt nicht einer gewissen Komik. Von »nicht ohne weiteres« änderbaren Gegebenheiten schreibt er. Richtig, denn der Klinik in Bayreuth war es ja erst mit Anstrengungen gelungen, nach mehr als einer Woche, eine Kernseife herbeizuschaffen.

Dann die entscheidende Passage im Gutachten. Leipziger kommt zum »Ergebnis«, dass Mollath »in mehreren Bereichen ein paranoides Gedankensystem entwickelt« habe. Der Chefarzt zählt insgesamt drei Bereiche auf:

Da sei als Erstes »der Bereich der Schwarzgeldverschiebung zu nennen«, in dem Gustl Mollath »unkorrigierbar der Überzeugung« sei, dass eine »ganze Reihe von Personen aus dem Geschäftsfeld seiner früheren Frau, diese selbst und nunmehr auch beliebige weitere Personen, die sich vermeintlich oder tatsächlich gegen ihn stellen oder stellen (müssen)«, in dieses

»komplexe System der Schwarzgeldverschiebung verwickelt wären«. Diese Passage findet sich im Landgerichtsurteil des Jahres 2006 an zentraler Stelle. Als Beleg dafür, dass Mollath nunmehr »auch beliebige weitere Personen« mit Verstrickungsvorwürfen überzieht, führt Leipziger genau eine Person an: den Gutachter aus Erlangen, der sich selbst für befangen erklärt hat.

Zweitens nennt Leipziger – offenbar allen Ernstes – Mollaths »krankhaft überzogene Sorge« um seine Gesundheit, »die Ablehnung der meisten Körperpflegemittel« sowie von »Nahrungsmitteln aus nicht biologisch-dynamischem Anbau«. Man muss dieses Argument im Grunde nicht mehr kommentieren: Es ist intellektuell von verheerender Schlichtheit. Wenn einem Menschen mit dem Argument, dieser wasche sich mit Kernseife und bestehe auf Lebensmittel aus biologisch-dynamischem Anbau, ein paranoides Gedankensystem unterstellt werden kann, dann könnte man heute große Teile des aufgeklärten deutschen Stadtbürgertums für paranoid erklären. Man wird spätestens an dieser Stelle fragen müssen, was so ein Argument über denjenigen aussagt, der es in ein angeblich wissenschaftlichen Ansprüchen genügendes Gutachten einführt.

Drittens erwähnt Leipziger »paranoide Größenideen« Mollaths: Dass der 2004 einen Brief an das Amtsgericht Nürnberg geschrieben hat; er sich darin auf die Forderung des Kanzlers Gerhard Schröder nach einem Mentalitätswandel in Deutschland bezieht; und dies als »persönlichen Erfolg« wertet, legt ihm Leipziger als paranoide Größenidee aus. Dass Mollath diese Anmerkung so gemeint haben könnte, der Kanzler fordere einen Mentalitätswandel allein deshalb, *weil* Mollath diesen ebenfalls fordert, kann man allerdings nur mit Anstrengung in diesen Brief hineinlesen. Vielmehr geht es Mollath offenbar darum, darzustellen, dass inzwischen auch ganz andere in Deutschland einklagen, die Kluft zwischen Arm und Reich müsse kleiner werden. Und dass es dazu eben – aus Mollaths Sicht – dringend notwendig sei, die

Schwarzgeldgeschäfte zu unterbinden. Das soll nun ein Anlass sein für die ja immerhin klinische Diagnose: »paranoide
Größenideen«? Das wirkt hanebüchen: Es geht hier wohl
eher, wenn überhaupt, um eine unglückliche, möglicherweise
missverständlich ausgefallene Formulierung Mollaths.

Es sind diese drei Argumente – Schwarzgeldwahn, Hygie-
ne-Paranoia, Größenwahn-Brief –, auf die Leipziger seine
Diagnose stützt. Allesamt wirken sie dünn, auch dann, wenn
man den Hypovereinsbank-Prüfbericht noch nicht kennt.
Das ahnt wohl auch der Sachverständige, weshalb er noch
einen Absatz hinzufügt. Leipziger bezieht sich darin auf einen
Tinnitus, unter dem Mollath eigenen Angaben zufolge leidet.
Und er fügt dies zusammen mit der Angabe Mollaths, er höre
eine innere Stimme, die ihm sage, er sei ein ordentlicher Kerl.
Zur Erinnerung: Mollath hat dies gesagt auf die psychopatho-
logisch gemeinte Frage, ob er innere Stimmen höre. Eine offenbar schlagfertige Erwiderung Mollaths wertet Leipziger
nun um: Es müsse »dabei durchaus als möglich angesehen
werden«, dass Mollath »unter Halluzinationen leidet, unter
sein Tun und Handeln kommentierenden Stimmen«. Und
Leipziger fügt hinzu: »Ohne dass diese Annahme konkret belegt werden könnte.« Es gibt also keinen Beleg. Aber mögliche Halluzinationen hören sich natürlich schon substanziell
und schwerwiegend an. Auch vor Gericht.

Leipziger erörtert nun noch einen »zunehmenden sozialen
Rückzug« und »eine Abschottung von der Umwelt« Mollaths.
Und führt dies auf Mollaths »krankhaft misstrauische Haltung« zurück, die wiederum auf dessen »paranoides Erleben«
zurückzuführen sei. Dass der Rückzug Mollaths mit der wirtschaftlichen und privaten Malaise zu tun haben könnte, bleibt
unerwähnt. Da für ihn aufgrund seines wahnhaften Rückzugs
»kein Korrektiv der Realität mehr zur Verfügung« stehe, sei
künftig sogar »eine Progredienz dieser krankheitswertigen paranoiden Symptomatik« zu befürchten. Zu Deutsch: Sollte es
nicht schon schlimm genug sein mit Mollaths Paranoia – es
könnte zumindest noch richtig schlimm werden.

Leipziger kommt zum Ergebnis: Mollath leide unter einer »paranoiden Symptomatik«, mindestens einer wahnhaften Störung. Es ergäben sich »keine Alternativen« zur Unterbringung Mollaths in einer psychiatrischen Klinik. Eine Alternative sei allenfalls die Einrichtung einer Betreuung.

Leipzigers Gutachten aus Kollegensicht

Im Februar 2012, sieben Jahre nach Entstehung des maßgeblichen Gutachtens im Fall Mollath, hat der Bonner Professor für Psychiatrie Klemens Dieckhöfer das Gutachten Leipzigers methodenkritisch analysiert. Dieckhöfer ist seit 1972 Facharzt für Neurologie und Psychiatrie, seit 1979 ist er Professor für Psychiatrie an der Universität Bonn, seit 1986 ist er als Gerichtsgutachter tätig. »Einige hundert Gutachten« habe er seither selbst geschrieben. Ein solches Gutachten wie das von Leipziger habe er aber in den mehr als 25 Jahren seiner eigenen Gutachtertätigkeit nie gesehen.

»Das ist so bizarr«, sagt Dieckhöfer, das habe er sich so zuvor nicht vorstellen können. Leipzigers Gutachten sei ein Dokument der »schieren Unwissenschaftlichkeit«. Das ist sehr hart. Wohlgemerkt: Dieckhöfer gehört nicht etwa dem Unterstützerkreis für Mollath an. Ihm war der Fall im Jahr 2011 lediglich zugetragen worden.

Dieckhöfer schreibt in seiner Analyse des Leipziger-Gutachtens: Dieser habe die Behauptung von Mollath, »dass seine Frau Schwarzgeldverschiebungen in die Schweiz durchführe, mit keinem Sterbenswörtchen recherchiert«. Trotzdem seien diese Äußerungen von Mollath »als paranoides Gedankensystem klassifiziert« worden. Man halte fest: Dieckhöfer hat seine Beurteilung des Gutachtens im Februar 2012 geschrieben, mehr als ein halbes Jahr bevor der Inhalt des HVB-Berichts bekannt wurde.

Nur war eben Dieckhöfer bekannt, dass »eine ganze Reihe von deutschen Banken, zumal solche mit Tochterbanken in der Schweiz«, in der von Mollath beschriebenen Zeit »Geldverschiebungen geradezu professionell betrieben«. Außerdem hatte Mollath ja seinen Schnellhefter vor Gericht abgegeben, der nach Auffassung Dieckhöfers eine überaus deutliche Sprache gesprochen habe – dafür nämlich, dass da ein Insider über die Geschäfte seiner Frau Rechenschaft ablegt.

»Abwegig« nennt Dieckhöfer die Feststellung »angeblicher paranoider Größenideen« – aufgrund eines von Mollath geschriebenen Briefes an das Amtsgericht Nürnberg. Eine solche diagnostische Feststellung wäre nur dann zulässig, schreibt er, wenn die Aussagen über Schwarzgeldverschiebungen keinesfalls der Wahrheit entsprochen hätten. Und wenn Mollath »in einer chronifizierten Zuspitzung eines echten Wahnsystems« trotzdem unkorrigierbar darauf beharrt hätte. Solange aber jegliche einschlägige Recherche »in geradezu unverständlicher Weise« unterlassen worden sei, könne »keine der diagnostischen Behauptungen« Leipzigers als stichhaltig gelten. Keine einzige!

Am Ende versteige sich Leipziger in »wissenschaftlich unzulässige Vermutungen«, und das offenbar, um »seine Diagnose einer Wahnkrankheit beziehungsweise schizophrenen Erkrankung weiter zu festigen«. Dieckhöfer stellt ab auf die Spekulationen Leipzigers über Halluzinationen Mollaths, die Leipziger selbst einreißt: Er bringt Mollath ja zunächst mit Halluzinationen in Verbindung, räumt aber en passant ein: »Ohne dass diese Annahme konkret belegt werden könnte.« Das Urteil über Leipzigers Gutachten fällt vernichtend aus: »Solche Behauptungen, die gleichzeitig wieder zurückgenommen werden, entsprechen keinem wissenschaftlichen Standard und sind auch insofern für jeden urteilenden Richter verwirrend.«

Als »geradezu grotesk« beurteilt Dieckhöfer wiederum, dass Leipziger behauptet, bei Mollath sei »eine vermehrte Beschäftigung mit seinen paranoiden Gedanken« festzustellen. Man will gar nicht wissen, wie das Urteil Dieckhöfers ausgefallen wäre, hätte er von den Details des HVB-Berichtes gewusst.

Endlich spießt Dieckhöfer noch die Formulierung Leipzigers auf, der zufolge eine »Progredienz«, also ein Fortschreiten, der paranoiden Symptomatik bei Mollath zu befürchten sei. Das allerdings, räumt Psychiatrie-Professor Dieckhöfer sarkastisch ein, sei mehr als fünf Jahre nach der Einweisung Mollaths in der Tat nicht ganz auszuschließen. Denn richtig sei, dass Mollath »am Rechtsstaat längst verzweifelt« sei. Und dass er nicht einzusehen vermöge, dass die Gerichtsbarkeit die »vernünftige Wahrnehmung realer Gegebenheiten« nicht zur Kenntnis nehmen wolle.

Am Ende bleibt aus Dieckhöfers Sicht: ein »Wortgeplänkel«, das versucht, »sich einen wissenschaftlichen Anstrich zu geben«.

Dieckhöfer sendet sein Gutachten über das Leipziger-Gutachten an Justizministerin Merk. Und auch an die beiden Fraktionsvorsitzenden der Regierungskoalition in Bayern, an Georg Schmid (CSU) und Thomas Hacker (FDP). Die Folgen sind 2012 sehr übersichtlich. Man könnte auch sagen: Der klar und unmissverständlich formulierte Einwurf eines Psychiatrie-Professors verhallt in der bayerischen Politik ungehört. Ebenso wie die Bitte, die Ministerin möge durch steuerndes Handeln »weiteren Schaden« für die »psychiatrische Profession« verhindern. Es passiert nichts.

Wobei auch Dieckhöfer anhand der Akten natürlich nicht übersieht, was man in der Tat nicht übersehen konnte: dass es sich bei Mollath um einen besonderen Mann handelt, einen, der ohne Frage auffälliges, möglicherweise auch normabweichendes Verhalten an den Tag legt. Es sei nicht zu verkennen, dass Mollath über einen ausgeprägten Gerechtigkeitssinn verfüge und insofern die Aktivitäten seiner damaligen Ehefrau ihm im Laufe der Zeit »geradezu beängstigend über den Kopf« gewachsen seien.

Von der Diagnose einer Wahnerkrankung ist die Tatsache, dass einem etwas möglicherweise über den Kopf gewachsen ist, aber eben verstörend weit entfernt.

Bezirkskrankenhaus Straubing, Freitag, 21. September 2007

Erstmals, sein Fall läuft mittlerweile seit vier Jahren, und seit mehr als einem Jahr sitzt Gustl Mollath dauerhaft in der geschlossenen Psychiatrie, wird er von einem Psychiater nicht nur beobachtet, sondern auch persönlich untersucht. Von Hans Simmerl, dem Leitenden Arzt für Neurologie, Psychiatrie und Psychotherapie am Bezirksklinikum in Deggendorf-Mainkofen. Für das Vormundschaftsgericht Straubing soll er aus psychiatrischer Sicht die Frage beantworten, ob Mollath unter Betreuung gestellt werden muss.

Wie bereits ausführlich beschrieben, hält Simmerl Mollath nicht für einen Fall für die hermetisch abgeschirmte Straubinger Klinik, in der nur die schwersten Fälle unter den schuldunfähigen Straftätern einsitzen. Simmerl kommt insgesamt zu einem relativ positiven Urteil über den Patienten Mollath. Es ist zwar kein kriminalprognostisches Gutachten, das er am 26. September 2007 dem Gericht vorlegt, wohl aber ein nervenärztliches Gutachten. Außerdem verfügt der Facharzt über große Erfahrung in solchen Fällen. Auch sein Gutachten veranlasst wohl die für die Unterbringung Mollaths zuständige Straubinger Strafvollstreckungskammer am Landgericht Regensburg, eine weitere Untersuchung in Auftrag zu geben, diesmal ein forensisches Gutachten.

Allerdings lassen sich die Juristen damit sehr viel Zeit. Der Auftrag an den Berliner Gutachter Hans-Ludwig Kröber durch das Gericht ergeht am 17. April 2008. Seit Simmerls für Mollath positivem Gutachten sind fast sieben Monate vergangen, in denen er weiter in der geschlossenen Psychiatrie saß.

Berlin, Freitag, 27. Juni 2008:
Das Gutachten von Hans-Ludwig Kröber – ein Urteil aus der Ferne

Hans-Ludwig Kröber ist ein vielbeschäftigter Mann, nicht nur als Direktor des Instituts für Forensische Psychiatrie an der Berliner Charité. Sondern auch als Buchautor, Talkshowgast und Liebling vieler Gerichtsreporter. Verständlich, denn in Kröber finden Journalisten einen, der über sein Fach und über große Fälle der Rechtsgeschichte plastisch redet und der formulieren kann wie nur wenige in seiner Zunft. Übrigens formuliert er auch spitz wie kaum ein anderer, weshalb Kröber in der Zunft unter den Kollegen durchaus gefürchtet ist.

In seinem Aufsatz »Gang und Gesichtspunkte der kriminalprognostischen psychiatrischen Begutachtung«, erschienen 1999 in der renommierten *Neuen Zeitschrift für Strafrecht,* findet sich gleich am Anfang folgendes Aperçu: Die externe kriminalprognostische Begutachtung »ist ausgewiesenen Fachleuten der forensischen Psychiatrie und Psychologie vorbehalten und nichts für Berufsanfänger, geschweige denn für gutwillige Dilettanten«. Dieser Aufsatz wird im Verfahren Mollath eine entscheidende Rolle spielen. Denn Mollath hat ihn gelesen. Die Art, wie da einer über das Entstehen eines Gutachtens schreibt, die hat ihm imponiert.

Simmerl stuft in seinem Gutachten Mollath keineswegs als einen für die Allgemeinheit gefährlichen Wahnkranken ein, und die Strafvollstreckungskammer des Landgerichts Regensburg reagiert darauf. Würden die Richter nicht handeln und mindestens ein weiteres Gutachten einholen, könnte das den Juristen um die Ohren fliegen. Freiheitsberaubung ist kein Kavaliersdelikt. Also beauftragt die Strafvollstreckungskammer im April 2008 Hans-Ludwig Kröber mit der forensischen Begutachtung Mollaths. Der ist damit einverstanden.

Mollath stellt aber zwei völlig nachvollziehbare Bedingungen: Er will vorher seine Krankenakten einsehen, um eventuell dort aus seiner Sicht falsch dargestellte Sachverhalte im Gespräch mit Kröber richtigstellen zu können. Und er will rechtzeitig über den Zeitpunkt der Begutachtung informiert werden.

Mollath kannte den erwähnten Aufsatz, in dem Kröber beschrieben hatte, wie man ein ordentliches Gutachten macht – was schon damit anfange, sich als Gutachter rechtzeitig beim Probanden anzumelden. Das fand Mollath gut.

Die Realität ist aber offenkundig eine andere: Mollath gibt an, er sei »ohne vorherige Ankündigung an einem Tag, als Kröber noch jemand anderen in Bayreuth untersuchte, um halb sechs aufgerufen« worden. Er fühlte sich überrumpelt. Keiner habe ihn, Mollath, auf den bevorstehenden Besuch des Gutachters vorbereitet. Auch die erbetenen Krankenunterlagen hat er nicht zu Gesicht bekommen. Beide Bedingungen wurden also nicht eingehalten. Deshalb lehnt er die Untersuchung durch Kröber an diesem 4. Juni 2008 ab.

Anders als sein Kollege Hans Simmerl gut acht Monate zuvor in Straubing findet sich Hans-Ludwig Kröber damit ab. Wer nicht will, der hat eben schon. Hans-Ludwig Kröber geht nicht einfach, wie Simmerl, zu Mollath und spricht persönlich vor. Er fährt nach Berlin zurück und stützt sein Gutachten ausschließlich auf Akten.

Was war passiert? Hatte Kröber nicht selbst in seinem Aufsatz aufgefächert, dass man sich bei dem Untergebrachten anmelden muss, rechtzeitig? Fragt man nach bei Kröber, gibt er die (schriftliche) Auskunft: »Natürlich habe ich es damals bedauert, dass Herr Mollath infolge seines krankheitstypischen Misstrauens das Gespräch mit mir verweigert, und bedauere dies immer noch.« Aber? Kröber antwortet, er kündige seine Besuche in Kliniken oder Haftanstalten »meist ein bis zwei Wochen vorher« an. Dies diene dazu, sicherzustellen, »dass der Proband wirklich da ist und ich nicht vergeblich reise«. Er bitte dann jeweils darum, »auch den Untergebrachten von meinem Kommen zu informieren«. In Bayern funktioniere das manchmal, manchmal auch nicht. Besonders in Haftanstalten glaubten manche, erklärt Kröber, »es sei sicherer, wenn der Gefangene erst am gleichen Tag informiert wird«.

Jedenfalls sei er, Kröber, am 4. Juni 2008 um 16:30 Uhr in der forensischen Klinik des Bezirkskrankenhauses Straubing gewesen und habe dort eine halbe Stunde auf Herrn Mollath gewartet, der allerdings nicht gekommen sei. Man habe ihm dann mitgeteilt, Mollath wolle nicht. Am nächsten Tag sei er, Kröber, dann wieder in die Klinik gegangen und habe Mollath erneut das Gespräch anbieten lassen. Dieser habe ihm von einem Mitpatienten einen Zettel überbringen lassen: Bevor er mit ihm sprechen könne, müsse er Einblick in seine Kranken-akten bekommen, worum er seit zwei Jahren kämpfe. Erst wenn dies erreicht sei, könne er mit ihm, Kröber, reden. Mollath hat gewusst, dass Kröber ihn begutachten sollte. Aber er hatte eben um die Erfüllung seiner beiden Forderun-gen gebeten. Dass der Besuch Kröbers rechtzeitig angemeldet werden würde, das habe sich ja sozusagen von selbst verstan-den, wird Mollath später über die Situation sagen. Immerhin habe er, Kröber, sich in einem fachwissenschaftlichen Aufsatz ja genau dafür starkgemacht: für das rechtzeitige Anmelden. »Die Untersuchung des Probanden erfolgt vorangekündigt an mindestens zwei Terminen,« schreibt Kröber in diesem Auf-satz.

Auch die andere Forderung – Einsicht in die interne Doku-mentation – ist nach Mollaths Erfahrungen in Bayreuth wohl nur zu verständlich. Immerhin wurde ihm dort schon einmal aus seiner Forderung, er wolle eine Kernseife zum Waschen, ein Strick gedreht. Im Beharren auf Kernseife wusch sich Mollath einige Tage aus Protest nicht, das geriet den Psychia-tern zum Beleg für seine Wahnkrankheit. Um solches Verhal-ten klarstellen zu können, muss man es eben erst mal wissen. Deshalb will Mollath Einsicht in diese internen Akten.

Im Fall Mollath ist dieser auf den ersten Blick eher un-scheinbar wirkende Moment, in dem er Kröber mitteilt, seine beiden Forderungen seien nicht erfüllt, einer der entschei-denden in der Geschichte. Mollath ist im April 2008 seit zwei Jahren ununterbrochen in einer geschlossenen Anstalt einge-sperrt. Seit September 2007 liegt ein Gutachten vor, das ihm attestiert, nicht unter einer psychotischen Erkrankung zu lei-den. Sicher: Es ging in diesem Gutachten hauptsächlich um die Frage, ob Mollath geschäftsfähig ist. Aber auch das Ge-richt in Regensburg sah sich nach diesem Simmerl-Gutach-tens veranlasst, die Unterbringungsnotwendigkeit noch ein-mal überprüfen zu lassen.

Es sieht also jetzt, nachdem Mollath gegenüber Hans Simmerl das erste Mal über seine Sache gesprochen hat, erstmals seit langem ziemlich gut aus für ihn. Zumindest empfindet er es so. Internem Klinikpersonal will er sich nicht anvertrauen, weder in Bayreuth noch in Straubing. Mollath glaubt nicht, dass Klinikärzte unvoreingenommen an seine Sache rangehen. Ihm ist klar: Wenn das Gespräch mit Kröber schiefläuft, warum auch immer, dann ist für lange Zeit keine Freilassung in Sicht. Dann kommen wieder nur die internen Stellungnahmen, die oft nur die Wiederholung von vorher schon Geschriebenem sind. Dann geht es um die abwehrende Haltung Mollaths dem Klinikpersonal gegenüber. Dann wird wieder mit großem Ausrufezeichen betont, dass der nach Aktenlage wahnkranke Mollath Behandlung und Medikamente verweigert. Dann bleibt Mollath wahrscheinlich noch für weitere Jahre hinter weißen Wänden. Denn bis der nächste externe Gutachter zu Gustl Mollath gelassen wird – das dauert erfahrungsgemäß.

Mollath weiß, dass er nun alles richtig machen muss. Und entscheidet sich spontan möglicherweise: für das Falsche. Als das Telefon läutet und er sich gleichsam aus dem Stegreif von Kröber untersuchen lassen soll, sagt er: Nein. Er wollte sich darauf vorbereiten. Er wollte seine Akten lesen. Darum hatte er ausdrücklich gebeten.

Versteht man Kröber richtig, so will er sich durchaus rechtzeitig angemeldet haben. In dem Fall hat es offenbar aber nicht funktioniert. Pech, könnte man sagen, Pech für Gustl Mollath. Was der nicht wissen kann: dass einer, der begründet, warum er sich unter diesen Umständen nicht begutachten lassen will – dass so einer dann trotzdem begutachtet werden kann. Nur eben aus der Ferne.

Wie war das mit Kröbers theoretischer Grundlegung aus dem Jahr 1999? »Die Untersuchung des Probanden erfolgt vorangekündigt an mindestens zwei Terminen.« In diesem Fall aber ist die Vorankündigung nicht zu Mollath vorgedrungen, warum auch immer. Und ein zweiter Termin kam dann auch nicht mehr zustande. Am 27. Juni 2008 jedenfalls legt Kröber sein Gutachten vor. Aus Mollaths Sicht fällt es vernichtend aus. Und für seine Zukunftsperspektive verheerend.

Kröber zitiert die Erlanger Fachärztin, die Mollath nie gesehen hat: Mit großer Wahrscheinlichkeit leide Mollath an einer ernstzunehmenden psychiatrischen Erkrankung.

Aus dem Urteil des Landgerichts von 2006 übernimmt er den Satz: »In der Hauptverhandlung am Amtsgericht Nürnberg am 25. September 2003 übergab Herr Mollath Schriftsätze zu seiner Verteidigung, die in keinerlei erkennbarem Zusammenhang zu den Anklagevorwürfen standen.« Dieser Satz war schon im Urteil auf bizarre Weise falsch.

Es wird auch beschrieben, dass Mollath bei der Aufnahme im Bezirkskrankenhaus Bayreuth »ungepflegt gewirkt« habe. Auffällig sei sein negativistisches Weltbild mit paranoiden Denkinhalten, insbesondere der »Schwarzgeldkreis-Verschwörung« gegen ihn. Auch die innere Stimme, die Mollath sage, er sei ein ordentlicher Kerl, findet bei Kröber Erwähnung. Und dass seine Stimmung anfangs grenzwertig gehoben gewesen sei.

Natürlich geht auch das Thema Kernseife ein in das Gutachten nach Aktenlage. Sehr demonstrativ habe sich Mollath verweigert, sich zu waschen: »Er werde sich nur mit Kernseife waschen, alles andere habe Zusatzstoffe.« Wohlgemerkt: Das war so während zweier Wochen zu Beginn des Jahres 2005. Das Gutachten Kröbers entsteht im Juni 2008. Mehr als drei Jahre später. Dass am 19. Februar 2005 in den Bayreuther Klinikakten vermerkt worden sei, dass »Herr Mollath bestialisch stinke« – auch das steht in Kröbers Gutachten.

Die krankhaft überzogene Sorge um die Gesundheit und die Ablehnung der meisten Körperpflegemittel finden sich dann auch wieder – übernommen aus dem Gutachten Leipzigers – als Teil des paranoiden Gedankensystems. Ebenso wie das zentrale Thema dieses Systems: der Schwarzgeldkomplex. Und die paranoiden Größenideen in dem einen Brief (an den Nürnberger Amtsgerichtspräsidenten).

Auch der Verdacht auf Halluzinationen – man erinnert sich: die innere Stimme Mollaths – findet über Leipziger seinen Weg zu Kröber. Und die Einschätzung, ebenfalls nach Leipziger, dass »mit Sicherheit« bereits seit Jahren eine sich zuspitzende paranoide Symptomatik bestehe. Es lohnt an dieser Stelle vielleicht noch einmal die Erwähnung: Kröber kennt Mollath gar nicht.

Der grobe Unsinn, wonach Mollath am 27. Februar 2006 in seinem Haus in Nürnberg festgenommen wurde, findet sich ebenfalls in Kröbers Gutachten. Im Indikativ, ohne dass darauf verwiesen ist, dass diese Falschdarstellung auf dem Mist des Nürnberger Landgerichts gewachsen ist.

Neues aus den Akten gibt es aber auch bei Kröber. Es geht um die Schriftstücke, die mit Computer geschrieben sind. Und zwar in unterschiedlichen Schriftgrößen und mit eingefügten handschriftlichen Unterschriften. In Aufbau und Argumentation erinnerten Kröber diese Schreiben »an entsprechende Schriftstücke psychosekranker Menschen«. Ohne Frage: Diese Schriftstücke Mollaths sind ästhetisch nicht eben ein Lesevergnügen. Aber »unterschiedliche Schriftgrößen« mit »eingefügten handschriftlichen Unterschriften« als Indiz für eine Psychoerkrankung? Hoppla. Da sehen sich Besitzer von Computern und allgemein Werbegrafiker aber künftig ernsthaften Gefahren ausgesetzt.

Eines kann man gar nicht genug betonen: Hier soll ein Gutachten für den Mollath des Jahres 2008 erstellt werden. Die schriftlichen Quellen aber, die herangezogen werden, sind zum Teil fünf Jahre alt. Könnte es nicht sein, dass ein Mensch sich verändert hat in dieser Zeit? Zumal wenn die Schriftstücke ohne Frage aus einer Zeit großer Verwerfungen und einer tiefen privaten Krise stammen?

Erwähnenswert findet Kröber auch, dass Mollath in diesen Schriftstücken gegen die Justiz, aber auch gegen die bayerische Staatsregierung kämpft. Und er »im Grundsatz alle von ihm benannten Gegner in einer gemeinschaftlichen Verschwörung, die einen Eckpunkt in der Schwarzgeldverschiebung in die Schweiz hatte«, verstrickt sehe, »die von allen Beteiligten vertuscht werden« solle, wie Kröber schreibt. Das kann man so sehen, zumindest »im Grundsatz«. Nur: Konnte man Mollath das mit seiner Geschichte verdenken? Und hätte man diese Geschichte nicht vor allem erst mal kennen müssen?

Aus Kröbers Gutachten sind auch Details über Mollaths Aufenthalt im hochgesicherten Bezirkskrankenhaus Straubing zu erfahren: Mollath verharre in einer Protest- und Verweigerungshaltung. Das mag angesichts seiner Geschichte nicht verblüffen. Verblüffen muss eher, wie diese Haltung einer aushalten kann für so lange Zeit.

Er verweigere auch die Teilnahme an der gemeinschaftlichen Arbeitstherapie und ziehe stattdessen eine Beschäftigung auf dem Zimmer vor. Mollath bestätigt dies: Die Tätigkeiten, für die er sich in der Straubinger Arbeitstherapie hätte erwärmen sollen, hätte er als eintönig empfunden, die kleinteiligen Tätigkeiten hätten ihn tatsächlich schwer belastet. »Ich habe jede Drecksarbeit während meines Studiums gemacht«, es gehe beileibe nicht darum, dass er sich zu fein für irgendetwas sei. Aber eine Tätigkeit, die ihn schwer belastet, auch noch als Arbeitstherapie ausgelegt zu wissen, das habe er nicht akzeptieren können. Mollath hat eine Maschinenbauausbildung, in Straubing sollte er »lediglich Vorhangrädchen klicken«. Das habe er abgelehnt.

Auch Straubing attestiert Mollath keinerlei Krankheitsgefühl, geschweige denn Krankheitseinsicht. Er, Mollath, verstehe sich als Opfer der Justiz und von Sachverständigen. Eines aber scheint ihm schon in Straubing zur Verfügung zu stehen: Ironie. Offenbar als Weg, die Verhältnisse halbwegs zu ertragen, ohne aggressiv zu werden. Gleichsam Psychohygiene.

Im Hochsicherheitskrankenhaus von Straubing wird dieses Stilmittel nun – übernommen in Kröbers Gutachten – wie folgt eingeordnet: »Seine Grundhaltung sei antitherapeutisch verfestigt und von einer in paranoider Weise die Realität ver-

kennenden Ironie geprägt.« Na also, ist man geneigt zu sagen:
Nach Schwarzgeld und Kernseife kommt hier nun offenkundig noch ein weiteres Paranoia-Indiz hinzu. Der Mann verwendet Ironie.

Kröber über Simmerl

Nach der Aktenlese kommt Kröber zum Psychiater Hans
Simmerl, und man darf sagen, dass der Niederbayer dabei
alles andere als gut wegkommt. Das Gutachten von Simmerl,
so fängt es bei Kröber schon mal an, »fällt auf«. Wodurch?
Es berücksichtige, nach Kröbers Einschätzung, offenbar nur
einen sehr beschränkten Teil der aktenkundigen Vorgeschichte. Überhaupt stütze sich dessen Gutachten im Wesentlichen
»auf die einmalige Exploration des Probanden am 21. September 2007«. Der folgende Satz Kröbers vermag zu verblüffen:
Es sei dies immerhin »die einzige psychiatrische Exploration
in den letzten Jahren«. Welche Rückschlüsse zieht er nun daraus?

Rückschlüsse keine, jedenfalls keine ersichtlichen, aber eine
Einschränkung. Kröber stellt fest: Allerdings habe Simmerl
am Ende der Exploration nicht zu sagen vermocht, ob die von
Mollath vorgetragenen Sachverhalte der Realität entsprächen
oder nicht. Zumal er »diese Angaben eben nicht mit Akten-
inhalten abgeglichen« hätte.

Das ist eine der komischsten Feststellungen im Fall Mollath. Denn hätte Simmerl die Angaben Mollaths mit dem
Akteninhalt abgeglichen. Dann hätte es tatsächlich gut sein
können, dass Simmerl bei flüchtiger Lektüre die Vorgeschichte Mollaths womöglich wirklich ganz anders aufgeschrieben
hätte. Denn die Akten im Fall Mollath sind über weite Strecken inhaltlich eine Katastrophe. Einen so groben Unsinn wie
seine Wiedergabe der Festnahme Mollaths dürfte Kröber in
seiner professoralen Karriere selten niedergeschrieben haben.
Natürlich: Seine Schuld ist das nicht. Er muss sich darauf verlassen können, dass bayerische Richter Protokolle richtig ab-

schreiben können. Aber so sehen im Fall Mollath eben die
Akten aus.

Die Nicht-Lektüre der Akten wäre insofern nicht die
schlechteste Voraussetzung, sich einmal wirklich einzulassen
auf Gustl Mollath. Und der Wahrheit in der Sache damit womöglich ein bisschen auf die Schliche zu kommen. So wie
Simmerl. Denn das, was Mollath im September 2007 Simmerl
erzählt hat, das war in nahezu allen nachprüfbaren Fakten aus
heutiger Sicht schon sehr nah dran an der Wirklichkeit. Kröber hat in seinem Artikel »Gang und Gesichtspunkte der kriminalprognostischen psychiatrischen Begutachtung« grundsätzlich formuliert: »Der Gutachter benötigt die Akten. Ideal
wäre es, wenn er alle verfügbaren Akten über den Probanden
erhielte.« Und er stellt fest: »Die Qualität eines kriminalprognostischen Gutachtens steht und fällt mit der Sorgfalt des
Aktenstudiums.« Hört sich wie eine Banalität an. Ist aber
offenkundig keine. Und sie gibt es möglicherweise auch in
dieser Variante: dass nämlich die Qualität des Gutachtens
deutlich sinken kann mit der Sorgfalt des Aktenstudiums.
Dann nämlich, wenn in den Gerichtsakten handfeste Dumm-
heiten stehen, wenn Fehler gemacht wurden, schludrig ge-
arbeitet wurde bis zur Arbeitsverweigerung.

Den folgenden Absatz Kröbers über seinen niederbayerischen Kollegen lohnt es sich besonders anzuschauen. Dr. Simmerl habe offenbar die Lesart bevorzugt, dass die Angaben von
Mollath nicht wahnhaft, sondern wahrheitsgetreu seien. Vor
allem die Annahme, dass dessen Exfrau an Schwarzgeldverschiebungen in die Schweiz beteiligt gewesen sei. Simmerl habe
also das Scheitern der Ehe eher auf angebliche kriminelle Handlungen der Ehefrau zurückgeführt, während dieses Scheitern
doch eher auf Mollaths geschäftliches Unvermögen und die
daraus resultierende Eifersucht auf die erfolgreiche Ehefrau
zurückzuführen sei. Meint offenbar zumindest Kröber.

Wird hier gerade einem Menschen, den man im Leben nie
kennengelernt hat, in die Ehe hineingerätselt? In einem Gutachten mit wissenschaftlichem Anspruch? Und attestiert da ei-

ner diesem Menschen, mit dem er nie gesprochen hat, aufgrund einer nicht erfolgreichen Firmengeschichte völlig unfähig zu sein, kaufmännische Geschäftsfähigkeiten zu entwickeln?

In den Beschuldigungen, die Mollath aussprach, habe Simmerl offenbar »keine wahnhaften Inhalte zu erkennen« vermocht. Heißt das vice versa: Man könnte in der klinischen Psychiatrie aus Beschuldigungen wahnhafte Inhalte erkennen, ohne den Wahrheitsgehalt der Beschuldigungen vorher abgeklärt zu haben? Oh.

Kröber zitiert ausführlich aus dem Protokoll, das Simmerl über das Gespräch mit Mollath in seinem Gutachten verwendet hat. Unter anderem: dass Mollath überhaupt nicht einverstanden sei mit der Versteigerung seines Hauses. Dass seine Frau hohe Ansprüche gegen ihn angemeldet habe. Dass er sich letztlich gegen den finanziellen Ruin nicht werde wehren können. Dass er es seiner Frau aber so schwer wie möglich machen werde. Dass er vor den ganzen Ereignissen mit seiner Frau nie in nervenärztlicher Untersuchung gewesen sei. Dass er sich nie als fanatisch oder querulatorisch empfunden habe, vielmehr immer schon ein gerechtigkeitsliebender Mensch gewesen sei. Dass ihm der Richter bei der Verhandlung immer das Wort abgeschnitten habe. Dass verhindert hätte werden sollen, dass er etwas gegen den Schwarzgeldskandal berichtet. Kröber kommentiert dies: All dies seien Angaben, die Mollath gegenüber Herrn Simmerl gemacht habe und »von diesem offenbar nicht als Ausdruck einer wahnhaften Störung gewertet wurden«.

Das folgende Detail könnte man schlechterdings kaum erfinden. Zuvor hat Kröber dargestellt: dass Mollath am 27. Februar 2006 in seinem Haus festgenommen wurde, auf dem Dachboden in einem Zwischenboden aufgefunden wurde, sich hinter einer Kiste versteckt hat – der ganze vom Landgericht verzapfte Mist. Nun schildert Kröber aus dem Gutachten von Simmerl, der schlicht das aufgeschrieben hat, was Mollath ihm gesagt hat. Dass er nämlich vor der Kirche um eine Personenüberprüfung gebeten habe und danach festgenommen worden sei. Ausweislich des Polizeiprotokolls stimmt diese Darstellung Mollaths exakt, die Simmerl in sein Gutachten übernommen hat. Und damit stimmt nicht: die Darstellung Kröbers. So einfach ist das. Kröber stellt das dar, was Simmerl protokolliert hat, und merkt an: Diese Angaben Mollaths wären vom Kollegen Simmerl offenbar nicht als Ausdruck einer wahnhaften Störung gewertet worden. Es ist wohl an der Zeit, Kröber um eine Stellungnahme zu bitten. War er also der Ansicht, dass diese Angaben Mollaths vice versa »Ausdruck einer wahnhaften Störung« seien? »Auf Ihre […] Fragen zum Gutachten Simmerl kann ich nicht antworten, ohne auf Begutachtungsinhalte einzugehen; datenschutzrechtlich sehe ich da Grenzen«, antwortet Kröber.

Kröber kommt in seinem Gutachten zu dem Urteil, es gäbe in der Sache Mollath eine »recht dürftige Informationslage«. Sicherlich, räumt er ein, wäre »es gut und sinnvoll« gewesen, mit Mollath zu sprechen, dieser hätte sinnvollerweise die Chance nutzen sollen, seine Sichtweise darzustellen. Andererseits, urteilt Kröber, könne »eindeutig festgestellt« werden, dass die Materialien, »die insbesondere Dr. Leipziger zusammengetragen hat, vollauf ausreichen, um die Diagnose einer ›wahnhaften Störung‹ zu rechtfertigen«.

Es geht dann noch mal gegen Simmerl: »Unsicherheit über das Vorliegen der Unterbringungsvoraussetzungen geschaffen«, schreibt Kröber, »hat offenbar allein das Gutachten von Herrn Dr. Simmerl.« Das Wort »allein« ist in dem Zusammenhang interessant, war doch Simmerl auch derjenige, der »allein« und als Einziger Mollath zu dem Zeitpunkt untersucht hat. Simmerl habe es »offenbar durchaus für naheliegend halten« wollen, dass die Ehefrau Mollaths »in große kriminelle Geldverschiebegeschichten mit der Schweiz verwickelt war«, dass die Beschuldigungen Mollaths also wahr seien. Der Professor aus Berlin urteilt über den Nervenarzt aus Niederbayern: »Bei Kenntnis der Sachlage vermag dieses Gutachten […] durchaus Verwunderung zu erwecken.«

Jetzt wird es ziemlich heftig für Simmerl. Kröber hätte dem

Vormundschaftsgericht geraten, zur Frage der Geschäftsfähigkeit »vielleicht doch einen kompetenteren Sachverständigen anzuhören, der sich gerade in einer Fragestellung wie hier stärker anhand der aktenkundigen Fakten zurückzuversichern bemüht«.

Kröber sieht die wahnhafte Störung bestätigt, er schlägt vor: Möglicherweise sei »nach einer anfänglichen medikamentösen Behandlungsphase so viel Effekt zu erzielen«, dass sich Mollath, der eine Therapie ablehnt, »schließlich zu einem kooperativen Verhalten entschließen könnte«.

Vorletzter Satz des Gutachtens: In Simmerls Gutachten werde unzutreffend angenommen, dass die »Überzeugungen des Probanden nicht wahnhaft sind, sondern der Realität« entsprächen.

Mollath kam 2009 wieder nach Bayreuth zurück. Zum Chefarzt Leipziger.

Bezirkskrankenhaus Bayreuth, Dienstag, 30. November 2010

Am 30. November 2010 stellt sich Friedemann Pfäfflin bei Mollath vor, Facharzt für Psychiatrie und Psychotherapie aus Ulm, dort auch Professor. Es ist das erste externe seit Kröbers Gutachten nach Aktenlage. Mollath will mit Pfäfflin sprechen. Unangenehmer als das, was Kröber vom Schreibtisch in Berlin aus produziert hat, kann das Gutachten eines externen Sachverständigen für ihn auch nicht ausfallen. Es wird ein Gespräch mit Folgen.

Man trifft sich im Besucherzimmer der Station FP 6. Pfäfflin hält sich dort von 10 bis 19 Uhr auf. Er spricht nicht nur mit Gustl Mollath, sondern er liest auch dessen Krankenakte, studiert drei Bände sogenannter Vollstreckungshefte der Staatsanwaltschaft Nürnberg-Fürth und spricht sowohl mit dem Oberarzt als auch der Stationsärztin über Mollath.

Für sein anschließendes Gutachten braucht Pfäfflin gut zwei Monate; es stammt vom 12. Februar 2012. Er listet zunächst einige Dokumente aus der Klinik auf, am Anfang gleich eine Beschwerde Mollaths vom 8. September 2009. Mollath habe sich über Schlafentzug bei nächtlichen Kontrollen beschwert, die er als Folter qualifiziere. Das erstaunt. Denn über diese Beschwerde hat man in den internen Stellungnahmen des Bezirkskrankenhauses an die Strafvollstreckungskammer nichts gelesen. Warum? Ist die Tatsache, dass sich da einer über Schlafmangel beschwert, darüber, dass er mehrfach in der Nacht aufgeweckt wird, nicht erwähnenswert? Spielt das keine Rolle, wenn man als Klinik darüber räsoniert, wie es da einem Menschen geht und warum sich dieser Mensch möglicherweise ungerecht behandelt fühlt? Und dieser Mensch dann, überzogen, aber zumindest im übertragenen Sinn nachvollziehbar, in seiner Wut formuliert: Er werde mit Schlafentzug »gefoltert«.

Aber: Stimmt das überhaupt, gibt es tatsächlich solche Schlafunterbrechungen? Mollath beklagt sich in der Tat, auch heute noch mehrmals pro Nacht aus dem Schlaf gerissen zu werden. Das hört sich unglaubwürdig an. Jeden Menschen dürften Schlafunterbrechungen in seinem Seelenheil beeinträchtigen. Und in einem Bezirkskrankenhaus geht es doch darum, dass die Seele gesundet – oder nicht? Leipziger antwortet schriftlich: »Bei Patienten der Klinik für Forensische Psychiatrie finden – wie in psychiatrischen Krankenhäusern geboten, auch aus Fürsorgeverpflichtung gegenüber den Patienten – nächtliche Kontrollen durch die Mitarbeiter statt, bei denen allerdings besondere Rücksicht auf den Schlaf der Patienten genommen wird.« Das ist schön und beruhigend, könnte man jetzt sagen, dass da besondere Rücksicht auf den Schlaf der Patienten genommen wird. Aber bei Mollath nutzt das offenbar nichts. Er werde immer wieder gestört, sagt er, wache auf und könne dann nicht mehr einschlafen.

Manchmal habe er morgens auf den Hofgang verzichtet. Allein, um ausschlafen zu können. So sehr schlauchten ihn die ständigen Nachtkontrollen. Das ist kein Grund für eine Erwähnung in den internen Stellungnahmen an die Strafvollstreckungskammer, wo doch jede Konfliktsituation auf das akribischste aufgeschlüsselt wird? Wäre das nicht vielleicht ein Grund, warum sich einer gelegentlich nach all den Jahren nicht mehr permanent im Griff hat? Offenkundig nicht. In der Pflegedokumentation wird im Mai 2010 berichtet, Mollath habe nachts um 2:30 Uhr »bei der Zimmerkontrolle« laut geschrien und das Personal beschimpft. Kann man sich wirklich nicht vorstellen, warum?

Immerhin, bei Pfäfflin findet sich ebendie Beschwerde über die Schlafsituation. Allerdings wird sie nur genannt, nicht ausgeführt oder gar diskutiert.

Eine zweite Erwähnung verblüfft: In der Lockerungskonferenz der Klinik in Bayreuth habe man im November 2010 »keine von [Mollath] ausgehende Allgemeingefährdung gesehen und keine Fluchtgefahr« festgestellt. Erstaunlich, keine Allgemeingefährdung. Ein kleiner Satz, eine winzige Bemerkung in einer Dokumentation. Aber war »Allgemeingefährdung« nicht mal der Anlass für die Einweisung? Es folgt die Schilderung von Mollaths Geschichte; sie ist naturgemäß lang. So lang, dass sich Pfäfflin zwischendurch kurz das Zimmer Mollaths zeigen lässt. Dessen Zimmerkollege liegt gerade im Bett. Er steht auf und zeigt Pfäfflin Schimmel am Duschvorhang und an der Wand. Interessant: In einem Krankenhaus schimmelt es. Liegt es möglicherweise auch an solchen Zuständen, dass sich Mollath als Häftling und nicht als Patient bezeichnet?

In dem Gespräch zwischen Mollath und dem Gutachter Pfäfflin gibt es später einen extrem spannenden Moment. Man würde den Professor tatsächlich sehr gerne zu seinem Gutachten befragen, leider spricht er darüber nicht mit uns. Pfäfflin, so hat er selbst notiert, habe Mollath in dieser Situation mit dem Problem konfrontiert, das man als Gutachter grundsätzlich habe: Man müsse als Sachverständiger davon ausgehen, dass das rechtskräftige Urteil in sich, jedenfalls in den wesentlichen Zügen, stimmig sei. Ein Gutachter, sagt Pfäfflin, der sich darüber einfach hinwegsetze, bugsiere sich selbst »ins Aus«.

Da teilt ein Gutachter einem Insassen einer geschlossenen Anstalt seine Probleme mit. Ist das üblich? Oder könnte das daran liegen, dass Pfäfflin, der die Akten natürlich zuvor studiert hat, ebenfalls schon Zweifel gekommen sind, ob das alles so stimmen kann, was da drinsteht. Oder: Kommen Pfäfflin Zweifel, als er diesem Mann gegenübersitzt, der seine Argumente in einer unaufgeregten Art vorträgt?

Es kommt noch schöner: Der Gutacher Pfäfflin stellt Mollath im November 2010 die Frage, die sich exakt zwei Jahre später sehr viele Menschen in Deutschland stellen werden: warum denn bitteschön Mollaths »Wiederaufnahmeverfahren bisher noch nicht auf den Weg gebracht« worden sei. Das ist nun wirklich sehr hübsch. Wer die Akten gelesen hat, dem sollte aufgegangen sein, dass möglicherweise gerade die Zunft der Gutachter eine nicht ganz unerhebliche Rolle dabei gespielt hat. Nun sitzt ein Gutachter bei Mollath – und fragt ihn, wie das denn sein könne, dass es da bislang keine Wiederaufnahme gebe.

Was soll Mollath nun darauf antworten? Dass es exakt diese Frage ist, die ihn seit Jahren pausenlos umtreibt? Und dass er genau diese Frage sehr gerne selbst mal beantwortet bekommen hätte: und zwar von Juristen und Gutachtern?

Pfäfflin will noch einmal zurück zur fehlgeschlagenen Begegnung zwischen seinem Berliner Kollegen Kröber und Mollath. Pfäfflin wählt eine bemerkenswerte Formulierung: Ob Mollath nicht einfach »eingeschnappt« gewesen wäre, weil sich »dieser Gutachter nicht, wie in seinem Artikel gefordert, rechtzeitig zur Untersuchung angekündigt« habe? Mollaths Antwort: Mit »eingeschnappt« habe das gar nichts zu tun. »Ich wollte erst Einblick in die Krankenakte haben, um alles aus dem Weg zu räumen, was dort nicht stimmt«, sagt er.

Mollath erzählt dann davon, dass er sich 2006 freiwillig vor der Lorenzkirche habe festnehmen lassen. Er wollte dies unter Zeugen tun, weil seine erste Festnahme ein Jahr zuvor für ihn auf so traumatische Art vonstattengegangen sei. Mollath erwähnt auch, dass diese Festnahme kurioserweise falsch im

Urteil des Jahres 2006 wiedergegeben wurde – und noch einige Details mehr aus seiner Geschichte. Zum Beispiel, wie ihn Richter Brixner angeschrien habe. Daraufhin interveniert Pfäfflin:»Lassen Sie uns einmal einhalten. Eine Geschichte, die Sie erzählen, klingt schrecklicher als die andere; lassen Sie uns noch einmal zu übergeordneten Gesichtspunkten kommen.« Mollath führt noch weitere Details seiner Geschichte auf. Und dann konfrontiert ihn Pfäfflin mit einer »Überlegung«: dass es sein könne,»dass es Situationen im Leben gibt, […] in denen man womöglich Unrecht erleidet und Leid ertragen muss«, und zwar ohne je recht zu bekommen oder entschädigt zu werden.

Wenn der Sachverständige Pfäfflin den Insassen Mollath mit dieser Überlegung konfrontiert, heißt das dann nicht, dass Pfäfflin es für wahrscheinlich hält, dass Mollath seine Geschichte in diesen Details gar nicht frei erfinden kann?

Es folgt ein besonders Bonmot aus dem klinischen Alltag. Pfäfflin beschreibt ein Gespräch mit einem Oberarzt der Klinik, in dem dieser erläutert habe, dass Mollath ständig Anträge und Eingaben schreibe,»so dass man gar nicht dazu komme, seine Gefährlichkeit zu beurteilen«. Langsam: Die Klinik kommt gar nicht dazu, die Gefährlichkeit Mollaths einzuschätzen. Weil dieser Anträge schreibt. Mollath ist wegen Gemeingefährlichkeit eingewiesen worden. Sollte das von einem Oberarzt einer geschlossenen Anstalt in Deutschland tatsächlich so gesagt worden sein, dann ist das, gelinde gesagt, eine Groteske. Professor Pfäfflin freilich hinterfragt die von ihm zitierte Aussage nicht.

Entgegen seinen Erwartungen, schreibt Pfäfflin resümierend, habe sich Mollath »unkompliziert« zur Begutachtung und zur Mitarbeit bereit erklärt. Er hätte »vermutlich noch über weitere Stunden Details berichtet, wenn ich dafür zur Verfügung gestanden hätte«. Er habe »durchgängig konzentriert« gewirkt, formal und inhaltlich im Wesentlichen geordnet.

Mollaths Denken sei nicht zerfahren. Vielmehr argumentiere er im Wesentlichen sachlich und sei darum bemüht, zu belegen, was er vorträgt. Darin wirke er »pedantisch, zwanghaft und unflexibel«. Die Kenntnis der Chronologie seiner Geschichte habe Mollath charakterisiert als unabdingbare Voraussetzung dafür, dass sich sein Gegenüber ein angemessenes Bild von den Hintergründen der von ihm als Unrecht empfundenen Festnahme und Unterbringung in der Psychiatrie machen könne.

Wenn er über das ihm widerfahrene Unrecht rede, dann wirke Mollath »nicht innerlich angespannt, aggressiv geladen oder voller Wut und Hass«. Es dominiere in solchen Passagen eher »die Anklage«.

Pfäfflin habe Mollath dann noch Folgendes gefragt: Ob es ihm etwas nützen würde, wenn er als Sachverständiger sagen würde, Mollath sei gar nicht paranoid – so dass er aus Mangel an inhaltlicher Grundlage aus dem Maßregelvollzug entlassen werden müsste. Mollath habe dies »bemerkenswerterweise« verneint und betont: Darum gehe es ihm gar nicht, sondern ausschließlich um ein Wiederaufnahmeverfahren, in dem seine Unschuld festzustellen sei. Insgesamt, stellt Pfäfflin fest, wirke Mollath auf ihn »sehr einsam«.

Vor dem Befund von Pfäfflin sollte man kurz zusammenfassen, was der Gutachter bislang aus dem Gespräch mit Mollath notiert hat: Unkompliziert findet er ihn. Durchgängig konzentriert. Etwas detailverliebt vielleicht. Im Wesentlichen sachlich. Wenn es aber um die Faktizität des Geschilderten und dessen Nachweis geht, durchaus pedantisch. Allerdings ohne dabei innerlich angespannt, aggressiv oder voller Wut und Hass zu sein. Sondern eher sachlich anklagend. Auch als einsam empfindet Pfäfflin Mollath. In der Klinik unterfordert. Insgesamt aber auf eines fokussiert: auf ein Wiederaufnahmeverfahren.

Das sind die Eindrücke, die Pfäfflin aus diesem Gespräch mitgenommen hat. Nun kommt die »diagnostische Beurteilung«.

»Die Einweisungsdiagnose der wahnhaften Störung gilt [...] auch heute noch«, schreibt er. Mollath werde das darin bestärken, dass Psychiater, die schon lange tätig seien, »gar nicht mehr zu einem unabhängigen Urteil in der Lage sind«. Habe Mollath doch gehofft, dass er als Gutachter »zur Aufklärung des von ihm behaupteten Bankenskandals« beitrage. So, wie er auch erwarte, dass der für ihn zuständige Oberarzt die Machenschaften der Hypobank aufklären solle, so dass mit ihm über anderes kaum ins Gespräch zu kommen sei. Allein das spreche für eine verzerrte Realitätswahrnehmung, denn diese Personen seien weder Kriminalisten noch Juristen und hätten bei ihren Beurteilungen »zunächst einmal von den Feststellungen des rechtskräftigen Urteils auszugehen«. Die falschen Adressaten also.

Die Überprüfung, ob sich Mollath aufgrund eines Komplotts hinter Klinikmauern befindet und ob ihm »die dem Urteil zugrunde liegenden Tatsachen zu Unrecht unterstellt wurden, ist nicht Sache des Gutachters«.

Alle diese Feststellungen stimmen vermeintlich. Die Gutachterzunft kann sie für sich in Anspruch nehmen, womöglich muss sie das sogar. Aber alle tragen sie zur fatalen Mechanik des Fall Mollaths bei. Und das auf beklemmende Weise.

Während das Gericht auf das Urteil der Gutachter verweist, es mehr oder minder einfach abschreibt, bestenfalls paraphrasiert und sich kein eigenes Urteil zutraut. Während also die Justiz sich auf die sogenannten psychiatrischen Sachverständigen verlässt, verlassen sich die sogenannten Sachverständigen ebenso blind auf die Justiz. Wird schon richtig sein, was die Psychiater sagen, sagen die Juristen. Wird schon richtig sein, was die Juristen sagen, sagen die Psychiater.

Pfäfflin ist also vollkommen unschuldig. Allerdings ist seine Bemerkung, Mollath habe auf ihn eine »vage Hoffnung geknüpft«, er als Gutachter solle zur Aufklärung des behaupteten Bankenskandals beitragen, nun ja, nicht richtig wahrhaftig. Jedenfalls dann nicht, wenn Pfäfflin zuvor alles richtig protokolliert hat. Mollath hat ihm schlicht seine Geschichte erzählt. Diese ist eine fundamentale Voraussetzung für seine aktuelle Situation. Deswegen hat er seine Geschichte erzählt. Und nicht, weil sich der Gutachter Pfäfflin als kleiner Sherlock Holmes betätigen soll.

Des Gutachters Suada steigert sich nun zum Höhepunkt, fast möchte man »Bitte festhalten« rufen. Ungeachtet dieser Feststellung, dass es nämlich nicht Sache des Gutachters ist, behauptete Tatsachen des Untersuchten zu überprüfen, müsse im Gutachten selbstverständlich darauf aufmerksam gemacht werden, wenn im Rahmen der Untersuchung Informationen auftauchten, die zum Zeitpunkt des Einweisungsurteils noch nicht bekannt waren und »die Zweifel an der Täterschaft des Begutachteten begründen«.

Neue Unterlagen bzw. Informationen habe Mollath »nicht vorgelegt«.

Kann es sein, dass da einer Scherze macht? Oder ist es dem Gutachter einfach noch nicht aufgegangen, dass dem besagten Herrn M. seit fast fünf Jahren seine Freiheit entzogen wurde? Und es ihm von dort auch nicht ganz einfach sein dürfte, mal rasch neue Unterlagen bzw. Informationen vorzulegen. Gut versteckt in der Registratur der Hypovereinsbank schlummert zum Zeitpunkt, als der Gutachter Pfäfflin das so bekundet, seit sieben Jahren eine ziemlich relevante »Unterlage«. Wer könnte diese beschaffen? Mollath?

Immerhin: Dass Mollath »viel Insiderwissen über grenzüberschreitende Finanzaktionen« habe, das ist Pfäfflin in dem Gespräch aufgegangen. Er ist insofern offenbar weiter als die Staatsanwaltschaft, die ja weder die HVB noch die Steuerfahnder und schon gar nicht mögliche Kunden mit lästigen Anfragen über Gebühr belästigen wollte. Pfäfflin hält es sogar für »nicht ausgeschlossen«, dass Mollath »auch Wissen über illegale Praktiken erworben hat«. Es folgt der Satz, auf den sich die Juristen seither berufen: »Diese sind aber nicht Gegenstand des Verfahrens, sondern die ihm selbst vorgeworfenen Taten.«

Ach ja? Einer der wichtigsten Punkte, wenn nicht gar der wichtigste Punkt, um Mollath für wahnkrank zu erklären, war dessen angebliche »Schwarzgeldkreis«-Paranoia. Könnte es sein, dass es zu mühsam ist, Mollaths Geschichte und die darin beinhalteten Vorwürfe zu überprüfen? Und dass deshalb an der Stelle leichthin behauptet wird, die Frage sei nicht Gegenstand des »Verfahrens«? Es ist richtig: Die Schwarzgeldvorwürfe waren nicht Gegenstand von Ermittlungen, schlimm genug. Aber im Urteil gegen Mollath spielten sie eine maßgebliche Rolle.

Mollath weite den Kreis derer, die in das Unrechtssystem verstrickt seien, sukzessive aus, so dass »immer mehr Personen als Verfolger bzw. als an dem Unrechtssystem aktiv Beteiligte identifiziert werden«. Das stimmt natürlich. Warum aber? Weil der Berliner Gutachter Kröber beispielsweise ursprünglich nicht von Mollath als einer benannt wurde, der ihm unrecht getan hat. Nachdem Kröber aber sein Gutachten aus der Ferne geschrieben hatte, schon. Ist das wahnhaft?

Wie aber kommt Pfäfflin zu seiner Diagnose, dass Mollath auch weiterhin unter einer »wahnhaften Störung« leide? Ganz einfach: Pfäfflin bezieht sich auf das »Einweisungsgutachten von Dr. Leipziger«: Die dort verarbeiteten schriftlichen Quellen, insbesondere die dort erwähnten Zitate von Mollath sowie dessen Verhalten, böten »ausreichend einschlägiges Material, um die Diagnose zu begründen«. Weiter: »Inhaltlich braucht das nicht alles wiederholt zu werden«, schreibt Pfäfflin. Muss Mollath also weiter in einem psychiatrischen Krankenhaus untergebracht werden? Ja, urteilt Pfäfflin: Mollath habe sich »bisher noch nicht von seinen als wahnhaft eingestuften Überzeugungen entfernt«.

Pfäfflins Gutachten aus Kollegensicht

Klemens Dieckhöfer hat auch dieses Gutachten methodenkritisch analysiert. Sein Urteil fällt vernichtend aus. Es soll hier nur kurz angerissen werden. Dieckhöfer urteilt:»Das Gutachten vermeidet in geradezu grotesker Weise jegliche eigene Meinungsbildung, insbesondere durch Einholung echter, nachprüfbarer fremdanamnestischer Angaben aus dem Umfeld des Herrn Mollath, nur um auf jeden Fall die Diagnose einer Wahnkrankheit felsenfest zu perpetuieren.« Pfäfflin bediene sich dabei einer »geradezu lächerlichen unwissenschaftlichen Argumentation« und »absurder diagnostischer Äußerungen«. Der Gutachter Pfäfflin drehe sich »völlig im Kreise« und mache sich in »geradezu uneinfühlbarer Weise zum Befehlsempfänger offensichtlich vorgegebener Strukturen«. Auch dieses Schreiben Dieckhöfers geht an Ministerin Merk. Ohne nennenswerte Folgen.

Garmisch-Partenkirchen, 30. April 2011

Aus dem Jahr 2011 stammt noch ein weiteres Gutachten, das von Friedrich Weinberger, Facharzt für Neurologie und Psychiatrie. Auch er hat mit Mollath gesprochen, und der ließ sich von ihm untersuchen. Weinberger kommt zu einem völlig anderen Befund als Pfäfflin wenige Monate vor ihm. Ende April 2011 gelangt er zu der Überzeugung, dass Gustl Mollath unverzüglich aus der Psychiatrie entlassen werden müsse. Er beschreibt Mollaths Persönlichkeit als die eines »altruistisch und sozial engagierten, freundlichen und friedfertigen, eher ängstlichen, etwas zwanghaften, gerechtigkeitssuchenden Menschen«. Seine angebliche psychische Erkrankung sei, so Weinberger weiter, als »reines Konstrukt« anzusehen.

Belastbare Befunde dafür habe es »offensichtlich von Anfang an nicht gegeben«. Weinberger hat sein Gutachten im Auftrag der »Arbeitsgemeinschaft Solidarität mit Gustl Mollath« erstellt, die sich zuvor gebildet hatte. Er gehört dieser selbst nicht an. Er habe, so betont Weinberger, sein Gutachten »unabhängig von Wünschen und Hoffnungen des Auftraggebers nach bestem fachärztlichem Wissen und Gewissen erstellt«. Vor der Strafvollstreckungskammer Bayreuth aber ist dem Gutachten kein Erfolg beschieden. Gustl Mollath bleibt eingesperrt.

KAPITEL 8

Leben hinter weißen Wänden

Das erste Gutachten eines Psychiaters in einem Fall. Das Urteil eines Gerichtes. »Gebetbücher« nennt sie Gustl Mollath. Soll heißen: Die Feststellungen eines Sachverständigen oder eines Richters schaffen Fakten, die in der Folgezeit wie in Stein gemeißelt sind. »Daran wird nicht mehr gerüttelt«, sagt Mollath, »das wird dann durchgesetzt auf Teufel komm raus.« Auffälligkeiten in einem Gutachten oder einem Urteil, Fehler gar – hernach interessiere das niemanden mehr.

Es ist Ende März 2013. Gustl Mollath ist inzwischen ein Medienprominenter, ein unfreiwilliger, versteht sich. Die ersten Interviews mit Medien gingen vor Monaten noch einigermaßen problemlos vonstatten. Dann aber wurden seine Sprechzeiten vom Bezirkskrankenhaus Bayreuth beschränkt. Maximal viermal am Tag darf er zwanzig Minuten lang telefonieren, Gespräche in Mollaths Abteilung dürfen sowieso nicht aufgezeichnet werden. Auch das Interview, das die *Süddeutsche Zeitung* am 28. März 2013 druckt, wurde telefonisch geführt. Es trägt eine Aussage Mollaths als Überschrift: »Man fühlt sich wie der letzte Dreck.« Mollath erzählt, er spreche aus »einem Kabäuschen mit Telefon auf dem Tisch«, schräg gegenüber vom Personal. »Man hat hier nur eine Pseudo-Privatsphäre.«

Mollath berichtet in dem Interview auch von seinem Alltag hinter weißen Mauern. Zum Beispiel davon, dass er seit Jahren nachts alle zwei Stunden von Pflegern geweckt wird. Dass in Stasi-Gefängnissen Häftlingen auf ähnliche Weise der Schlaf geraubt wurde, galt und gilt als Indiz für den menschenverachtenden Unrechtsstaat DDR. Für die Praxis in psychiatrischen Kliniken Bayerns gibt es eine offizielle Erklärung: Die Überwachung erfolge zur eigenen Sicherheit, um Suizide der Patienten zu verhindern. »Als würde man für einen Suizid mehr als zwei Stunden brauchen«, sagt Mollath. »Ich wache mehrmals auf wegen dieser Kontrollen in der Nacht. Seit Jahren ist das so.«

Mollath hat sich in den sieben Jahren in der geschlossenen Psychiatrie strikt geweigert, an Therapien teilzunehmen oder Psychopharmaka zu schlucken. Ein Umstand, der ihm von Anfang an negativ ausgelegt wurde: Da ist einer, der sich nicht helfen lassen will. Der nicht einsieht, dass er krank ist. Und wer sich als Kranker, als psychisch Kranker zumal, nicht helfen lassen will, der kommt eben nicht mehr raus.

Um abschätzen zu können, wie vor allem der Bayreuther Chefarzt und Gutachter Klaus Leipziger Mollaths Leben in der geschlossenen Anstalt seit Jahren maßgeblich beeinflusst, ist es sinnvoll, beispielhaft ins Jahr 2011 zurückzublicken. Im April 2011 schreibt die Bayreuther Klinik eine Stellungnahme an die Strafvollstreckungskammer am örtlichen Landgericht. Diese muss einmal jährlich die Unterbringung eines Eingewiesenen überprüfen und klären, ob die Bedingungen für eine Unterbringung noch gegeben sind. So steht es im Gesetz.

Zu dem Zweck holt die zuständige Kammer eine psychiatrische Stellungnahme ein. Dabei handelt es sich zumeist um eine interne Stellungnahme, also eine aus dem Bezirkskrankenhaus Bayreuth. In dieser Stellungnahme aus dem April 2011 findet sich gleich zu Beginn folgende Feststellung: »Diagnostisch und differenzialdiagnostisch schließen wir uns dem verfahrensgegenständlichen Gutachten vom 25. Juli 2005 des psychiatrischen Sachverständigen an, das von einer wahnhaften Störung […] ausgeht.«

Das hört sich erst mal wenig aufregend an. Und würde bei flüchtiger Lektüre den Eindruck entstehen lassen: alles in Ordnung so. Allerdings nur bei flüchtiger Lektüre. Denn das beschriebene Gutachten aus dem Juli 2005, auf das sich die Stellungnahme des Jahres 2011 bezieht, stammt von Klaus

Leipziger. Die Stellungnahme wiederum ist unterzeichnet von einer Stationsärztin und einem stellvertretenden Chefarzt der Bayreuth Bezirksklinik. Sowie, gleich an vorderster Stelle: von Klaus Leipziger, dem Chef der Klinik. Mit anderen Worten: Der Klaus Leipziger des Jahres 2011 und zwei seiner Untergebenen schließen sich dem Klaus Leipziger des Jahres 2005 vollinhaltlich und vollumfänglich an.

Als Gustl Mollath 2009 aus Straubing nach Bayreuth überstellt wird, hat er bereits drei Jahre geschlossene Anstalt hinter sich. Die »besonderen Sicherungsmöglichkeiten« der hermetischer als jede andere Anstalt in Bayern abgeriegelten forensisch-psychiatrischen Klinik in Straubing seien inzwischen nicht mehr nötig, heißt es in einer Stellungnahme der Bayreuther Klinik an das bayerische Sozialministerium. Darin findet sich exemplarisch, wie das im Fall Mollath über Jahre hinweg so läuft zwischen Gericht und Psychiatrie. Man beruft sich gegenseitig aufeinander und bestätigt sich gegenseitig.

Es ist wie mit der Henne und dem Ei. Liest man nur die Dokumente der Justiz, würde man sagen: Die Psychiatrie und ihr Gutachterwesen waren für die Entscheidungen verantwortlich. Liest man die Schreiben aus der Psychiatrie, scheint es ebenfalls eindeutig zu sein: Selbstverständlich ist die Justiz dafür verantwortlich.

Ein Beispiel. Klaus Leipziger hat 2005 das Gutachten erstellt, aufgrund dessen das Gericht 2006 Mollath in die geschlossene Psychiatrie eingewiesen hat. 2009 bezieht sich ebenjener Leipziger auf das Gerichtsurteil, in dem festgestellt worden sei, dass Mollath unter einem Wahn leide. Einen schöneren, einen hermetischeren Zirkelschluss kann man sich kaum vorstellen.

Es geht aber noch weiter. Leipziger schreibt 2009 ans Sozialministerium: »Mit Sicherheit war nach Bewertung des Gerichts jedoch von einer erheblich verminderten Steuerungsfähigkeit gemäß § 21 StGB bei Herrn Mollath auszugehen.« Nach Bewertung des Gerichts? Nun ja: Im Urteil des

Landgerichts Nürnberg-Fürth lautet der entsprechende Satz:
»Damit lägen in sämtlichen geschilderten Fällen die Voraussetzungen des § 21 StGB mit Sicherheit vor.« Will heißen: ver-
minderte Schuldfähigkeit wegen Krankheit. Nur: Das Gericht
hat auch diesen Satz nicht etwa im Indikativ gesetzt. Es steht
dort eben nicht, dass die Voraussetzungen für verminderte
Schuldfähigkeit vorliegen. Es steht dort, dass »damit« diese
Voraussetzungen »vorlägen« – und zwar »mit Sicherheit«.
Das Gericht beruft sich auf den Gutachter Leipziger. In dessen Gutachten heißt es 2005: »Ohne Zweifel« spreche das
Verhalten Mollaths dafür, dass dieser sich zur angeblichen
Tatzeit in einem Zustand befunden habe, aufgrund dessen
seine »Steuerungsfähigkeit im Sinne des § 21 StGB erheblich
beeinträchtigt« gewesen sei.

Sicher ist hier nur eines: dass diese in sich kreisende Selbst-
bestätigung einer einmal gemachten Hypothese mit dem ge-
meinhin existierenden Begriff von Sicherheit nichts zu tun
hat. Und zwar absolut nichts. Im Schreiben Leipzigers an das
Sozialministerium bestätigt sich ein Mensch lediglich selbst:
ein Gutachter.

Wer sich tiefer in die Akten dieses Falles vergräbt, stößt auf
zahlreiche, für Außenstehende bizarr anmutende Vorgänge
und Formulierungen. Einmal heißt es seitens der Bayreuther
Bezirksklinik, Gustl Mollath sei im Mai 2009 von Straubing
aus in »einer regional zuständigen Maßregelvollzugsklinik«
untergebracht worden, weil dies für ihn »günstiger« gewesen
sei. Mit anderen Worten: Mollath wurde zu seinem ehemaligen Begutachter Leipziger zurückverlegt, dem Chefarzt der
Bayreuther Klinik. Ohne Frage ist eine Verlegung aus einer
Hochsicherheitsklinik »günstiger« für den Eingewiesenen.
Ob eine solche im konkreten Fall aber wirklich auch »günstig« war für Mollath, muss mal dahingestellt bleiben. Wenn
ein Chefarzt einen Wahn festgestellt hat, was sollte ihn so
schnell dazu bewegen, zu einem späteren Zeitpunkt zu einem
anderen Ergebnis zu kommen? Zumal dann, wenn der sperri-
ge Patient Therapien ablehnt und sich weigert, Psychophar-

maka zu schlucken. Mit dem Argument, er sei schließlich gesund. Lediglich die Sporttherapie nutzt Mollath, um fit zu bleiben.

Bei Leipzigers Stellungnahme an die Strafvollstreckungskammer liest sich das so: Es sei zu »keinen wesentlichen Veränderungen« gekommen. Mollath sei »unverändert weiterhin der Überzeugung«, dass seine Unterbringung nicht gerechtfertigt sei; dass er ein »Opfer des Bankensystems« sei; und »dass man ihn als unliebsamen Mitwisser aus dem Weg räumen wolle, da er Schwarzgeldverschiebungen, in die seine Ehefrau verwickelt sei, aufdecken wollte«.

Es gelinge nicht, »mit Herrn Mollath in einen konstruktiven Dialog über therapeutische Zielsetzungen seines Aufenthalts zu kommen«. Das muss ein Chefarzt natürlich als Provokation empfinden. Wenn einer partout nicht einsehen will, dass er einem »Wahn« anheimgefallen sein soll, partout an seinen »Überzeugungen« festhält und deshalb partout nicht therapiert werden will, weil er nicht nachvollziehen kann, welche seiner »Überzeugungen« denn da nun wegtherapiert werden sollen – dann ist das aus Sicht eines Nervenarztes einfach nicht »konstruktiv«.

Dass sich Mollath dann auch noch an der falschen Stelle von der Gemeinschaft abnabelt, findet die Klinikleitung einer kritischen Erwähnung wert: Mollath beteilige sich »nicht an Gemeinschaftsveranstaltungen wie Frühstücksgruppe, Weihnachtsfeier oder Ähnlichem«. Auch das wird gegen ihn ausgelegt. Niemand nimmt zur Kenntnis, dass Mollath mit Weihnachten schon sehr lange nichts mehr anfangen konnte, auch lange nicht, bevor er in der geschlossenen Psychiatrie landete. Schon 1976, als Zwanzigjähriger, entsagte er dem »Geschenketerror« und forderte seine Umgebung auf, lieber für Amnesty International zu spenden.

Und zur anderen Absenz: Die Eigenheit, das Frühstück nicht zwanghaft mit anderen einnehmen zu wollen, dürfte Mollath vermutlich mit vielen anderen Menschen teilen. Zumal wenn es sich bei den Mitbewohnern zum Teil um Men-

schen handelt, die schwere oder gar schändliche Verbrechen
begangen haben. Da dürften auch Gesunde keine große Lust
auf gemeinsame Unternehmungen verspüren.

Der konsequente Rückzug in den Raum, der im Bezirkskrankenhaus Patientenzimmer heißt und den Mollath
»Haftraum« nennt, hat aber noch eine andere Bewandtnis: Im
Gespräch hat Mollath immer wieder betont, dass er »sämtliche Reibungsflächen« im Krankenhaus konsequent meide.
»Solange ich mich in meinem Haftraum aufhalte, kann mir
keiner was anhängen«, sagt Mollath. Schon allein, weil es
dann praktisch zu keinerlei Konfrontation mit anderen – sei-
en es Klinikpersonal oder Mitpatienten – komme.

Drei Textseiten sind es, die Klinikchef Leipziger für die
jährliche Prüfung der Unterbringung durch die Strafvollstreckungskammer am Landgericht Bayreuth am 20. April 2011
schreibt. Am Ende steht die für Mollath massiv bedrohliche
Bewertung, dass »der Sinn und Zweck der Maßregelvollzugs-
behandlung bei Herrn Mollath noch nicht erreicht« sei. Er sei
»weiterhin weder krankheits- noch behandlungseinsichtig«
und lehne »die Zusammenarbeit mit Klinikmitarbeitern« ab.
Auch die »Gewähr einer Lockerungserweiterung« habe »zwischenzeitlich leider nicht dazu geführt, einen besseren thera-
peutischen Zugang zum Patienten zu finden«. Vor allem sei
dessen »wahnhaftes Verhalten« im »Laufe der Jahre nicht weniger geworden«, sondern habe sich »aus unserer Sicht eher
verfestigt und vom Umfang her erweitert«.

Mollath, so schreibt Leipziger, verharre weiterhin in den
Denkschemata, dass »ihm Unrecht geschehe, er Opfer des
Bankensystems sei« und dagegen »sowie gegen alle, die ihm,
z. B. durch die Unterbringung, unrecht getan hätten, vorgehen müsse«. Mit anderen Worten: Aus fachlicher Sicht des
Psychiaters muss dem Gericht die Fortdauer einer Verwah-
rung hinter weißen Wänden empfohlen werden. In der Stellungnahme von Leipziger werden noch zwei Gutachten erwähnt (Kröber/Pfäfflin), die seine These vom Wahn stützen.

Die Folge: Die Strafvollstreckungskammer Bayreuth

schließt sich am 9. Juni 2011 den »in sich schlüssigen« Dar-
legungen des Chefarztes vorbehaltlos an. Gustl Mollath bleibt
in der geschlossenen Anstalt. Der nächste Prüfungstermin
wird auf den 8. Juni 2012 festgelegt. Das heißt genau ein Jahr
später. Eine Beschwerde dagegen verwirft das Oberlandesgericht Bamberg. Im Beschluss des zuständigen Senats wird
vieles aus dem Urteil der Strafverfolgungskammer einfach
übernommen.

Die Stellungnahme des Jahres 2012 aus dem Bezirkskrankenhaus Bayreuth beginnt mit keiner Überraschung: Leipziger schließt sich dem Gutachter des Jahres 2005 an, sich selbst
also. Trotzdem hat sich etwas verändert. Der Chefarzt und
eine Oberärztin attestieren Mollath eine »Interessenseinen-
gung« auf »Fernsehen« sowie eine »Beschäftigung mit Verfas-
sen von Anträgen bzw. juristischen und unterbringungsrele-
vanten Dokumenten«. Da nutzt einer offenbar tatsächlich die
so ziemlich einzige Freizeitmöglichkeit, die er hat, das Fernsehen. Und die ihm erst seit zwei Monaten zur Verfügung
steht, jedenfalls, was die freie Auswahl der Programme betrifft. Vorher musste Mollath jahrelang im Gemeinschafts-
raum fernsehen, allerdings nicht ARD und Arte, was Mollath
gerne sieht, sondern das, was die anderen gerne sehen wollten.
Überdies: Was sollte einer, der sich zu Unrecht weggesperrt
fühlt, auch anderes tun als: Anträge schreiben?

Bei Mollath sei eine »inhaltlich deutliche thematische Ein-
engung auf das Unrechtserleben« zu beobachten. Mit anderen
Worten: Da bewegt sich einer, der sich zu Unrecht weggesperrt fühlt, irgendwie thematisch nicht recht vom Fleck.
Auch verbal sei der Mann aggressiver geworden; bei ihm
herrschten offenbar Gefühle vor wie »Benachteiligung, Ver-
bitterung, überdauernd erlebte Frustration«. Bei im Übrigen
deutlich »eingeschränkter Befähigung, soziale Konflikte reif
und adäquat lösen zu können«. Das wiederum scheint in dieser Form neu zu sein: Entwickelt sich da etwa einer zurück?
Aber: Kann das überhaupt möglich sein bei einer psychiatrischen Rundumbetreuung? Oder vielleicht gerade deshalb?

Dass Mollath sich auf der Station allmählich zum Labileren und nicht unbedingt zu seinem Vorteil entwickelt hat, dafür gibt es zahlreiche Hinweise. Begleiter seines Unterstützerkreises berichten dies. Sie hätten Mollath in der Zeit vor 2012 als entspannteren Menschen kennengelernt. Im Dokument aus dem Bezirkskrankenhaus Bayreuth scheint sich das zum Teil zu bestätigen: Dort wird von zunehmenden Konflikten mit Mitpatienten berichtet, die sich von Mollath provoziert fühlten und sich darüber beklagt hätten, dass er sie beleidige. Mollath scheint dünnhäutiger geworden zu sein. Kein Wunder, nach Jahren in der geschlossenen Psychiatrie und angesichts anderer Umstände.

Die Lebens- und Schlafsituation ist alles andere als komfortabel in Bayreuth. Die Akten der Klinik sprechen von einem »starken Belegungsdruck«. Mollath landet anfangs in einem zum Zimmer umfunktionierten, früheren Therapieraum, der »mit vier Betten ausgestattet« ist. Danach erst kommt er in ein Zweibettzimmer. Wer sich noch einmal vergegenwärtigt, welche besondere Klientel in eine forensische Psychiatrie eingewiesen wird (nicht selten Schwerstverbrecher mit schwerer Persönlichkeitsstörung), der mag ermessen, wie schwer einer dort zur Ruhe kommt auf einem Vier-Bett-Zimmer. Ist so eine Unterkunft geeignet, einen ehedem labilen Menschen eher zu stabilisieren? Oder macht sie ihn noch labiler?

Im Januar 2013 zeigt sich mancher anfangs verblüfft, dass Mollath die Bemühungen der Klinik, ihn in eine andere psychiatrische Klinik zu verlegen, trotz alledem ablehnt. Auch der Direktor des Bezirksklinikums rechtfertigte sich, man habe Mollath eigentlich helfen wollen. Das Vertrauensverhältnis zum Chefarzt, Dr. Leipziger, bestehe offenkundig nicht. Insofern könne er es nur bedingt nachvollziehen, dass die Anwälte Mollaths mit allen juristischen Mitteln gegen eine Verlegung angingen.

Wer sich mit Mollath unterhält in dieser Zeit, hat allerdings kaum Schwierigkeiten, dessen Weigerung zu verstehen: »Ich weiß, wie das ist, in eine andere Klinik überstellt zu werden«, sagt er aus Erfahrung. Man fange dort erfahrungsgemäß wieder ganz von vorne an. Das heißt: möglicherweise wieder in einem Mehrbettzimmer. Vielleicht auch wieder ohne eigenen Fernseher. Das wolle er sich unter keinen Umständen antun. Zumal er sich gerade in dieser Zeit auf ein mögliches Wiederaufnahmeverfahren vorbereiten wollte.

In der Bayreuther Klinik wird diese kritische Haltung Mollaths der dortigen Ärzteschaft gegenüber skeptisch beäugt. In der internen Stellungnahme von 2012 wird aufgeblättert, Mollath lehne zwar eine »ärztliche Untersuchung durch klinikangestellte Ärzte« ab. Habe aber – »selbständig und ohne vorherige Absprache« (!) – einen Untersuchungstermin mit »persönlich ihm bekannten Ärzten im Außenraum« organisiert. Die Station findet das offenbar irritierend. Sie setzt »Ärzte seines Vertrauens« in Anführungszeichen. Noch interessanter aber wirkt die Betonung, Mollath habe etwas selbständig und ohne vorherige Absprache organisiert.

So endet die Stellungnahme 2012 der Bezirksklinik für die Strafvollstreckungskammer mit den Worten: »Das wahnhaft ausgestaltete Erleben und daraus ableitbare Verhalten des Herrn Mollath wurde über Jahre hinweg nicht weniger, sondern hat sich aus unserer Sicht eher verfestigt und vom Umfang her erweitert.« Der Satz kommt einem bekannt vor. Er findet sich schon in der Stellungnahme 2011. Und dann steht da noch: »Das Ungerechtigkeitserleben persistiert und ist auch als künftig handlungsleitend einzuschätzen.« Das heißt: Mollath denkt, dass ihm Unrecht widerfahren sei. Und dass das auch künftig so sein wird. Ein beinahe noch wichtigerer Satz folgt: »Herr Mollath ist aufgrund seines querulatorischen und provozierenden Verhaltens letztlich nur im professionellen Rahmen einer geschlossenen psychiatrischen Institution weitestgehend konfliktfrei zu führen, wo sehr sensibel auf potentiell konfliktträchtige zwischenmenschliche Entwicklungen mit entsprechend sehr zeitnaher professioneller Interventionsmöglichkeit reagiert werden kann.«

Wie die Strafvollstreckungskammer auf diese Stellungnahme der Klinik reagiert hat, dürfte klar sein. In einem Beschluss vom 30. Juli 2012 schreibt die Kammer: Das wahnhaft ausgestaltete Erleben und das daraus ableitbare Verhalten Mollaths sei nicht weniger geworden, sondern habe sich dem Umfang nach eher erweitert und habe sich verfestigt. Dieser Satz wird ebenso wortgleich aus der Stellungnahme Leipzigers übernommen wie die Feststellung, dass Mollath nur im professionellen Rahmen einer geschlossenen psychiatrischen Institution weitestgehend konfliktfrei zu führen sei.

Ein Detail aber kommt diesmal tatsächlich hinzu. Am 9. Juli 2012 sei es zu einem »Zusammentreffen« zwischen Mollath und der für ihn zuständigen Oberärztin gekommen. Mollath habe die Ärztin aufgefordert, die Stellungnahme zu korrigieren, letztlich eine »wahrheitsgemäße Stellungnahme« zu formulieren. Widrigenfalls sie mit Konsequenzen rechnen müsse: In einer »Ergänzenden Stellungnahme« hat die Klinik diese Situation geschildert. Der offenbar stark angespannte Mollath habe die Oberärztin »mit deutlicher Unterschreitung des üblicherweise gebotenen Körperkontaktabstandes« zur Korrektur der Stellungnahme aufgefordert. Und die angedrohten Konsequenzen? Was sich im Gerichtsbeschluss bedrohlich anhört, ist in der Stellungnahme so aufgeschlüsselt: Mollath habe angedeutet, dass er gegebenenfalls eine Vielzahl von Zeugen benennen werde, die – so findet es sich zitiert – »für ihn aussagen« würden. Man kann daraus folgern, und Mollath selbst sagt es auf Anfrage auch so: für den Fall, dass er irgendwann doch rauskommt aus der Klapse. In der Stellungnahme findet sich noch der Satz: »Unter anderem stünden zivilrechtliche Vorgehensweisen seinerseits im Raum.«

KAPITEL 9

Es kommt Bewegung in die Sache

Ihm bleibt nichts anderes übrig, die Justizministerin Beate Merk hat ihn entsprechend angewiesen. Staatsanwaltschaften sind nun einmal weisungsgebundene Behörden. Am 30. November 2012 greift der Nürnberger Generalstaatsanwalt Hasso Nerlich zum Telefon, um Horst Böhm, den Leitenden Oberstaatsanwalt in Regensburg, anzurufen. Wenig später schickt er ihm seinen Auftrag auch schriftlich – für die Akten. Nerlich weist die Regensburger Strafverfolgungsbehörde an, einen Antrag auf Wiederaufnahme des Verfahrens zugunsten Mollaths zu stellen. Wohlgemerkt – und das ist sehr verwunderlich – zu stellen, und nicht nur zu prüfen. Für Mollath ist das zwar ausgesprochen positiv, doch andererseits ist es auch merkwürdig, dass eine Ermittlungsbehörde angewiesen wird, einer Sache nicht nur nachzugehen, sondern sie auch gleich mitgeteilt bekommt, was am Ende ihrer Ermittlungen herauskommen muss. Sei's drum. Die Regensburger Ermittler um Oberstaatsanwalt Wolfhard Meindl gehen engagiert ans Werk.

Ehe sie ihren Wiederaufnahmeantrag stellen, kommt ihnen Gustl Mollaths Verteidiger Gerhard Strate zuvor. Am 20. Februar 2013 beantragt er beim Landgericht Regensburg die Wiederaufnahme des Verfahrens und damit die Aufhebung jenes Urteils, mit dem die 7. Strafkammer des Landgerichts Nürnberg-Fürth Gustl Mollath zwar vom Vorwurf der schweren Körperverletzung gegen seine Ehefrau und der Reifenstecherei an Autos ihm missliebiger Menschen freigesprochen, ihn aber als schuldunfähig auf unbestimmte Zeit in die geschlossene Anstalt eingewiesen hat.

Anders als später die Regensburger Staatsanwaltschaft hebt
Strate in seinem Wiederaufnahmegesuch nicht auf neue Zeugen oder Beweise ab. Zwar stellt auch er fest, das von Mollath in zahlreichen Strafanzeigen und Briefen beschriebene
»System der Schwarzgeldverschiebung als auch die von ihm
angestellte Verknüpfung bestimmter Personen mit diesem
System« seien keineswegs ein krankhaftes Hirngespinst gewesen. »Ihm lagen reale Geschehnisse und Anhaltspunkte zugrunde.« Mehr aber noch als solche inhaltlichen Bewertungen
und Argumente fährt der Hamburger Strafrechtler juristische
Geschütze auf: Strate listet aus seiner Sicht massive Rechtsbrüche auf.

Sogar die bisher Mollath-kritische *Zeit* notiert: Wenn alles
stimme, was Strate da auflie, dann sei das »eine Schande für
die bayerische Justiz. Dem Beschuldigten sind offenbar [...]
die elementarsten Rechte vorenthalten worden: Sein Recht
auf Gehör wurde missachtet, sein Recht auf einen ihm ver-
pflichteten Verteidiger und auch sein Anspruch auf ein korrekt besetztes Gericht. Über den Angeklagten Mollath wurde
einfach hinwegprozessiert.«

Strate knöpft sich in dem Wiederaufnahmegesuch vor allem
einen Mann vor: Otto Brixner. Strate hält ihn für einen vorsätzlichen Rechtsbeuger. Zehn massive Amtspflichtverletzungen
wirft er ihm vor. »Sehenden Auges und mit Vorbedacht« habe
Brixner als Vorsitzender Richter am Landgericht Nürnberg-
Fürth »schwerwiegende Verletzungen gesetzlichen Rechts«
begangen und »elementare Gewährleistungen eines rechtsstaatlichen Verfahrens missachtet.« Danach gefragt, was er zu
diesen schlimmen Vorwürfen zu sagen hat, lehnte Brixner uns
gegenüber jede Stellungnahme kategorisch ab.

Die Strafprozessordnung (StPO) setzt für Wiederaufnahmeverfahren hohe Hürden. Das ist ein Grund, weshalb es
höchst selten vorkommt, dass von einem deutschen Gericht
gefasste und für rechtskräftig erklärte Urteile in einem neuer-
lichen Prozess überprüft und aufgehoben werden. Paragraph
359 der StPO nennt klare Kriterien: gefälschte Urkunden

während der Hauptverhandlung, neue Tatsachen oder Beweismittel, die zum Zeitpunkt der entscheidenden Verhandlung noch unbekannt waren und zugunsten des Angeklagten
sprechen, oder aber die »strafbare Verletzung seiner Amts-
pflichten« durch den Richter. Auf Letzteres hebt Strate in seinem Wiederaufnahmegesuch wesentlich ab.

So habe ein Amtsrichter 2005 Mollath für sechs Wochen
zur Begutachtung in eine psychiatrische Klinik eingewiesen.
Gegen dessen Willen und damit womöglich gegen bindende
Vorgaben des Bundesverfassungsgerichts. Dieses hatte wenige Jahre zuvor Unterbringungen zu diesem Zweck als verbotene Verhörmethoden eingestuft, sobald der Eingewiesene
signalisiert, sich nicht untersuchen zu lassen. »Die während
dieser Zeit seiner Unterbringung an Mollath durch Ärzte,
Pflegepersonal und Patienten angestellten Beobachtungen
durften weder dem Gutachten des Sachverständigen noch den
Feststellungen des Gerichts zugrunde gelegt werden«, kritisiert Strate.

Gegen das Grundgesetz hat man in Nürnberg nach seiner
Lesart verstoßen, als Mollath festgenommen, nicht aber spätestens am Tag danach durch einen Richter über den Grund
für die Festnahme unterrichtet und zur Sache angehört wurde. »Gustl Mollath blieb fast drei Wochen in Haft, ohne überhaupt zu erfahren, weshalb«, schreibt Strate. Eingaben, mit
denen sich sein Mandant gegen Hand- und Fußfesseln sowie
die Beschneidung seines Rechts auf Hofgang in der psychiatrischen Anstalt, in einem Fall von einer Stunde auf fünf Minuten pro Tag, gewehrt habe, »wurden durch den Vorsitzenden der Strafkammer ignoriert und unbeschieden gelassen«,
so ein weiterer Vorwurf. Gleiches gelte für wiederholte Be-
schwerden Mollaths gegen seine Unterbringung, die man einfach nicht an das zuständige Oberlandesgericht weitergeleitet
habe.

Gleich mehrfach hatte Mollath beantragt, seinen Pflichtverteidiger zu entbinden, zu dem er keinerlei Vertrauen hegte.
Der Verteidiger wollte seinerseits nicht mehr mit Mollath,

weil er sich genervt und sogar verfolgt fühlt. Beide beantragen beim Gericht die Trennung. Doch der zuständige Richter reagiert nicht und lehnt schließlich nach Monaten lapidar ab. Er presst sie zusammen, obwohl ihr Verhältnis zueinander längst ruiniert ist. Später wertet Brixner sogar eine Aussage des Pflichtverteidigers wie eine Zeugenaussage zuungunsten des Angeklagten Mollath.

Strate führt in seinem Wiederaufnahmegesuch auch aus seiner Sicht von der Strafprozessordnung geforderte »neue Tatsachen und Beweismittel« an. So seien nach heutigem Kenntnisstand von Sachverständigen und vom Gericht Angaben Mollaths als Ausdruck einer »paranoiden Wahnsymptomatik« gewertet worden, die in Wirklichkeit nichts anderes als »plausible Überlegungen eines normal denkenden Bürgers« gewesen seien, »denen reale Geschehnisse und Anhaltspunkte zugrunde lagen«. Dies gelte sowohl für das von Mollath in seinen Anzeigen und Eingaben an Behörden beschriebene »System der Schwarzgeldverschiebung als auch die von ihm angestellte Verknüpfung bestimmter Personen mit diesem System«.

Ziemlich genau vier Wochen nach Verteidiger Strate reicht auch die Staatsanwaltschaft Regensburg ihr Wiederaufnahmegesuch bei der 7. Strafkammer des dortigen Landgerichts ein. Es ist in der jüngeren Justizgeschichte ein höchst seltener Fall, dass eine Anklagebehörde verlangt, zugunsten eines Angeklagten einen Fall neu aufzurollen. Die Regensburger Ermittler haben ihr Gesuch gründlich vorbereitet. Sie haben alle neuen Zeugen vernommen, allen voran Edward Braun. Auch der Sohn einer Nürnberger Ärztin wurde vernommen, der bekräftigt, dass er und nicht seine Mutter damals das Attest über Verletzungen von Gustl Mollaths Frau infolge seiner angeblichen Misshandlungen ausgestellt habe. Auch Brixner muss sich äußern. Ihn plagen jedoch gewaltige Erinnerungslücken, was diesen Mollath und den Prozess unter seinem Vorsitz angeht, bei dem angeblich so viel schiefgelaufen sein soll. Auch dass er zwei Jahre vor dem Verfahren bei der Steuerfahndung angerufen haben soll und diese dann Anzeigen Mollaths beiseitegelegt haben soll, auch daran kann sich Brixner nicht mehr erinnern. Die Staatsanwaltschaft hat zudem alle relevanten Akten und Dokumente gesichtet und damit erstmals auch den lange Zeit geheim gehaltenen Revisionsbericht der Hypovereinsbank mit einbezogen. Und sie setzt sich mit den Rechtsbruchvorwürfen von Strate in seinem Wiederaufnahmegesuch auseinander.

Dabei teilt die Staatsanwaltschaft weitgehend dessen Darstellungen in der Sache, was etwa zeitliche Abläufe angeht. Inwieweit die rechtlichen Bewertungen über etwaige Rechtsbrüche durch Richter Brixner und andere massive Verfahrensfehler jedoch begründet seien, müsse erst durch das weitere Verfahren geklärt werden. Das ist nichts anderes als eine elegante Umschiffung der Frage, ob Strate aus Sicht der Staatsanwaltschaft mit seinen Vorwürfen vor allem gegen Brixner nun recht hat oder nicht. Von einer schweren oder vorsätzlichen Rechtsbeugung durch den pensionierten Richter geht die Staatsanwaltschaft allerdings nicht aus. Zumindest nicht, was das Mollath verweigerte rechtliche Gehör zu den gegen ihn erhobenen Vorwürfen angeht. Brixner habe angesichts der langen Verfahrensdauer und der langen Zeit, welche die Übergabe des Verfahrens vom Amts- auf das Landgericht gedauert habe, davon ausgehen können, dass Mollath bereits hinreichend rechtliches Gehör gewährt worden sei.

Anders als Strate stützt die Staatsanwaltschaft ihr Wiederaufnahmegesuch auf neue Tatsachen, Zeugen, Beweismittel – und ein gefälschtes Dokument. Auf dessen Spur brachten die Ermittler Medienberichte. Darin hieß es, dass das ominöse Attest vom 3. Juni 2002, in dem die Verletzungen bei der damaligen Frau Mollath infolge der angeblichen Misshandlungen durch ihren Ehemann Gustl aufgelistet wurden, definitiv nicht von der Nürnberger Ärztin stamme, mit deren Namen es unterzeichnet sei. Sondern dass ihr Sohn es ausgestellt hat, der damals noch Weiterbildungsassistent war. Er habe dies gegenüber den Ermittlern inzwischen auch zugegeben. Damit sei es »unecht«, wie die Juristen es nennen. Laut Strafprozessordnung ist es jedoch ein Wiederaufnahmegrund, wenn ein falsches Dokument zu Lasten eines Angeklagten vor Gericht verwendet und bewertet wurde. Das sei im Fall Gustl Mollath mit dem ominösen Attest der Fall gewesen. Allein diese neue Tatsache sei geeignet, um das Landgerichtsurteil zu erschüttern.

Mehr aber noch stürzt sich die Regensburger Staatsanwaltschaft auf Gustl Mollaths Exfrau, die ehemals wichtigste Belastungszeugin. Die Strafverfolger halten ihre Angaben im Lichte der neuen Fakten, Zeugen und Erkenntnisse für höchst unglaubwürdig. Dabei stützen sich die Ermittler ganz wesentlich auf die Zeugenaussage Brauns, jenes langjährigen Freundes des Ehepaars Mollath, der sagt, Frau Mollath habe ihn angerufen und wütend gedroht, sie werde ihren Mann auf seinen Geisteszustand überprüfen lassen. Denn er sei doch verrückt, und sie habe beste Kontakte. »Wenn Gustl mich und meine Bank anzeigt, mache ich ihn fertig«, soll sie gedroht haben.

Die Staatsanwaltschaft Regensburg hält Braun für absolut glaubwürdig. Da er in den bisherigen Verfahren nicht in Erscheinung getreten sei und seine Angaben zugunsten des Angeklagten sprechen, stellt seine Zeugenaussage ein neues Beweismittel im Sinne des Wiederaufnahme-Paragraphen in der Strafprozessordnung dar. Die damalige Frau Mollath wiederum habe damals ihre Drohung wahr gemacht und versucht, ihrem Mann etwas anzuhängen. Etwa, als sie ihn als potenziellen illegalen Waffenbesitzer bei der Polizei anschwärzte, der Gustl Mollath in Wirklichkeit nie war. Eine Hausdurchsuchung bei ihm löste der Vorwurf trotzdem aus. Auch ihre Drohung im Gespräch mit Braun, Mollath auf seinen Geisteszustand überprüfen zu lassen, habe sie wahr gemacht. Die 7. Strafkammer des Landgerichts Nürnberg-Fürth, so deuten die Regensburger Ermittler doch ziemlich unmissverständlich an, hat die Glaubwürdigkeit der Frau nicht genau und kritisch genug geprüft.

Auch den Gutachter des Erlanger Bezirkskrankenhauses, der sich selbst als befangen erklärt hatte, vernimmt die Regensburger Staatsanwaltschaft. Zur Erinnerung: Das Landgericht hatte ihn als Kronzeugen für die These angeführt, dass Mollath »beliebige weitere Personen« mit haltlosen Schwarzgeldvorwürfen überziehe. Nachdem dieser Gutachter seinen Fall nun der Staatsanwaltschaft schildert, steht für diese fest: Der Gutachter könne mitnichten als eine solche beliebige Person gewertet werden. Er war und ist der Nachbar eines Menschen, der mit der Finanzgruppe um Mollaths ehemalige Frau in enger Beziehung stand. Dass der Gutachter möglicherweise mit »Schwarzgeldverschiebern« in Verbindung stehen und damit nicht unbefangen sein könnte, diese Wahrnehmung Mollaths sei zwar objektiv falsch gewesen. Dessen Fehleinschätzung sei aber keineswegs wahnbedingt gewesen. Sondern eine »logisch erklärbare Schlussfolgerung Herrn Mollaths aus realen Begebenheiten«.

Was aber sagt die Regensburger Staatsanwaltschaft zum Sonder-Revisionsbericht der Bank? Wie gewichtet und bewertet sie ihn? Für die Ermittler steht es wie für Mollaths Verteidiger Strate fest, dass dieser Untersuchungsbericht neue Tatsachen enthält. Die Staatsanwaltschaft jedoch hält ihn für zu wenig konkret. Vor allem die von Mollath behaupteten Bargeldtransfers würden durch den Bericht nicht explizit bewiesen. Die Zusammenfassung der Revisoren, der zufolge sich »alle nachprüfbaren Behauptungen« Mollaths als zutreffend herausgestellt hätten, sei letztlich durch die detaillierten Feststellungen des Revisionsberichtes nicht gedeckt. Es hätten sich eben nicht per se alle, sondern nur alle nachprüfbaren Behauptungen Mollaths als richtig herausgestellt.

Eine Spitzfindigkeit? Zumindest können Justizministerin Beate Merk und der Vorgesetzte der Regensburger Staatsanwaltschaft, der Nürnberger Generalstaatsanwalt Hasso Nerlich, mit dieser Bewertung gut leben. Denn sie deckt sich mit ihrer Lesart des Revisionsberichtes in der Öffentlichkeit. So verliert niemand sein Gesicht: Ministerin und Generalstaatsanwalt nicht, und auch nicht die Regensburger Staatsanwaltschaft. Denn sie hat für ihren Wiederaufnahmeantrag dank des Zeugen Braun, des falsch unterzeichneten Attestes, der erschütterten Glaubwürdigkeit der früheren Frau Mollath auch jenseits des HVB-Revisionsberichtes genug andere, gewichtige Gründe gefunden, um den Fall Mollath neu aufzurollen. Damit werden nach vielen Jahren die Gebetbücher endlich einmal zur Seite gelegt.

Mitte April 2013 nimmt die Aufarbeitung der Affäre Mollath weiter Fahrt auf. Zumindest politisch. Grüne und Freie Wähler im bayerischen Landtag initiieren einen parlamentarischen Untersuchungsausschuss, SPD und CSU stimmen zu.

Gustl Mollath plagen derweil andere, praktische Probleme. Wo soll er nach einer etwaigen Entlassung aus der Psychiatrie hin? Sein nach eigenen Angaben 220 Quadratmeter großes Haus, in Nürnbergs bester Wohngegend gelegen, ist längst zwangsversteigert worden. Auf Betreiben der Hypovereinsbank und seiner Exfrau, die es im Dezember 2007 für 226 000 Euro günstig erstanden hat. Was aus seinem Mobiliar und persönlichen Habseligkeiten wurde, können mehrere Ministerien und Behörden auf Anfragen von uns nicht beantworten; seine Exfrau schweigt auch dazu. Es herrscht Ratlosigkeit.

EPILOG

Mollaths Helfer und
die Rolle der Medien

Bei aller Begleitung und Enthüllung der Affäre Mollath durch
die Medien, durch das ARD-TV-Magazin *Report Mainz,* den
Bayerischen und den Südwest-Rundfunk, die *Nürnberger
Nachrichten,* die *Süddeutsche Zeitung* – ohne den Unterstützerkreis, der auch die Internetseite *www.gustl-for-help.de* betreibt, hätte es gut sein können, dass dieser zum Himmel
schreiende Fall von Unrecht deutlich später erst ans Tageslicht gekommen wäre. Oder sogar überhaupt nicht?

Die Mechanik der Affäre Mollath dokumentiert leider auch
dies in verstörender Klarheit: Ohne Menschen, die bereit sind,
einem auf unbestimmte Zeit Eingewiesenen zu glauben; ohne
Menschen, die bereit sind, für einen Eingewiesenen notfalls
sehr viel Zeit zu investieren, hat dieser wohl kaum eine Chance auf die Freiheit. Natürlich konnte Mollath Briefe aus der
Anstalt schreiben, das schon. Aber da fangen schon die Probleme an: Er darf keinen Computer haben, noch nicht einmal
eine Schreibmaschine.

So bekommen Politiker und Journalisten handgeschriebene
Bögen auf den Tisch, auf denen steht, dass da einer mitten in
Deutschland seit vielen Jahren nicht nur gegen seinen Willen,
sondern angeblich auch völlig zu Unrecht weggesperrt sein
soll. Dass man da einem Mann angeblich einen abstrusen Wahn
angedichtet hat. Würden Politiker, würden Journalisten jedem
solcher Briefe stunden-, tage- oder gar wochenlang nachgehen, auf der Suche, ob an dieser mehr als unglaubwürdig klin-
genden Geschichte womöglich etwas dran sein könnte, dann

wären sie womöglich ihrem Job nicht richtig gewachsen. Dann nämlich würden sie nichts anderes mehr tun können.

Es braucht also Menschen, die die logistischen Möglichkeiten haben und sich all die Zeit nehmen, die es braucht, Vorgänge zu überprüfen und Behauptungen zumindest annäherungsweise mit Dokumenten zu unterfüttern. Bei Mollath standen die Zeichen dafür extrem schlecht. Er wurde immer schon als Einzelkämpfer beschrieben. Seine Eltern waren bereits lange tot, als er eingewiesen wurde. Zu seinem Bruder hat er schon lange keinen Kontakt mehr. Die letzte wirkliche Bezugsperson, seine Frau, war längst zum Widerpart geworden. In so einer Situation bleiben einem nicht nur wenige echte Anker. Da bleibt kein einziger.

Es ist womöglich bezeichnend für den Menschen Mollath, dass er in dieser Situation jahrelang nicht zum Telefon gegriffen und bei Edward Braun angerufen hat. Die beiden waren mal ziemlich gute Freunde, Braun war wohl einer der wenigen, von denen sich Mollath wirklich etwas sagen ließ und dessen Wort für ihn Gewicht hatte. Nur hatte man sich eben auseinandergelebt, wie das eben vorkommt. Erst später hat Mollath dann doch bei Braun angerufen, der dann eine der wichtigsten Figuren in diesem Fall und vor allem bei dessen Wiederaufnahme wurde. Ohne dass er dem »Unterstützerkreis« um Mollath je wirklich angehört hätte.

Für andere trifft das in der Folge ebenfalls zu: Da ist etwa Wilhelm Schlötterer, pensionierter Ministerialrat und Buchautor, der in der CSU einen Ruf wie Donnerhall genießt, seit er während seiner Tätigkeit in der bayerischen Finanzverwaltung in der Öffentlichkeit beharrlich auf Einflussnahmen von CSU-Spitzenpolitikern zugunsten wohlhabender Freunde und Prominenter in Steuerangelegenheiten hingewiesen hat. Schlötterer verheimlichte nie, dass auch er anfangs skeptisch war, als er auf den Fall Mollath aufmerksam wurde. Immerhin ging es da um einen Mann, über den ein rechtskräftiges Urteil vorlag, das es als erwiesen ansah, dass dieser Mann seine Frau misshandelt hat. Aber Schlötterer arbeitete sich hartnäckig ein und wurde –

nach einem Besuch bei Mollath in der Psychiatrie – fortan nicht müde, auf dessen Schicksal hinzuweisen.

Es fanden sich weitere Mitstreiter. Der hessische Exsteuer-fahnder Rudolf Schmenger etwa, ein unbequemer und hart-näckiger Vertreter seiner Zunft, der selbst mit einem falschen psychiatrischen Gutachten zwangspensioniert worden war. Angeblich sollte Schmenger unter unheilbaren »paranoid-querulatorischen« Störungen gelitten haben. Ein Gutachter bescheinigte dem früheren Fahnder später, er sei voll dienstfä-hig. Seine Persönlichkeit sei sogar durch Stabilität, Gewissen-haftigkeit, gute Steuerung, hohe Leistungsbezogenheit und ei-nen ausgeprägten Gerechtigkeitssinn charakterisiert. Schmen-gers persönliches Schicksal ähnelt dem Mollaths: Auch hier hatte man eine (möglicherweise unbequeme?) Wahrheit par-tout nicht für bare Münze nehmen wollen. Schmenger wurde vollständig rehabilitiert. Und setzte sich für Gustl Mollath ein.

Aber es finden sich auch andere. Leute, die überhaupt nicht in der Öffentlichkeit standen oder stehen. Reiner Hofmann etwa, ein Künstler aus Schwabach. Er hatte zuvor nichts mit Mollath zu tun, kannte diesen gar nicht. Er hatte auch nicht wie Schlötterer oder Schmenger einen grundsätzlichen bio-graphischen Bezug zu dem Thema. Aber Hofmann begann, für den Unterstützerkreis eine Seite im Internet einzurichten und auf dieser zahlreiche Dokumente über den Fall öffentlich zu machen. Mit der Medienöffentlichkeit wurde Hofmanns Seite immer mehr zum Zentrum für Leute, die sich grund-sätzlich in die Sache einlesen wollten.

Und es gab von Anfang an Internetblogger, die nicht müde werden, die Affäre Mollath zu kommentieren und zu durch-leuchten. Der exzellente Blog von Gabriele Wolff etwa, der auf den Namen »Unnützliche Kommentare zur Welt« hört und der sich in der Sache exakt als das Gegenteil herausstellte. Die frühere, langjährige Oberstaatsanwältin nimmt sich ohne Erbarmen der Elaborate ihrer ehemaligen Kollegen an, sie schafft im Internet sozusagen eine Gegenöffentlichkeit mit juristischem Sachverstand. Auch der Strafrechtsprofessor

Henning Ernst Müller begleitet die Causa im Internet unermüdlich und in einer Weise, dass selbst professionelle Verteidiger der bayerischen Justiz irgendwann Zweifel plagen
müssen: Warum soll eigentlich ein Professor seinen Ruf aufs
Spiel setzen, wenn an der Sache nichts dran ist? Auch der
bayerische Anwalt Thomas Stadler bloggt immer wieder über
die Causa, ebenso wie der Geschäftsführer des Juristischen
Informationsdienstes *dejure.org,* Oliver Garcia. Vier offenkundig juristisch Bewanderte – das Internet wird so zu einer
tragenden Säule in der Mollath-Debatte.

Auch eine Anwältin findet sich. Erika Lorenz-Löblein
nimmt sich der Sache Mollath zu einem Zeitpunkt an, an dem
es für sie als Anwältin kaum etwas zu gewinnen gibt. Hier ein
vom Bundesgerichtshof bestätigtes Urteil, dort ein Mandant,
der seit vielen Jahren in der Psychiatrie einsitzt und sicher nicht
zahlungskräftig ist. Chancen wenigstens auf Publicity? Nahezu keine, dafür aber die Gefahr, als Anwältin mit Justizbehörden massiv über Kreuz zu geraten und mit einem Stigma versehen zu werden. Es gibt also viel zu verlieren. Frau Lorenz-
Löblein fängt trotzdem an und bleibt hartnäckig bei der Sache,
ohne dass es sie dabei in die Öffentlichkeit drängt. Als sie die
Akten eingesehen habe, sei ihr klar gewesen, dass da etwas
nicht stimmen könne, sagt die Münchner Anwältin.

Später kommt ihr der Hamburger Kollege Gerhard Strate
zu Hilfe. Auch er weiß, dass es in Wiederaufnahmeverfahren
pekuniär für Anwälte nicht viel zu holen gibt. Strate arbeitet
oft bis tief in die Nacht an der Sache Mollath. Wer seine Anzeigen und Anträge in der Causa liest, der weiß, dass da einer
mit Leidenschaft zu Werke geht. Mit intellektueller Brillanz
ohnehin: Erwiderungen von Staatsanwaltschaften auf Strate-
Texte lesen sich gemessen an seinen Arbeiten zum Teil wie
Besinnungsaufsätze von Erstsemestern.

Es gibt noch viele andere, die Mollath helfen. Ehemalige
Schulkollegen, Psychologen, die auf seinen Fall aufmerksam
geworden sind, auch Whistleblower. Im März 2013 sagt Mollath in einem *SZ*-Interview, dass – bei aller verbleibenden

Skepsis – sich seine Situation inzwischen ganz deutlich zum Besseren gewendet habe. In der Tat: Es gibt da längst einen festen Kreis, der sich um seine Belange, um ihn als Menschen kümmert.

Zum Besseren gewendet, sagt Mollath, habe sich seine Situation aber vor allem deshalb, weil inzwischen vieles von seinem Schicksal durch Medienberichte bekannt geworden sei. Allein in der *SZ* sind bis zum März 2013 mehr als 60 Artikel zu dem Thema erschienen, wenn es auch beileibe nicht nur die *SZ* war, die darüber berichtet. Michael Kasperowitsch von den *Nürnberger Nachrichten* schreibt unermüdlich und engagiert. Für das ARD-Politmagazin *Report Mainz* warfen sehr frühzeitig die beiden erstklassigen Investigativ-Reporter Monika Anthes und Eric Beres die richtigen Fragen auf. Gleiches gilt für Erwin Kohla vom SWR-Hörfunk.

Es ist ein heikles Feld, auf das sich Journalisten begeben, wenn sie ein rechtskräftiges Urteil hinterfragen. Denn eine der tragenden Säulen dieses Staates ist die Annahme, dass Urteile mit sauberen rechtsstaatlichen Mitteln zustande kommen. Und dass die Überprüfung dieser Urteile der Revisionsinstanz obliegt – und nicht recherchierenden Journalisten. Übrigens auch nicht Politikern, die darauf immer wieder hinwiesen: Gewaltenteilung bedeute, dass sich die Politik nicht in Belange der Justiz einmischen dürfte. Franz Schindler, Vorsitzender im Rechtsausschuss des Landtages, wurde nicht müde, dies zu wiederholen. Er ist in der SPD, in der bayerischen Opposition also.

Die Rechtskraft eines Urteils ist eines der höchsten Güter, die ein Rechtsstaat hat. Das aber könnte womöglich der Fluch dieses Rechtsstaates sein: Gerade weil dieser höchsten Ansprüchen genügen muss, glaubt er gelegentlich, einen einmal eingeschlagenen Weg immer weitergehen zu müssen – um zu zeigen, dass alles in Ordnung war und ist. Und dem hohen Anspruch eines Rechtsstaates Genüge getan wurde.

Gerade dann ist die Kontrolle durch die Öffentlichkeit wichtiger denn je.

DANK

Wir haben einigen Menschen sehr zu danken. Allen voran der Chefredaktion der *Süddeutschen Zeitung*, die sich konsequent vor ihre Leute stellt, zugleich hohe Qualitätsansprüche an sie hat. Insbesondere bei Wolfgang Krach, der wesentlich zur Aufdeckung der Affäre Mollath beigetragen hat.

Wir danken auch sehr den SZ-Kollegen im Bayernteil, im Wirtschaftsteil, dem »Thema des Tages« und der »Seite Drei«, die uns vielfältig unterstützt haben. Die uns darin bestärkt haben, in unseren Recherchen nicht lockerzulassen.

Wir danken den Ressortleitern und Blattmachern, die uns den Platz in der Zeitung freigeräumt haben, damit wir diese Affäre wirkmächtig erzählen konnten. Ohne all diese Kollegen wäre auch dieses Buch nie zustande gekommen.

Gleiches gilt für Katja Auer und Oksana Stoppel im Nürnberger SZ-Büro, die sich angesichts der immensen Zahl der Leser-Reaktionen über Monate hinweg einer beträchtlichen Zusatzbelastung ausgesetzt sahen, das klaglos und auch noch gutlaunig auf sich nahmen – und uns auch noch den Rücken freihielten.

In der Münchner SZ-Zentrale kümmerten sich Daniel Wüllner und Tom Soyer um eine vierstellige Zahl von Leseranfragen und beantworteten diese in unserem Sinne. Ganz herzlichen Dank auch dafür.

Dieses Buch gäbe es auch nicht ohne die Hilfe von Holger Kuntze, Thomas Medicus, Katharina Uppenbrink und einen guten Tipp von Rainer Wieland.

Und ein besonders herzlicher und großer Dank gilt Stefan Ulrich Meyer, dem Programmleiter Sachbuch bei Droemer Knaur. Er weiß schon, wofür.

CHRONOLOGIE

7. November 1956: Gustl Mollath wird in Nürnberg als zweiter Sohn einer Unternehmerfamilie geboren.

1977 Abitur an einer Schule in Herne, Nordrhein-Westfalen

1978 Beginn eines Maschinenbaustudiums in Nürnberg

1980 Beginn eines Aufbaustudiums zum Wirtschaftsingenieur in Rosenheim. Abbruch, um sich um die kranke Mutter zu kümmern

1981 Anstellung in der Controlling-Abteilung bei MAN

Mitte der 80er Jahre beginnt Mollath, sich einen eigenen Laden aufzubauen, ein Geschäft für Motorradreifen und -zubehör. Später erweitert er das Geschäft um eine Oldtimer-Restaurierungswerkstatt. Diese schließt im Jahr 2000.

1991 Heirat

12. August 2001: Angeblich misshandelt Mollath seine Ehefrau.

31. Mai 2002: Angeblich schlägt Mollath seine Ehefrau und hält sie gegen ihren Willen anderthalb Stunden in ihrer Wohnung fest.

31. Mai 2002: Mollaths Frau ruft bei Edward Braun an. Von Misshandlungen erzählt sie nichts, stößt aber angeblich Drohungen gegen ihren Mann aus.

3. Juni 2002: Mollaths Frau lässt sich in einer Nürnberger Arztpraxis ein Attest über die angeblichen Verletzungen durch seinen Übergriff am 12. August 2001 ausstellen.

19. Februar 2003: Zwölf Beamte durchsuchen das Haus des erklärten Pazifisten Mollath auf Waffen.

17. März 2003: Nach mehreren Briefen Mollaths an die Hypovereinsbank hat diese seine Schwarzgeldvorwürfe gegen seine Noch-Ehefrau und deren Kollegen untersuchen lassen. Die interne Revision kommt zu dem Ergebnis, dass »alle nachprüfbaren Behauptungen« Mollaths richtig seien. Er verfüge über Insiderwissen und es bestünde die Gefahr, dass er dieses an Dritte weitergebe. Die Bank lässt den Revisionsbericht in der Registratur verschwinden.

23. Mai 2003: Die Staatsanwaltschaft Nürnberg-Fürth erhebt Anklage gegen Gustl Mollath beim Amtsgericht wegen der angeblichen Körperverletzung an seiner Frau.

23. September 2003: Mollaths Frau schickt an das Amtsgericht eine kurz zuvor eingeholte »ärztliche Stellungnahme«. Darin attestiert eine Psychiaterin am Bezirkskrankenhaus (BKH) Erlangen, dass Gustl Mollath mit großer Wahrscheinlichkeit an einer ernstzunehmenden psychiatrischen Krankheit leide und deswegen gefährlich sei. Die Ärztin hat Mollath nie gesehen, geschweige denn untersucht.

25. September 2003: Der Fall Mollath wird vor dem Amtsgericht verhandelt.

Im Jahr 2004 wird das Ehepaar Mollath geschieden.

11. Februar 2004: Anruf des Vorsitzenden Richters Otto Brixner bei der Steuerfahndung Nürnberg.

22. April 2004: Erneute Verhandlung vor dem Amtsgericht. Gutachter Lippert, von dem sich Mollath nicht untersuchen lässt, attestiert ihm eine gravierende psychische Erkrankung. Das Gericht weist Mollath für sechs Wochen zur weiteren Begutachtung in ein psychiatrisches Krankenhaus ein.

30. Juni 2004: Mollath wird gegen seinen Willen zur Begutachtung ins Bezirkskrankenhaus Erlangen gebracht, kommt nach wenigen Tagen jedoch wieder frei, weil der als Gutachter vorgesehene Psychiater sich für befangen erklärt.

14. Februar 2005: Mollath wird zur Begutachtung in das BKH Bayreuth gebracht. Er bleibt bis 21. März 2005 in der Forensischen Abteilung des BKH. Dessen Chef Klaus Leipziger, dessen Untersuchung sich Mollath ebenfalls verweigert, erstellt ein Gutachten, dem zufolge Mollath wahnkrank und gefährlich sei.

6. September 2005: Die Staatsanwaltschaft klagt Mollath aufgrund angeblicher gefährlicher Reifenstechereien Anfang des Jahres wegen Sachbeschädigung an. Die Anklage wird mit den Fällen von Körperverletzung und Freiheitsberaubung verbunden und an das Landgericht verwiesen.

21. Januar 2006: Die 7. Strafkammer am Landgericht Nürnberg-Fürth unter Vorsitz von Richter Otto Brixner übernimmt den Fall. Er ordnet ohne Anhörung Mollaths dessen einstweilige Unterbringung in der Psychiatrie an.

27. Februar 2006: Mollath stellt sich der Polizei vor der Nürnberger Lorenzkirche, die ihn ins Bezirkskrankenhaus bringt. Später wird Mollath noch ohne rechtskräftiges Urteil ins BKH Straubing verbracht, wo nur hochgefährliche, kranke Straftäter einsitzen.

8. August 2006: Die 7. Strafkammer am Landgericht Nürnberg-Fürth unter Vorsitz von Richter Brixner spricht Mollath von den Vorwürfen der Körperverletzung, Freiheitsberaubung und Sachbeschädigung frei. Wegen Schuldunfähigkeit. Sie ordnet stattdessen seine Unterbringung in der geschlossenen Psychiatrie an.

13. Februar 2007: Der 1. Strafsenat des Bundesgerichtshofes verwirft die von Mollath eingelegte Revision. Das Urteil vom 8. August 2006 ist damit rechtskräftig.

26. Februar 2007: Erstmals erstellt ein Psychiater ein Gutachten, der Mollath zuvor auch untersucht hat. Hans Simmerl kommt zur Auffassung: »keinerlei Hinweis für eine psychotische Symptomatik«.

Dezember 2007: Mollaths Elternhaus wird nach Anträgen der Hypovereinsbank und der Exfrau Mollaths zwangsversteigert. Beide machen offene Rechnungen geltend. Die Exfrau ersteigert das Haus.

27. Juni 2008: Professor Hans-Ludwig Kröber erstellt ein Ferngutachten, ohne je mit Mollath gesprochen zu haben. Mollaths Krankheit sei – ausweislich der Akten – nicht abgeklungen, er sei weiterhin gefährlich. Mollath bleibt in der Psychiatrie eingesperrt.

14. Mai 2009: Nach mehr als drei Jahren im BKH Straubing »Rückkehr« ins BKH Bayreuth.

13. November 2012: Mehrere Medien berichten über die Details des Sonder-Revisionsberichts der Hypovereinsbank.

30. November 2012: Der Nürnberger Generalstaatsanwalt weist die Regensburger Staatsanwaltschaft an, ein Wiederaufnahmeverfahren anzustreben.

19. Februar 2013: Mollaths Verteidiger Gerhard Strate beantragt beim Landgericht Regensburg die Wiederaufnahme des Verfahrens.

18. März 2013: Die Staatsanwaltschaft Regensburg beantragt ebenfalls die Wiederaufnahme des Verfahrens. Das Landgericht Regensburg beginnt, beide Anträge zu prüfen.

10. April 2013: Grüne und Freie Wähler im Landtag beantragen einen parlamentarischen Untersuchungsausschuss zum Fall Mollath.

Ina Jung | Christoph Lemmer

DER FALL PEGGY

Die Geschichte eines Skandals

Ein Fall, der das ganze Land bewegt: 2001 verschwand die 9-jährige Peggy Knobloch aus dem oberfränkischen Lichtenberg spurlos. Der geistig zurückgebliebene Ulvi Kulac wurde wegen Mordes zu lebenslanger Haft verurteilt. Es gab keine Zeugen, keine DNA, keine Blutspuren, keine konkreten Beweise und vor allem – keine Leiche. Ina Jung und Christoph Lemmer, die über viele Jahre den Fall investigativ recherchiert haben, weisen nun nach, dass die Polizei gezielt auf die Verurteilung von Ulvi Kulac hingearbeitet hat – nicht, weil er der Täter war, sondern damit der Fall endlich zu den Akten gelegt werden kann. Kein Justizirrtum, sondern – schlimmer – ein systematisches Fehlurteil auf Betreiben von Politik und Justiz. Doch es gibt Hoffnung: Wenn das Verfahren wieder aufgenommen wird, dann auch dank der Recherchen des Autorenduos. Ina Jung und Christoph Lemmer erzählen in diesem Buch den Fall Peggy neu und mit bisher unbekannten Fakten – und decken eine beklemmende Wahrheit auf.